图说古都南京

王国平 编著
南京钟山文化发展有限公司
南京十朝历史文化陈列馆 编

南京出版传媒集团
南京出版社

图书在版编目（CIP）数据

图说古都南京 / 王国平编著；南京钟山文化发展有限公司，南京十朝历史文化陈列馆编 . -- 南京：南京出版社，2021.3

ISBN 978-7-5533-3213-0

Ⅰ . ①图… Ⅱ . ①王… ②南… ③南… Ⅲ . ①文化史－南京－通俗读物 Ⅳ . ① K295.31-49

中国版本图书馆 CIP 数据核字（2021）第 044721 号

书　　名　图说古都南京
编　　著　王国平
编　　者　南京钟山文化发展有限公司
　　　　　南京十朝历史文化陈列馆
出版发行　南京出版传媒集团
　　　　　南 京 出 版 社

社址：南京市太平门街53号　　邮编：210016
网址：http://www.njcbs.cn　　电子信箱：njcbs1988@163.com
联系电话：025-83283893、83283864（营销）　025-83112257（编务）

出 版 人　项晓宁
出 品 人　卢海鸣
责任编辑　翟聪睿　舒之仪
装帧设计　张　淼
责任印制　杨福彬

排　　版　南京新华丰制版有限公司
印　　刷　南京艺中印务有限公司
开　　本　787毫米×1092毫米　1/16
印　　张　20
字　　数　240千
版　　次　2021年3月第1版
印　　次　2021年3月第1次印刷
书　　号　ISBN 978-7-5533-3213-0
定　　价　88.00元

用微信或京东APP扫码购书

用淘宝APP扫码购书

历史名人话南京

钟山龙盘，石头虎踞，此帝王之宅。

——诸葛亮（三国时期政治家、军事家）

江南佳丽地，金陵帝王州。

——谢　朓（南齐诗人）

天下山川形胜，雄伟壮丽，可为京都者，莫逾于金陵。至若地势宽厚，关塞险固，总握中原之夷旷者，又莫过于燕蓟。虽云长安有崤函之固，洛邑为天地之中，要之帝王都会，为亿万年太平悠久之基者，莫金陵、燕蓟若也。

——杨　荣（明代大学士）

南京为中国古都，在北京之前。而其位置乃在一美善之地区。其地有高山，有深水，有平原。此三种天工，钟毓一处，在世界中之大都市，诚难觅如此佳境也。

——孙中山（近代民主革命家）

此四都之中，文学之昌盛，人物之俊彦，山川之灵秀，气象之宏伟，以及与民族患难相共，休戚相关之密切，尤以金陵为最。

——朱　偰（现代历史学家）

代序

重读南京

叶　皓

南京素以“六朝古都”“十朝都会”名世。东吴、东晋和南朝的宋、齐、梁、陈，以及南唐、明朝、太平天国和中华民国都曾先后定都于此。在近2500年的建城史中，南京城有450年是作为国都而存在的。因此，它得以与北京、西安、洛阳并称为四大古都。我们过去往往习惯于从历史的细节和琐碎中去认识这座城市，因此南京总是和“短命王朝”“偏安朝廷”“伤感之地”“悲情城市”等标签纠结在一起。但从宏观的角度去重读南京，我们会发现，它承载着的，更多的是中华民族文明肇始、救亡图存、繁荣文化、走向复兴的责任和使命。

南京是中华文化的发源地之一。长久以来，长江流域在华夏文明肇始之初的贡献与地位被人们所忽略。南京是长江下游人类最早聚居地之一，从洪荒远古就见证了我们先人的活动。1993年，考古学家在南京城东的汤山溶洞发现的距今约60万年的猿人头骨化石2具，是中国仅存的猿人头骨化石之一，因而显得弥足珍贵。1977年，南京溧水“神仙洞”遗迹里，发现了距今约11000多年的旧石器晚期人类生活遗迹。其中的陶片乃是我国目前发现的最古老的陶器之一。距今3000多年的南京“湖熟文化”遗址的发现，则是黄河文明和长江文明融合交流的有力印证。南京也是千年来历代王朝垂青的定鼎之地。公元前472年范蠡筑越城，被公认为南京建城的开端。公元前333年，楚威王击败越王，尽取吴地，在狮子山以北的江边埋金以镇“王气”，“金陵”之称由此开始。秦始皇统一中国后，“凿钟阜，断金陵长陇”，想以此散尽金陵“王气”。三国时诸葛亮来到南京，惊叹“钟山龙盘，石头虎踞，此帝王之宅”，当即劝孙权建都于此。公元229年孙权在武昌称帝，随后正式定都建业。这是南京建都史的开端。孙中山赞美南京道：“其位置乃在一美善之地区。其地有高山，有深水，有平原。此三种天工，钟毓一处，在世界中之大都市，诚难觅如此佳境也。”剑桥大学汉学家李约瑟教授曾有百年疑问：世界五大文明体系中，为何惟有中国文化体系未曾断裂？从中国历史大视野观之，中华文化之所以绵延数千年，其原因正在于我们自始至终拥有黄河和长江两条母亲河，长江文明和黄河文明“共生”和“互补”。南京正是长江文化的发源地之一。

南京是中华文化的避难所。中国历史上，一旦中原和北方遭遇游牧民族的冲击，南京就会承担起中华文明“救亡图存”的责任和使命。一旦国家重新恢复大一统的格局，南京就把这文明的火种重新交还给中原大地。西晋末的“八王之乱”，胡人趁机起兵，沃土中原顿成杀戮之所。“五胡乱华”加诸汉人的是异常恐怖的种族屠杀和“人相食”的文化倒退。“永嘉之乱”后，代表华夏文明最主流、最精英的中原士族和汉人百姓不得不“衣冠南渡”，依靠江流和高墙坚壁抵御胡人南犯。南京城从一个三国时代的繁华吴都，一举成为挽狂澜于既倒、救华夏文明于江左的雄关堡垒。历时104年的东晋政权，第一次成为了代表传统中国的中心所在。东晋之后，由汉族在南方建立起来的宋、齐、梁、陈均定都南京。虽各自存在仅数十年，却成为江南地区承接、保护以汉文化为主体的华夏文明的不二选择。唐朝末年形成五代十国的分裂之局。“五代”之中，后唐、后晋、后汉三朝的开国之君都是沙陀人，契丹军事力量也日渐壮大，不断向中原地区渗透扩张，汉族的生存空间被不断挤压。而“十国”则多数定都南方，少受中原干戈的影响，使得继承自魏晋的汉文化得以保存和发展。其中最为著名的南唐就建都于南京。对于正统汉文化来说，北方“礼乐崩坏、文献俱亡”，南唐则是“儒衣书服，斯文未丧”，甚至发扬光大。公元1129年，节节败退的宋王朝渡江来到江宁（今南京），改江宁府为建康府。建康城成为几度易手、反复争夺的战略要地。公元1130年春，名将岳飞取得著名的牛首山大捷，一举收复南京，金兵仓皇北渡，在镇江与南京之间的黄天荡江面遭遇韩世忠水军拦截，金兀朮仅以身免。建康一役后的一百多年，金兵再未萌生渡江之志。正是南京的战斗，保住了南宋王朝一百多年的“临时之安”。可以说，“五胡乱华”后的数百年，如果没有大江之畔的这座古城，也许整个中华民族会受到冲击。至少，我们可能会面对必须去想象一个忘了汉典唐章、失了峨冠博带的陌生中国的境况。

南京是中华文化的繁荣地。与其说是南京选择了偏安，倒不如说是我们的文化选择在南京偏安。回望五千年的历史，历代王朝在南京定都之时，多是文化百舸争流、群星闪耀之际。南京是当之无愧的诗赋之都。诗仙李白七到南京，传世的千首诗中，和南京有关的就有近二百首之多。南唐二主的绝美辞章已经成为不朽，后主李煜更是被誉为“千古词帝”。除了催生出中国古典诗词中的大量传世名作，南京本身也成为被反复抒写的重要主题。南京是群星璀璨的书画之苑。书法有王羲之、王献之，他们所创新定型的楷书、行书、草书，为后世万代所宗。绘画有顾恺之、顾闳中等宫廷画家和龚贤等开创的“金陵画派”，直至近代，这里徐悲鸿、傅抱石、刘海粟等大师辈出。南京是一座名著之城。在这里诞生或者和这里息息相关的典籍、小说、理论作品，比比皆是，如笔记小说《世说新语》、文学批评巨著《文心雕龙》、百科全书《永乐大典》等。明清小说名著许多都和南京城密切相关。《儒林外史》《红楼梦》等都以南京历史为背景，以金陵城的景物民情为创作素材。《西游记》是吴承恩在南京所写，《水浒传》作者施耐庵也曾在南京生活过，而《三国演义》里龙盘虎踞的石头城更是家喻户晓。南京是众多成语的渊源之地。一些妇孺皆知的典故都出自南京，雄奇壮阔者如“东山再起”“多难兴邦”，悲伤婉约者如“新亭对泣”“寄人篱下”，描摹爱恋者如“一往情深”“青梅竹马”，感叹命运者如“破镜重圆”“人琴俱亡”，实在是不胜枚举。南京是中国的戏曲之都。中国百戏之母昆曲发源于昆山，明代朱元璋将它引进宫廷，定为国剧，从此从南京走向全国，成为国粹。南京是名副其实的佛教之都。东汉末年佛教初传，金陵建初寺成为江南首寺。南朝时佛教鼎盛，梁武帝时成为国教，建康成为全国佛教的中心。在中国成立的大小乘各宗派，包括三论、天台、华严等，无不和南京有关。明代建造的金陵大报恩寺塔，被西方人称为世界七大奇观之一。先后十次供奉佛舍利的悠久历史，使得南京成为中国瘗藏圣物最早、最多的城市。在历史上各个时期，南京总是以复苏与振兴佛教文化的形象出现，更是近代中国佛教文化的复兴、研究、传播中心。南京是中国科教文枢。论科技，远有祖冲之准确推算圆周率和复制指南车，近有魏源著《海国图志》；论教育，明清两朝江南才士辈出，清朝一半的状元、一半的国家官员，都出自江南贡院的乡试。曾经偏安的南京，已不只是一座大地上的千年古都，更是永筑在中国文化史上的、折射着我们文化里最优雅气质、最高贵品质、最聪敏才华的一座丰碑。

南京是中华文化的复兴处。仔细留意一下历史就会发现，每当中华民族面临历史转折的关口，南京都见证了惊天地、泣鬼神的英勇抵抗和胜利反击。公元383年的淝水大捷，一举遏制了“五胡乱华”后北方少数民族不断南下的侵扰势头，成功保住了以汉文化为主体的中华文化精华。公元410年，时为东晋大将的南朝宋武帝刘裕，率部从南京誓师北伐，“气吞万里如虎”，一举消灭了鲜卑人建立的南燕；六年后又挥师长安，消灭后秦。

公元1367年，朱元璋发出“驱逐胡虏，恢复中华，立纲陈纪，救济斯民”的檄文，起义大军从南京直逼大都，一路所向披靡；一年后，元顺帝仓皇辞庙，元朝土崩瓦解。公元1405年到1433年，航海家郑和的船队从南京龙江起航，穿越印度洋和红海，遍访亚非30多个国家和地区，充分展示了明初中国无可匹敌的国力。公元1912年，民主革命的先行者孙中山先生在南京宣誓就任中华民国临时大总统，实现了他提出的“驱除鞑虏，恢复中华”的理想，标志着清王朝的覆亡和共和时代的开始。公元1945年9月9日，第二次世界大战中国战区受降仪式在南京黄埔路的中央陆军军官学校大礼堂举行，曾经骄悍不可一世的日军向中国代表呈上投降书，标志着中国人民取得了抵抗外辱的最终胜利。1949年4月23日，“总统府”上高扬的红旗，徐徐拉开中国现代史上最重要的转折大幕，预告了一个崭新中国的诞生！1978年，南京大学的胡福明老师写出了《实践是检验真理的唯一标准》，为改革开放吹响了理论的号角。回顾南京，历史不会抹去那些关于丧权辱国条约、关于屠城、关于沦陷之都的悲伤记忆，但历史也同样记住了恢复中华、肇始共和、浴血抵抗、凯旋还都的光荣，更记住了新中国取代旧王朝的伟大时刻，见证了我们如何从失败走向胜利、从封闭走向开放的历史转折。

在中国的历史上，还没有哪一座城市像南京这样和中华民族的命运如此紧密地联系在一起。南京既曾蒙受过华夏历史上最为惨痛的羞辱，但也经历过中华民族最为鼎盛的辉煌。更重要的是，南京开启过我们民族胜利复兴、改天换地的时代之门。南京之悲，是民族之悲；南京之兴，是国家之兴。

南京是文化名城、佛教之都，名著之城、文学之都，英雄之城、胜利之都。

（作者系中共南京市委原常委、宣传部部长，
曾任中华人民共和国驻斯洛文尼亚共和国特命全权大使）

目录

中国历史年表中的南京十朝

<table>
<tr><th colspan="3">朝 代</th><th>起讫年代</th><th>主要都城</th><th>今 地</th><th>开国皇帝/创始人</th></tr>
<tr><td colspan="7">三皇五帝</td></tr>
<tr><td colspan="3">夏</td><td>约前 2100—前 1600</td><td>安邑</td><td>山西夏县</td><td>禹</td></tr>
<tr><td colspan="3">商</td><td>约前 1600—前 1028</td><td>亳</td><td>河南商丘</td><td>汤</td></tr>
<tr><td rowspan="3">周</td><td colspan="2">西周</td><td>约前 1027—前 771</td><td>镐京</td><td>陕西西安</td><td>武王姬发</td></tr>
<tr><td rowspan="2">东周</td><td>春秋</td><td>前 770—前 476</td><td>洛邑</td><td>河南洛阳</td><td>平王姬宜臼</td></tr>
<tr><td>战国</td><td>前 475—前 221</td><td></td><td></td><td></td></tr>
<tr><td colspan="3">秦</td><td>前 221—前 207</td><td>咸阳</td><td>陕西咸阳</td><td>始皇帝嬴政</td></tr>
<tr><td rowspan="3">汉</td><td colspan="2">西汉</td><td>前 206—公元 8</td><td>长安</td><td>陕西西安</td><td>高帝刘邦</td></tr>
<tr><td colspan="2">新</td><td>9—23</td><td>长安</td><td>陕西西安</td><td>王莽</td></tr>
<tr><td colspan="2">东汉</td><td>25—220</td><td>洛阳</td><td>河南洛阳</td><td>光武帝刘秀</td></tr>
<tr><td rowspan="3">三国</td><td colspan="2">曹魏</td><td>220—265</td><td>洛阳</td><td>河南洛阳</td><td>文帝曹丕</td></tr>
<tr><td colspan="2">蜀汉</td><td>221—263</td><td>成都</td><td>四川成都</td><td>昭烈帝刘备</td></tr>
<tr><td colspan="2">东吴</td><td>229—280</td><td>建业</td><td>江苏南京</td><td>大帝孙权</td></tr>
<tr><td rowspan="2">晋</td><td colspan="2">西晋</td><td>265—316</td><td>洛阳</td><td>河南洛阳</td><td>武帝司马炎</td></tr>
<tr><td colspan="2">东晋</td><td>317—420</td><td>建康</td><td>江苏南京</td><td>元帝司马睿</td></tr>
<tr><td colspan="3">十六国</td><td>304—439</td><td colspan="3">前凉 成汉 前赵 后赵 前燕 前秦 后燕 后秦
西秦 后凉 南凉 西凉 北凉 南燕 北燕 胡夏</td></tr>
<tr><td rowspan="10">南北朝</td><td rowspan="4">南朝</td><td>宋</td><td>420—479</td><td>建康</td><td>江苏南京</td><td>武帝刘裕</td></tr>
<tr><td>齐</td><td>479—502</td><td>建康</td><td>江苏南京</td><td>高帝萧道成</td></tr>
<tr><td>梁</td><td>502—557</td><td>建康</td><td>江苏南京</td><td>武帝萧衍</td></tr>
<tr><td>陈</td><td>557—589</td><td>建康</td><td>江苏南京</td><td>武帝陈霸先</td></tr>
<tr><td rowspan="6">北朝</td><td rowspan="2">北魏</td><td rowspan="2">386—534</td><td>平城</td><td>山西大同</td><td rowspan="2">道武帝拓跋珪</td></tr>
<tr><td>洛阳</td><td>河南洛阳</td></tr>
<tr><td>东魏</td><td>534—550</td><td>邺</td><td>河北临漳</td><td>孝静帝元善见</td></tr>
<tr><td>西魏</td><td>535—556</td><td>长安</td><td>陕西西安</td><td>文帝元宝炬</td></tr>
<tr><td>北齐</td><td>550—577</td><td>邺</td><td>河北临漳</td><td>文宣帝高洋</td></tr>
<tr><td>北周</td><td>557—581</td><td>长安</td><td>陕西西安</td><td>孝闵帝宇文觉</td></tr>
<tr><td colspan="3">隋</td><td>581—618</td><td>大兴</td><td>陕西西安</td><td>文帝杨坚</td></tr>
<tr><td colspan="3">唐</td><td>618—907</td><td>长安</td><td>陕西西安</td><td>高祖李渊</td></tr>
</table>

朝代		起讫年代	主要都城	今地	开国皇帝/创始人
五代十国	后梁	907—923	汴	河南开封	太祖朱温
	后唐	923—936	洛阳	河南洛阳	庄宗李存勖
	后晋	936—946	汴	河南开封	高祖石敬瑭
	后汉	947—950	汴	河南开封	高祖刘暠
	后周	951—960	汴	河南开封	太祖郭威
	吴	902—937	扬州	江苏扬州	太祖杨行密
	南唐	**937—976**	**江宁府**	**江苏南京**	**烈祖李昪**
	吴越	907—978	杭州	浙江杭州	武肃王钱镠
	楚	927—951	长沙	湖南长沙	武穆王马殷
	闽	909—945	长乐	福建福州	太祖王审知
	南汉	917—971	广州	广东广州	高祖刘龑
	前蜀	907—925	成都	四川成都	高祖王建
	后蜀	934—965	成都	四川成都	高祖孟知祥
	荆南(南平)	924—963	荆州	湖北江陵	武信王高季兴
	北汉	951—979	太原	山西太原	世祖刘旻
宋	北宋	960—1127	东京	河南开封	太祖赵匡胤
	南宋	1127—1279	临安	浙江杭州	高宗赵构
辽		916—1125	上京	内蒙古赤峰巴林左旗	太祖耶律阿保机
大理		937—1254	太和城	云南大理	太祖段思平
西夏		1038—1227	兴庆府	宁夏银川东南	景宗李元昊
金		1115—1234	会宁	黑龙江阿城南	太祖完颜阿骨打
			中都	北京	
			开封	河南开封	
元		1271—1368	大都	北京	世祖忽必烈
明		**1368—1421**	**南京**	**南京**	**太祖朱元璋**
		1421—1644	北京	北京	
清		1636—1911	北京	北京	太宗皇太极
太平天国		**1853—1864**	**天京**	**南京**	**天王洪秀全**
中华民国		**1912—1949**	**南京**	**南京**	**临时大总统孙中山**
			北平	北京	

文明肇始

南京人类活动史可以追溯到距今约60万年前的汤山猿人，建城史可以追溯到公元前472年越王勾践命范蠡修建的越城，建都史以公元229年东吴定都建业为起点。

南京最早的古人类化石——汤山古人类化石

汤山古人类化石的发现地点位于今江宁区汤山街道雷公山葫芦洞，是南京地区最早的古人类遗址，距今约60万年。1993年，当地政府在对葫芦洞进行旅游开发时，发现两件古人类头骨化石和一批动物化石。1号头骨是一名壮年女性，2号头骨是一位壮年男性。汤山古人类被命名为“南京直立人”，俗称“南京猿人”。南京猿人头骨化石是中国现存生活年代最久远的猿人头骨化石之一。出土化石现藏于南京市博物馆。

汤山葫芦洞

汤山古人类头骨化石

南京直立人复原像

旧石器时代人类——神仙洞古人类化石

神仙洞古人类化石地点位于今溧水区白马镇回峰山北麓。1977年在此发现了一批古脊椎动物化石和一件成年女性右颞骨化石，距今11000年，属旧石器时代晚期，略晚于北京周口店山顶洞人。神仙洞中发现的陶片，是我国目前发现年代最早的陶器之一。出土化石现藏于南京博物院和南京地质博物馆。

溧水回峰山北麓

溧水神仙洞发现的距今 1 万多年的陶片

金陵第一古村落——薛城遗址

薛城遗址位于今高淳区淳溪街道（原薛城乡），是南京地区面积最大、年代最早的新石器时代文化遗址。遗址现存面积约6万平方米，分上、下两层。上层为分布密集的氏族墓地，距今约6000年至5500年；下层为居址，距今约6300年至6000年。遗址地域特征鲜明，填补了长江下游苏、浙、皖三省交会地带史前考古的空白。

位于今高淳区淳溪街道的薛城遗址

薛城遗址发掘现场

薛城遗址出土的玉玦

薛城遗址出土的彩陶罐

薛城遗址出土的陶器

南京城市文明的发源地——北阴阳营遗址

北阴阳营遗址位于今鼓楼区鼓楼岗西北的北阴阳营，属于新石器时代至商周时期遗址。遗址原为一凸出地面的椭圆形土墩，西侧有金川河流过。1955—1958年，南京博物院对遗址进行了4次发掘。以北阴阳营遗址下层为代表的文化遗存距今约6000年至5000年，在长江下游南岸新石器时代文化遗址中具有典型性和普遍性，故被命名为“北阴阳营文化”。出土遗物现藏南京博物院。

北阴阳营遗址发掘现场

北阴阳营遗址出土的彩陶碗

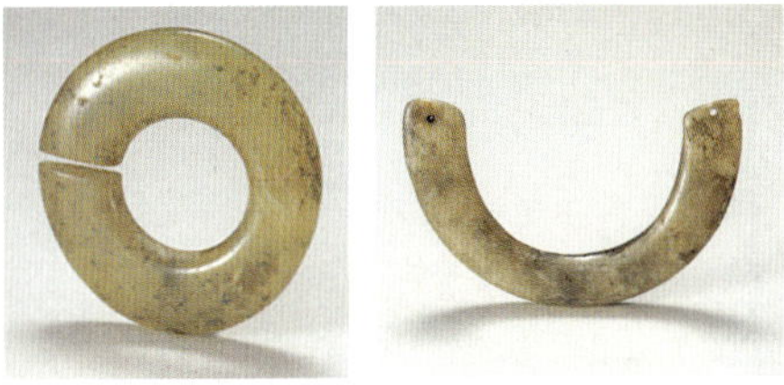

北阴阳营遗址出土的玉器

北阴阳营遗址出土的雨花石

江南青铜文化——湖熟文化遗址

湖熟文化遗址最早发现于今江宁区湖熟街道，属于新石器时代晚期至商周时期遗址，距今约4000年至3000年。遗址地域特征明显，考古学上命名为“湖熟文化”。湖熟文化遗址分布范围广，以湖熟为中心，分布地域有400平方公里。遗址出土遗物有石器、陶器、青铜器等，为研究长江中下游的历史和古文化提供了宝贵的实物资料。

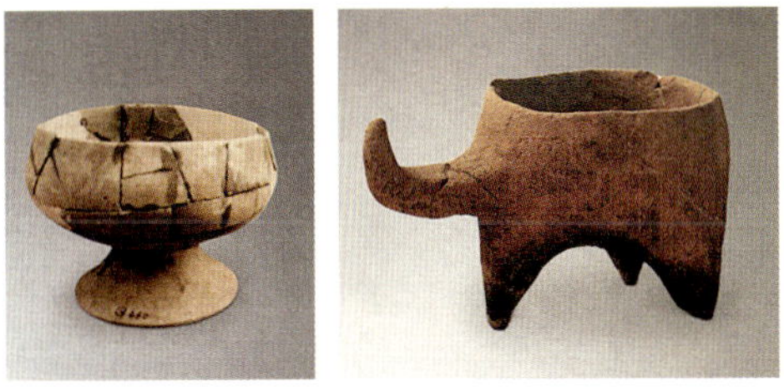

湖熟文化遗址出土的陶器

南京出土的商周时期青铜器

江宁陶吴出土的新石器晚期兽面纹玉冠饰

南京地区早期人类发展史表明，南京及其所处的江南地区的长江流域是中华民族的文明发源地之一。黄河流域文明和长江流域文明共同孕育、滋养了绵延5000年的中华文明，而南京正是长江文明起源的中心地区。

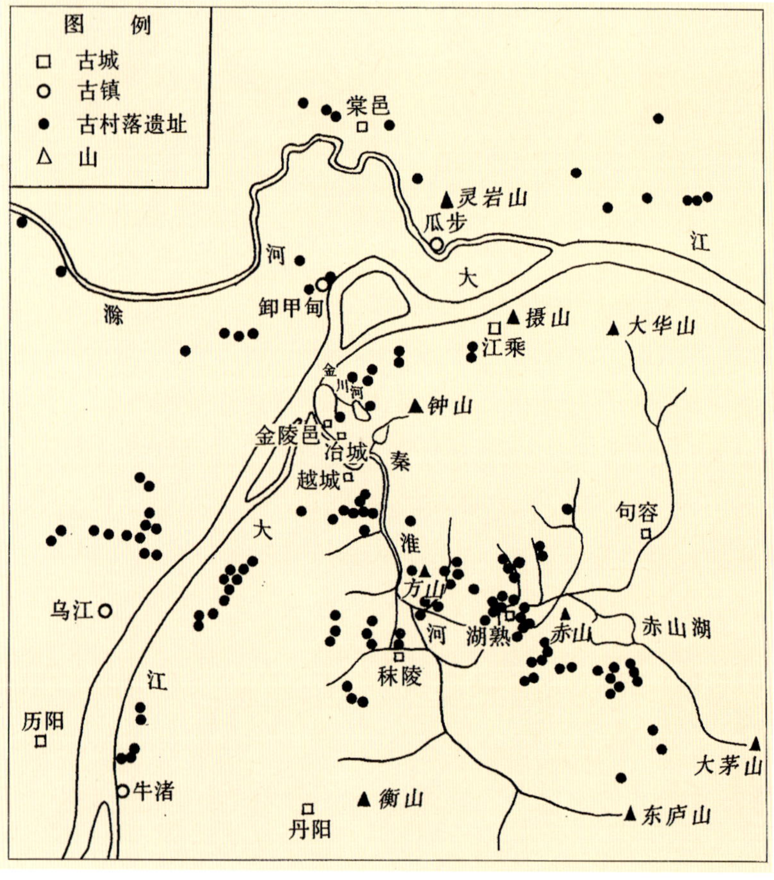

南京早期城邑村落分布图

建城初始

南京的建城史始于春秋时期。西周末年，王室逐渐衰落，各诸侯国日益兴盛，先后出现了楚、齐、秦、晋、吴、越等几个大国。今南京地区位于吴、楚交汇之地。春秋时，南京地区先属吴，越灭吴后，属越。战国时，楚国战胜越国，南京地区又归入楚国的版图。

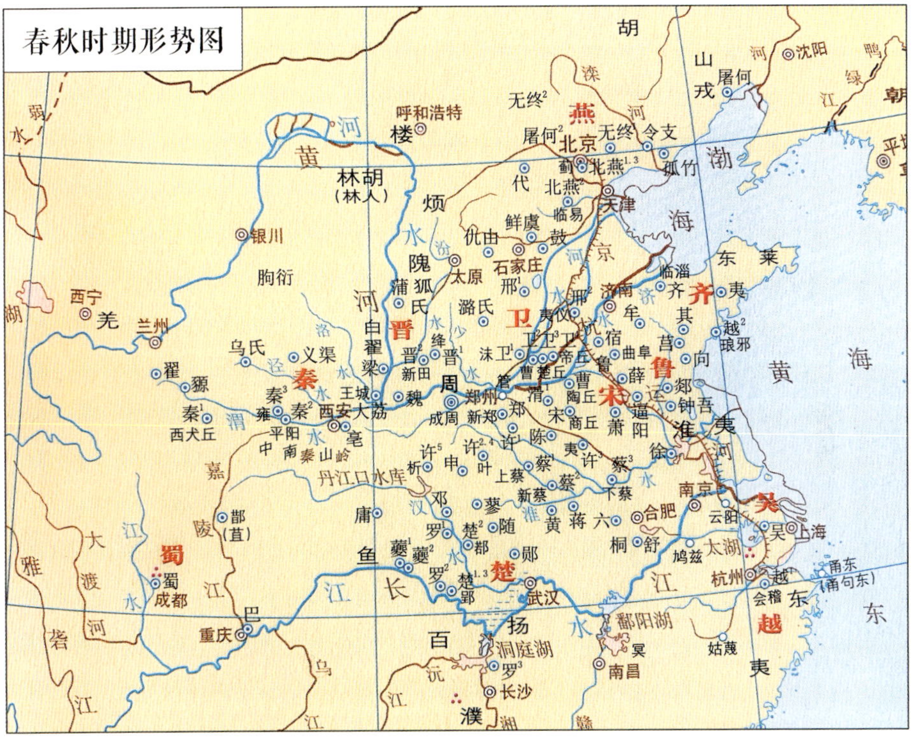

春秋时期形势图（山东省地图出版社《透过地图看中国历史》）

冶城——南京主城区最早的名称

南京主城区最早的名称是“冶城”。相传春秋时期，吴王夫差（约前528—前473）在今南京主城区内朝天宫所在的一个小土山上筑土城，设置冶炼作坊，铸造兵器，其山被称为“冶山”，又叫“冶城”。冶城是南京最早的城池雏形之一。

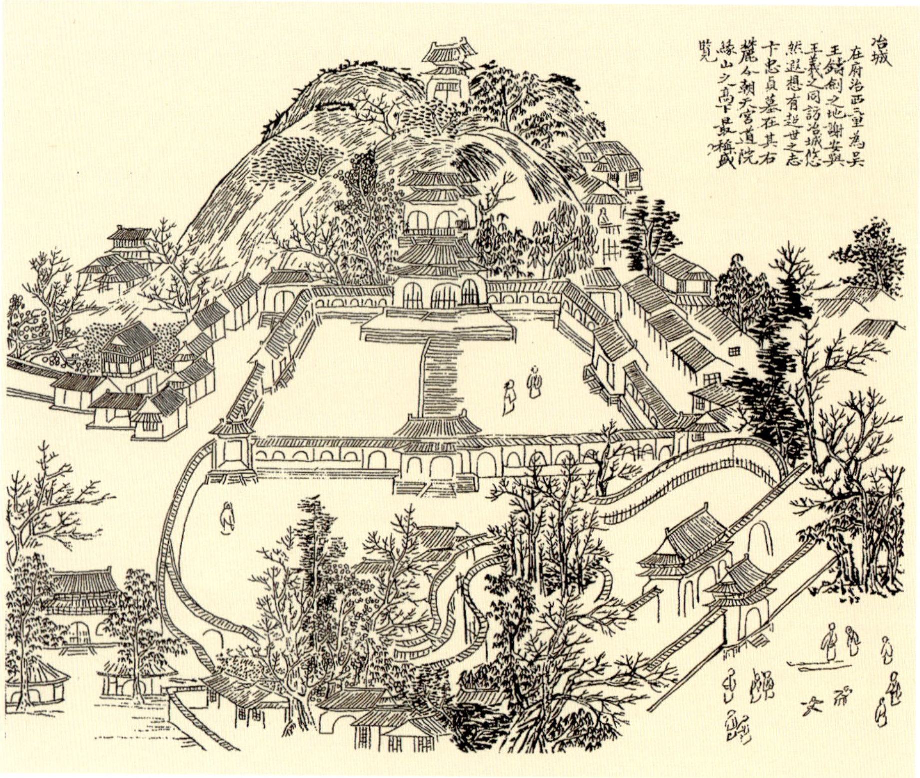

冶城（清版画）

冶城遗址今貌：朝天宫景区

越城——南京最早的古城

公元前472年，越王勾践灭吴后，命令大夫范蠡在秦淮河南岸的长干里（今南京中华门外西街）筑城，史称“越城”，又名“范蠡城”。越城城周“二里八十步”，是南京主城地区有确切年代可考的最早古城，被公认为南京主城区建城的开端。

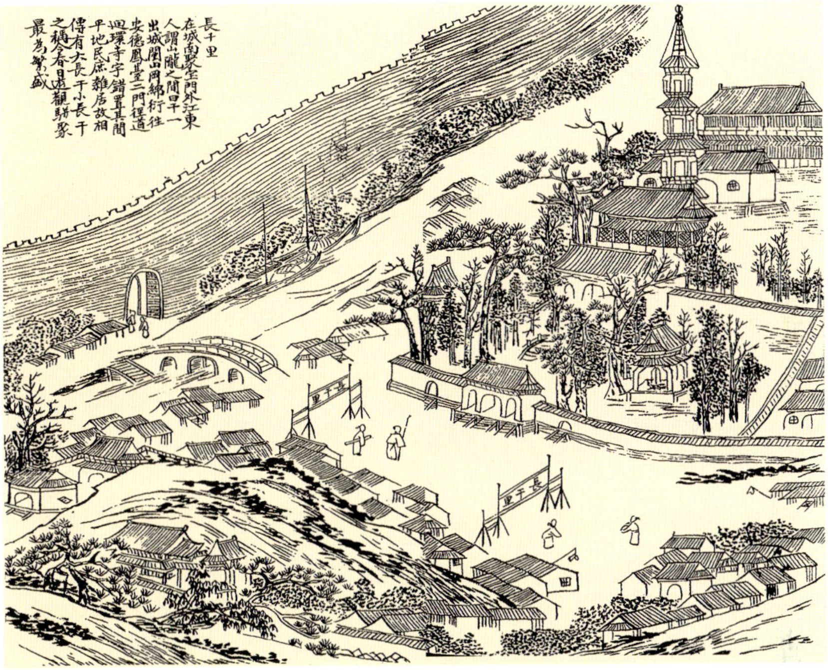

长干里（清版画），图左下为越城所在地

长干桥今貌

范蠡（前536—前448），春秋末越国大臣，政治家、军事家，字少伯，楚国宛邑（今河南南阳）人。少时从计然习治国、治军方略，雄才过人，后投奔越国，辅佐越王勾践兴越国、灭吴国，一雪会稽之耻。灭吴后，他来到金陵，奉命在秦淮河南岸古长干里筑越城。此后，范蠡急流勇退，辞官离越，致力经商，成为巨富，被后世尊为“治国良臣、兵家奇才、商业圣祖”。

范蠡

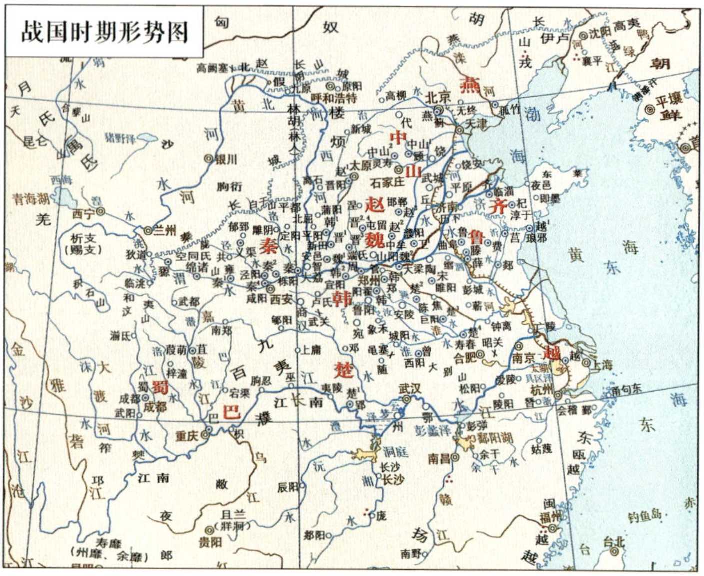

战国时期形势图（山东省地图出版社《透过地图看中国历史》）

金陵邑——南京行政建置之始

公元前333年，楚灭越后，吴越之地尽为楚国所占有。楚威王熊商在石头山（今清凉山）上设立金陵邑（属江东郡），标志着南京设置行政管理机构的开始。从此，金陵成为南京最有影响力的别称。

金陵邑远眺（旧影）

吴越楚时期金陵图（明版画）

秦秣陵县图（明版画）

秣陵县——南京第一次设县

公元前221年，秦始皇统一中国，建立了中国历史上第一个中央集权的帝国。秦实行郡县制，把全国分为36郡。秦始皇三十七年（前210），废楚金陵邑，改置秣陵县（治所在今江宁区秣陵街道），隶属会稽郡。据说秦始皇第五次出巡至金陵时，风水先生对秦始皇说金陵有“王气”。秦始皇于是命人凿断方山，使秦淮河流贯金陵，把王气泄散，并将金陵改为秣陵，寓意为“牧马之地”。

秦疆域图（中国地图出版社《简明中国历史地图集》）

秦代会稽郡

今南京地区，秦代置有五县。其中，江南地区有秣陵、江乘（治所在今栖霞区栖霞街道）、丹阳（治所在今江宁区丹阳镇）、溧阳（今南京溧水、高淳两区地域当时属溧阳县）4县，起初均属会稽郡（郡治吴县，今江苏苏州），秦末分置鄣郡后改属鄣郡。鄣郡辖秣陵、江乘、丹阳、溧阳、鄣县、黟县、歙县7县，郡治在鄣县（今浙江安吉）。

今南京江北地区，秦代置有棠邑县，属九江郡。

秦会稽郡图（海天出版社《南京建置志》）

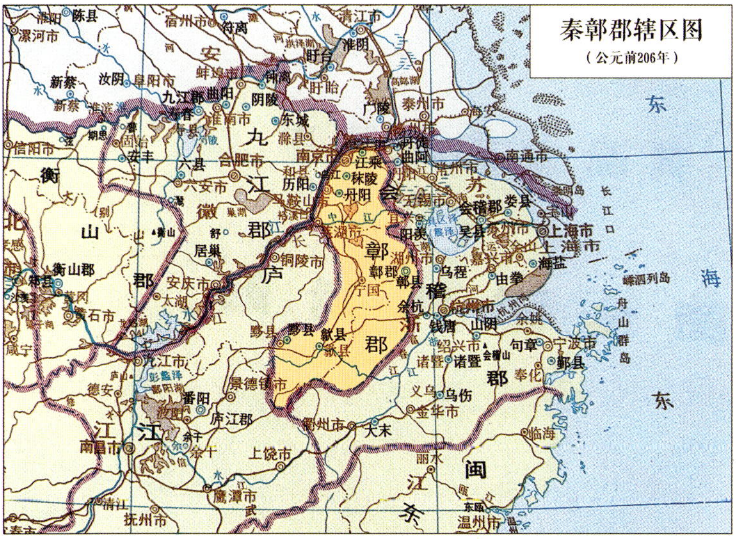

秦鄣郡辖区图（中国地图出版社《中国历史地图集》）

汉代丹阳郡

公元前202年，刘邦建立汉朝。西汉初期，郡县与封国两制并行，今属南京主城地区的秣陵、江乘等县曾先后隶属过鄣郡和楚国、荆国、吴国、江都国。

汉武帝元封二年（前109），改鄣郡为丹阳郡，郡治宛陵（今安徽宣城），受扬州刺史监临，辖秣陵、江乘、胡孰、丹阳、句容、溧阳等17县，其中胡孰（县治即今江宁区湖熟街道）、句容（县治即今句容市）2县均在汉初由江乘县析置。

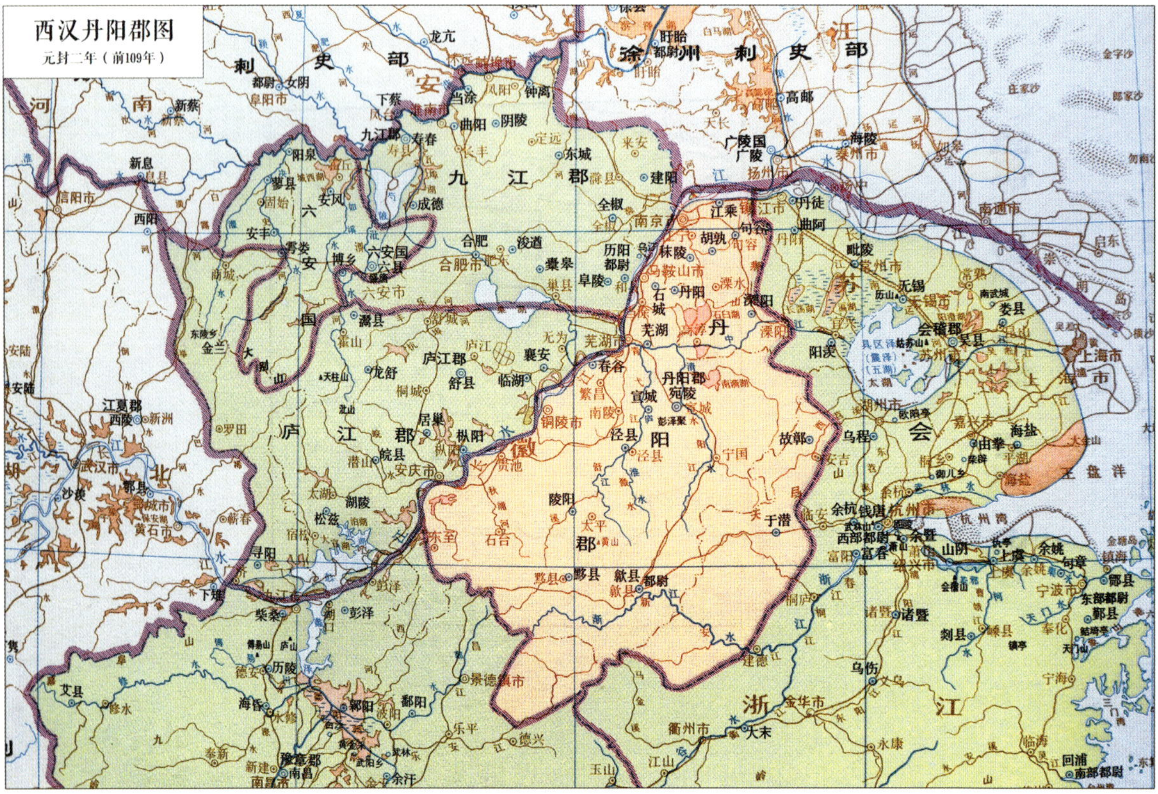

西汉丹阳郡图（中国地图出版社《中国历史地图集》）

东汉时，州成为一级行政区，形成了以13州“领天下诸郡”的州郡县三级行政管理体制。顺帝永建四年（129）时，扬州辖丹阳、豫章、会稽、吴郡、庐江、九江6郡，92县，治所历阳（今安徽和县），后移治寿春（今安徽寿县），汉末灵帝时曾一度移治曲阿（今江苏丹阳）。

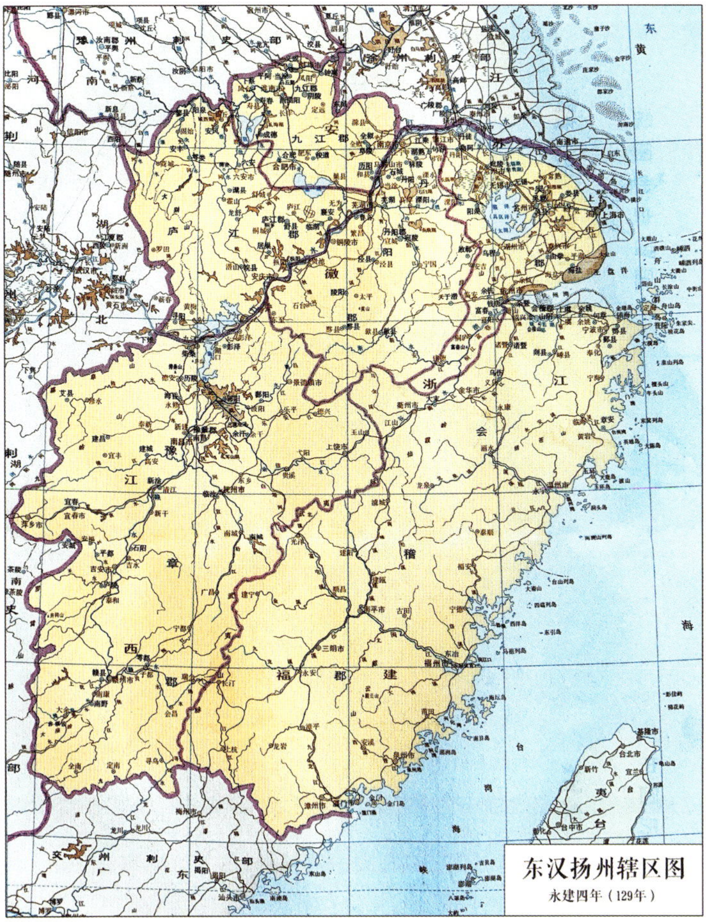

东汉扬州辖区图（中国地图出版社《中国历史地图集》）

湖熟出土的东汉木牍

今属南京江南地区的秣陵、江乘、湖熟和镇江丹阳、常州溧阳等5县（市）均属丹阳郡，隶扬州管辖。

而今南京江北地区，西汉初为堂邑侯国，后复为堂邑县，属徐州临淮郡，东汉时改属徐州广陵郡。

汉丹阳郡图（明版画）

从战国时期的金陵邑，到秦代的秣陵、江乘、丹阳3县，再到东汉时期的秣陵、江乘、丹阳、湖熟、溧阳5县，行政建置的变迁体现了古都南京自战国至秦汉550年间早期城市发展的历程。

汉末建安十六年（211），孙权自京口（今江苏镇江）移治秣陵，次年改秣陵为建业，并于金陵邑故址（今鼓楼区清凉山一带）筑石头城为水、陆军基地。南京都城史由此拉开了序幕。

建都立业　东吴

东吴（229—280），三国之一，是第一个建都南京的封建王朝。黄初三年（222），吴主孙权建吴国。黄龙元年（229）四月，孙权于武昌（今湖北鄂州）称帝，国号吴，史称东吴，亦称孙吴。同年九月，迁都建业（今南京）。东吴统治区域包括今长江中下游，南至福建、两广，以及越南北部和中部。天纪四年（280），末帝孙皓为晋所灭。历4帝，52年。

东吴疆域图（中国地图出版社《简明中国历史地图集》）

东吴年表

帝王	在位时间	年号	都城
大皇帝 孙权	229—252	黄武 黄龙 嘉禾 赤乌 太元 神凤	武昌 建业
会稽王 孙亮	252—258	建兴 五凤 太平	建业
景帝 孙休	258—264	永安	
末帝 孙皓	264—280	元兴 甘露 宝鼎 建衡 凤凰 天册 天玺 天纪	建业 武昌

— 国都建业 —

【定都建业】

孙权定都建业前，曾先后以吴、京口、建业、公安、武昌等地为其统治中心所在地。相传三国鼎立局面形成前，蜀汉著名政治家、军事家诸葛亮奉刘备之命出使东吴，途经秣陵，登上石头山，眺望秣陵山川形胜，不禁赞美道："钟山龙盘，石头虎踞，此帝王之宅。"在诸葛亮等人的劝说下，孙权欣然定都建业。而"龙盘虎踞"这一词语现已成为赞美南京山雄水秀的专有名词。

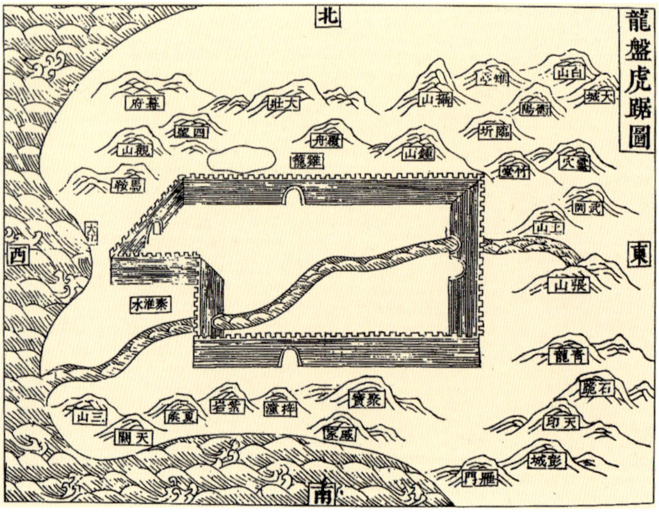

龙盘虎踞图

诸葛亮

229年，孙权定都建业，开创了南京的建都历史，史称"一代宏图开建业"。建业新都位于今南京城中部偏东，其中心位置约在今太平北路、长江路交汇点一带，南距秣陵旧城约30公里。西北临大江，北依覆舟山、鸡笼山和玄武湖，东凭钟山和青溪、燕雀湖，西隔五台山与石头城相望，南有秦淮河环绕，周围的山川江河构成了天然的防御屏障。

【政区建置】

三国鼎立格局形成后，汉时扬州之地一分为二，曹魏、东吴各据一方。曹魏黄初二年（221），孙权将丹阳郡治所由宛陵迁到建业，丹阳郡城遗址约在今南京城武定门东南。这是南京历史上第一次成为郡治所在地。

黄武元年（222），吴主孙权设扬州牧，治所在建业，辖丹阳、庐江、会稽、吴郡等14个郡，148县。其地包括今江苏、安徽南部，湖北东部和上海、浙江、江西、福建全部。此后南京以扬州为名长达370余年。

东吴扬州辖区图
（中国地图出版社《地图上的中国史》）

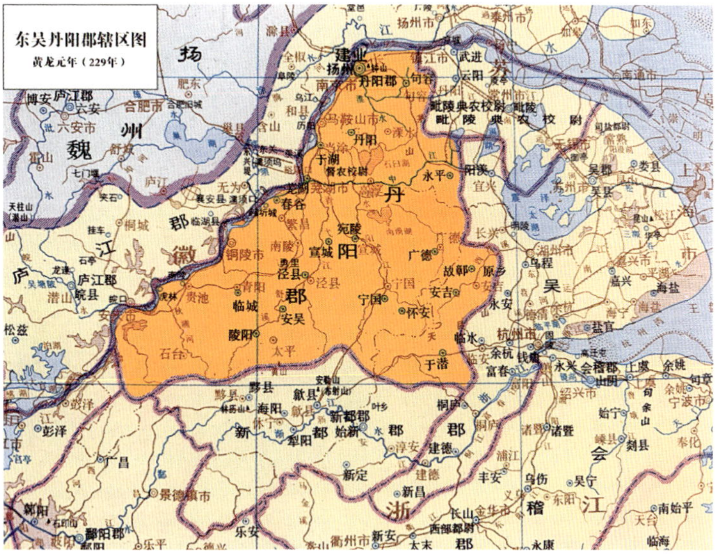

东吴丹阳郡辖区图
（中国地图出版社《地图上的中国史》）

东吴初期，丹阳郡领县19，所辖范围包括今南京江南地区、镇江句容、常州溧阳、安徽江南大部分地区及浙江安吉、临安部分地区。

东吴永安年间（258—264）分置故鄣郡后，丹阳郡领地缩小为溧阳及其以北的建业、丹阳、句容、湖熟、江乘等6县。

自此，南京地区由江东一县跃升为一国之都及州治、郡治所在地，成为中国江南地区政治、经济、军事、文化中心，实现了南京建城史上的第一次历史性跨越，对中国历史进程产生了深远影响。

【都城建设】

初创的建业城分都城和宫城两重。其规模、形制及布局受到春秋吴国都城和汉代中原都城的影响。

建业都城周环依赖自然屏障，并辅以竹篱笆围成，略呈长方形，周长“二十里一十九步”，约合今制8.6公里。城南辟有一门，世称白门，东晋时改称宣阳门。宣阳门至朱雀门（又名“大航门”）之间为长约5里（时1里约为415.8米）的御道，是建业城的中轴线。

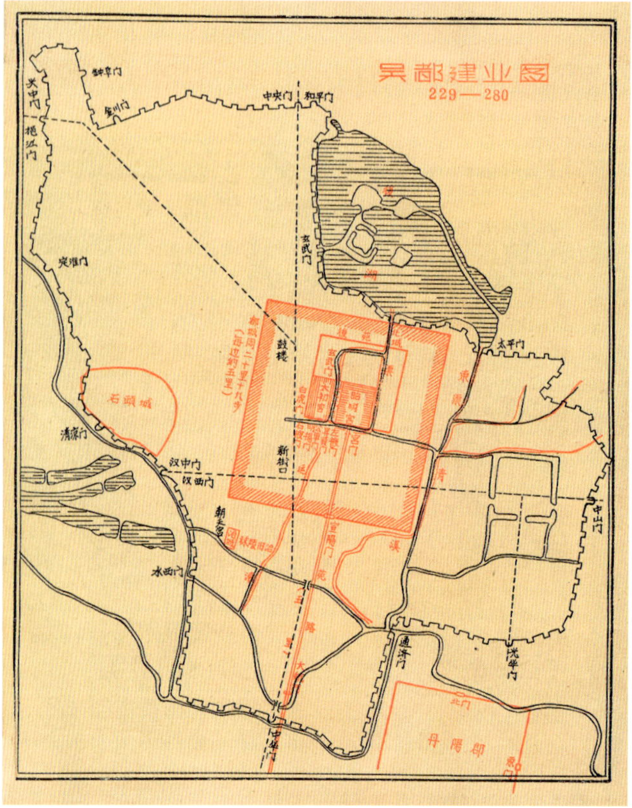

吴都建业图（民国朱偰绘）

都城内的主要建筑是宫殿、官署与仓库。太初宫为宫城主体，原为孙策早年所建的讨逆将军府，经孙权改造后成为建业城的第一座宫殿。太初宫南面新建有太子居住的南宫；东面有孙皓时期所建的昭明宫；东北方向为皇家苑区苑城及宫廷禁卫营地；南宫西面有皇家园林西苑。太初宫前是长达7里的御道，中央官署分布在两侧。

建业城外围建有丹阳郡城和石头城、冶城、金城、白马城等军防城堡。

建业城内基本上没有民居建筑。居民区主要分布在城南秦淮河两岸。这种都城与居民区分离的状态一直持续到南唐建都江宁才最终结束。

建业都城的建设标志着长江下游一座新的中心城市的崛起，并为以后东晋和南朝建康都城的发展奠定了基础。

孙吴都建业图（明版画）

— 历史事件 —

【浮海求夷洲】

黄龙二年（230），孙权遣大将卫温、诸葛直率领甲士一万人，泛舟浮海，前往夷洲（今中国台湾）、亶洲（今日本冲绳），“得夷洲数千人”后返回建业。东吴浮海求夷洲是大陆与台湾正式交往的最早历史记载。

东吴时期大陆与夷洲形势图
（中国地图出版社《地图上的中国史》）

【佛教南传】

佛教文化流入南京，始于东汉末年，迄今已有1800年的历史。东吴时期，西域居士支谦和僧人康僧会相继到建业传播佛教，弘扬佛法。支谦在建业期间翻译出《维摩诘经》《大般泥洹经》等佛教典籍，为南京有佛教经典之始。孙权为康僧会在长干里建造寺庙，取名建初寺，为江南第一寺。

支谦（生卒年不详），西域月支族后裔，居士，又名越，字恭明，幼时随祖父法度移居中国，精通汉文、梵文等六门语言。222年，支谦从洛阳来到吴地武昌，为孙权所重，拜为博士；229年，随孙权迁都来到建业。支谦在约30年间，翻译佛经36部。传说支谦曾辅导太子孙登，孙登死后，支谦隐居穹隆山，年60岁卒于山中。

支谦译经图

康僧会

康僧会（？—280），西域康居人，世居天竺，因其父经商移居交趾（今越南），10余岁出家为僧。赤乌十年（247），他来到建业，孙权为其建建初寺。康僧会在建初寺生活30多年，译出《吴品经》《六度集经》等佛教经典，写成《安般守意》《法镜》等经注3部，对江南佛教的发展起着举足轻重的作用。280年，康僧会于建初寺无疾而终。

敦煌壁画中康僧会传教图

江南首寺——建初寺

建初寺位于今南京中华门城堡以西，花露岗东麓。东吴赤乌十年（247），康僧会至吴都建业弘扬佛教时，吴帝孙权信服其教法而建造该寺。因此为建业佛寺之始，故名建初寺。该寺的建立是佛教在中国南方兴起的标志性事件。西晋永嘉年间，西域僧帛尸黎蜜多罗曾于该寺译出《孔雀王经》等密教经典。东晋咸和三年（328），苏峻作乱，舍利塔被焚。其后，又重新修建。南朝时期，建初寺几经更名为祇园寺、白塔寺、长庆寺、奉先寺、保宁寺等。元末废弛。

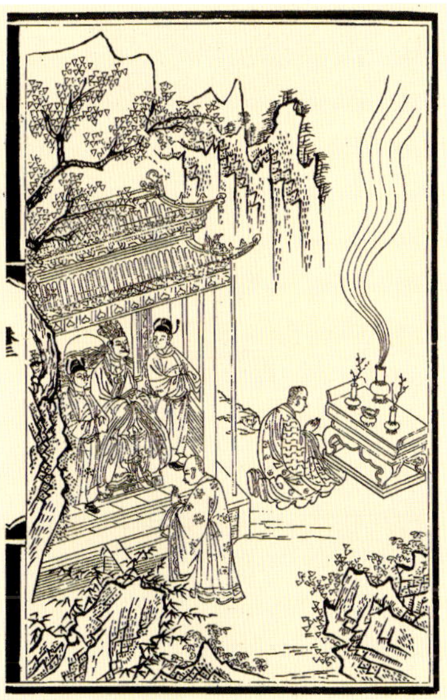

康僧会在建初寺向孙权宣扬佛法

2020 年，大报恩寺遗址南侧易地复建的仿古建初寺

— 历史人物 —

孙权

金陵第一帝——孙权

孙权（182—252），三国时东吴创建者，字仲谋，吴郡富春（今浙江富阳）人。他善于用人，有“勾践之奇，英人之杰”。东汉末，孙权继承父兄未竟事业，统领江东。211年，他将统治中心由京口（今镇江）迁到秣陵（今南京），次年改秣陵为建业，取“建功立业”之意。229年，定都建业，为日后南京的发展奠定了基础。孙权病逝后葬于钟山南麓，即今之梅花山孙陵岗。

张昭

东吴重臣——张昭

张昭（156—236），字子布，彭城（今江苏徐州）人，曾任孙策长史、抚军中郎将。孙策死后，张昭受顾命辅立孙权，安抚百姓，讨伐叛军，帮助孙权稳定局势，官至辅吴将军，封娄侯，晚年退居著述，有《春秋左氏传解》《论语注》等，今佚。今南京中华门西侧的西长干巷中段，为张昭当年宅第所在。

太极仙翁——葛玄

葛玄（164—244），东吴道士，道教灵宝派祖师，字孝先，丹阳郡句容（今江苏句容）人。葛玄家世官宦，自幼好学，性喜老、庄之说，不愿仕进，曾修道于阁皂山（今江西樟树市境内）。东吴时，孙权在方山为其敕建洞玄观。道教尊其为葛仙翁，又称太极仙翁，与张道陵、许逊、萨守坚共为“四大天师”。

葛玄

东吴名相——顾雍

顾雍（168—243），东吴重臣、政治家，字元叹，吴郡吴县（今江苏苏州）人。顾雍少时受学于蔡邕，弱冠即任合肥长，后任娄、曲阿、上虞县长，所在之处皆有治绩，入孙权幕府后为左司马，曾任大理奉常、尚书令，封阳遂乡侯。黄武四年（225），顾雍迁太常，同年代孙邵为丞相，为相19年，多有匡弼辅正之词，去世后谥肃侯。

顾雍

吴国谋士——张纮

张纮（生卒年不详），东汉末年吴国谋士，字子纲，徐州广陵（今江苏扬州）人，和张昭合称“二张”。孙策平定江东时他出仕为官，曾任侍御史，出使许都，孙权即位时，任长史之职，建议孙权迁都秣陵。张纮善属文，其名作《瑰材枕赋》，为建安七子陈琳所称赞。成语“小巫见大巫”即出自张纮与陈琳二人。

张纮

陆逊

社稷之臣——陆逊

陆逊（183—245），东吴政治家、军事家，本名陆议，字伯言，吴郡吴县华亭（今上海松江）人。陆逊跟随孙权40余年，忠诚耿直，深得器重。他曾率军在夷陵之战中通过火烧连营击败刘备，一战成名。孙权称帝后，陆逊官至上大将军、丞相。他一生出将入相，统领吴国军政20余年，被誉为“社稷之臣”。

诸葛恪

孙吴权臣——诸葛恪

诸葛恪（203—253），字元逊，琅邪阳都（今山东沂南）人，大将军诸葛瑾长子。他辅佐太子孙登，曾任丹阳太守、威北将军，平定山越之乱，丞相陆逊病逝后，迁大将军，领荆州事，孙权病危时，为托孤大臣之首。孙亮即位后，加封太傅，掌握军政大权。后进封丞相，封为阳都侯。建兴二年（253），诸葛恪出兵伐魏，惨遭新城之败，被诛。孙休即位后，得以平反。

韦昭

儒林名士——韦昭

韦昭（204—273），史学家，东吴四朝重臣，字弘嗣，吴郡云阳（今江苏丹阳）人。韦昭早年曾任尚书郎、太子中庶子、太史令，孙休即位后，官拜中书郎，出任博士祭酒，掌管国子学，孙皓即位后，任中书仆射、侍中，领左国史，封高陵亭侯。后为孙皓所害，时年70岁。他著有《吴书》《汉书音义》《国语注》《三吴郡国志》等。后世《三国志》多取材其《吴书》。

— 历史成就 —

【江南开发】

东吴定都建业后，推行军屯、民屯，大规模兴修水利，开凿沟通建业和三吴地区（今苏州、湖州、绍兴）的运河——破岗渎等水利设施，建业和整个江南地区的社会经济获得前所未有的发展，为我国经济中心的南移奠定了基础。

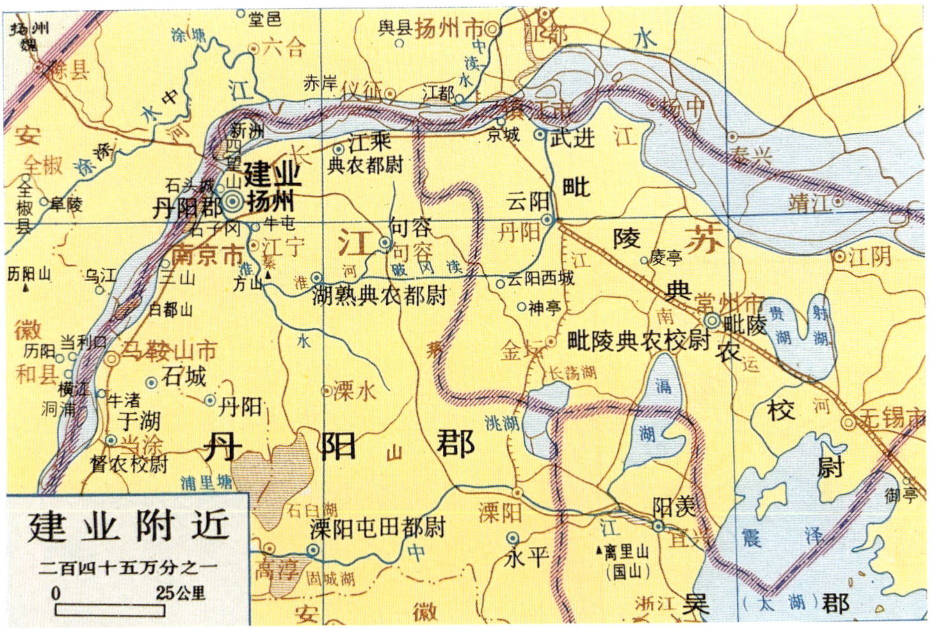

建业附近形势图（中国地图出版社《简明中国历史地图集》）

南京出土的东吴瓦当

【海上丝绸之路】

东吴造船业和航海业得到较大发展，海上贸易及文化交流陆续开展，奠定了六朝海外交通的基础。东吴统治者派人浮海远涉朝鲜半岛、日本、扶南（今柬埔寨）、林邑（今越南中部）及南洋群岛诸国，与印度、大秦（罗马）等国也建立了联系。

东吴对外交流的凭证——日本奈良出土的三角缘神兽镜

据传东南亚传统服装纱笼源自东吴使节的建议，图为身着纱笼的柬埔寨吴哥窟女子雕像

东南亚古籍中的画像

【书画艺术】

“篆隶之极”——《天发神谶碑》

《天发神谶碑》是东吴四大传世碑刻之一，东吴天玺元年（276）刻于建业，俗称“三段碑”，相传为皇象所书。字体既不同于篆书，又不同于隶书，笔意在篆隶之间；结体以圆驭方，既紧敛又开张舒展；气势雄强，浑厚有力。原碑在江宁府学内，清代毁于大火，有拓本传世。该碑书法为历代书家称道，康有为叹为“奇伟惊世”“笔力伟健冠古今”，为“篆隶之极”。

皇象（生卒年不详），东吴书法家，字休明，广陵江都（今江苏扬州）人。官至侍中、青州刺史。他善八分，小篆，尤善章草，时人谓之“书圣”。传世作品有书迹《文武帖》《急就章》《天发神谶碑》及书论《论草书》。

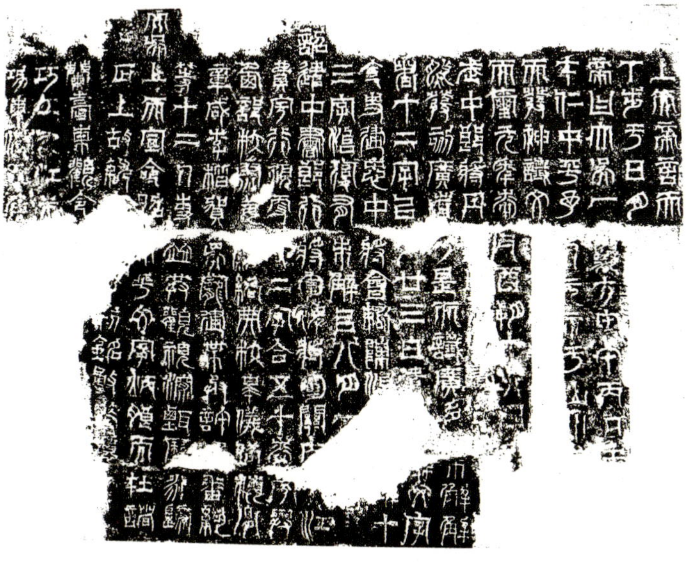

《天发神谶碑》拓片

“佛画之祖”——曹不兴

东吴画家曹不兴（生卒年不详），吴兴（今浙江湖州）人，他的画与同时代皇象的草书、严武的棋艺、郑妪的算相、吴范的候风气、赵达的算术、宋寿的解梦、刘敦的天文并称吴中“八绝”。所谓“曹衣带水，吴带当风”，即指曹不兴及吴道子勾画衣物线条生动活泼的特点。曹不兴善画佛教画，被誉为“佛画之祖”。

曹不兴“落笔成蝇”

曹不兴落笔成蝇的故事流传久远。传说孙权请他画屏风。屏风画好后，拿给孙权看，孙权非常喜欢。看着看着，忽然发现画面上装杨梅的篮子边上有一只苍蝇，就挥动袖子，想把那只苍蝇弹去，结果苍蝇一动也不动。旁边的人见了，笑着告诉孙权说：“大王，那不是真苍蝇，是画上去的！”孙权忍不住大笑说：“是曹不兴画的苍蝇啊，我还以为是真的呢！” 原来，曹不兴作画的时候别人不小心滴了一滴墨在屏风上，他就顺手画成了苍蝇。

【六朝青瓷】

瓷器的发明是中华民族对世界文明的伟大贡献。瓷器从陶器发展演变而成，约在公元前16世纪的商代中期，中国就出现了早期的原始瓷器。早期原始瓷器以青瓷为主，东汉时出现了青釉瓷器。魏晋南北朝时期，陶瓷业在以南京为中心的江南地区迅速发展，生产出著名的六朝青瓷。

南京出土的东吴青瓷

六朝青瓷的产地主要分布在长江以南地区，著名窑口有越窑、瓯窑、婺州窑、洪州窑、岳州窑、德清窑及宜兴均山窑等。六朝青瓷造型丰富多彩，按不同用途可分为明器、日用器、陈设器、文房用具等。六朝青瓷上承汉代瓷器创造的成就，下为隋唐青釉瓷器鼎盛期奠定了基础，在中国古代陶瓷发展史上起着承前启后的重要作用。

【诗文名作】

东吴童谣　宁饮建业水

宁饮建业水，不食武昌鱼。宁还建业死，不止武昌居。

瑰材枕箴　　张　纮

彧彧其文，馥馥其芬。出自幽阻，升于毡茵。允瑰允丽，惟淑惟珍。安安文枕，贰彼弁冠。冠御于昼，枕式于昏。代作充用，荣己宁身。兴寝有节，适性和神。

秋　风　　韦　昭

秋风扬沙尘，寒露沾衣裳。角弓持弦急，鸠鸟化为鹰。边垂飞羽檄，寇贼侵界疆。跨马披介胄，慷慨怀悲伤。辞亲向长路，安知存与亡。穷达固有分，志士思立功。思立功，邀之战场。身逸获高赏，身没有遗封。

吴大帝诔　　陆　机

皇圣膺期，有命太素，承乱下荫，请难天步。我皇明明，固天实生。体和二合，以察三精。濯晖育庆，怀祥载荣。率性而和，因心则灵。厥灵伊何，克圣克仁。茂对四象，克配乾坤。齐明日月，考祥鬼神。诞自幼冲，睿哲宿照。甄化无形，探景绝曜。巍巍圣姿，文武既俊。有觉德徽，兆民欣顺。将熙景命，经营九围。登迹岱宗，班瑞旧圻。上玄匪惠，早零圣晖。神庐既考，史臣献贞。龙輴启殡，宵载紫庭。辰旒飞藻，凶旗举铭。崇华熠烁，翠盖繁缨。千乘结驷，万骑重营。箫鼓振响，和銮流声。动轸阊阖，永背承明。显步万官，幽驱百灵。随化太素，即宫杳冥。亿兆同慕，泣血如零。

肆夏在庙，云翘承□。

吴都赋（节选）　　左　思

起寝庙于武昌，作离宫于建业。阐阖闾之所营，采夫差之遗法。抗神龙之华殿，施荣楯而捷猎，崇临海之崔巍，饰赤乌之韡晔。东西胶葛，南北峥嵘。房栊对榥，连阁相经。阍闼谲诡，异出奇名。左称弯碕，右号临硎。雕栾镂楶，青琐丹楹。图以云气，画以仙灵。虽兹宅之夸丽，曾未足以少宁。思比屋于倾宫，毕结瑶而构琼。高闱有闶，洞门方轨，朱阙双立，驰道如砥。树以青槐，亘以绿水。玄荫眈眈，清流亹亹。列寺七里，侠栋阳路。屯营栉比，廨署棋布。横塘查下，邑屋隆夸。长干延属，飞甍舛互。

其居则高门鼎贵，魁岸豪杰。虞魏之昆，顾陆之裔。歧嶷继体，老成弈世。跃马叠迹，朱轮累辙。陈兵而归，兰锜内设。冠盖云荫，闾阎阗噎。其邻则有任侠之靡，轻訬之客。缔交翩翩，傧从弈弈。出蹑珠履，动以千百。里宴巷饮，飞觞举白。翘关扛鼎，拚射壶博。鄱阳暴谑，中酒而作。

于是乐只衎而欢饫无匮，都辇殷而四奥来暨。水浮陆行，方舟结驷。唱棹转毂，昧旦永日。开市朝而并纳，横阛阓而流溢，混品物而同廛，并都鄙而为一。士女伫眙，商贾骈坒。纻衣絺服，杂沓傱萃。轻舆案辔以经隧，楼船举帆而过肆。果布辐凑而常然，致远流离与珂珹。繰贿纷纭，器用万端。金镒磊砢，珠琲阑干。桃笙象簟，韬于筒中，蕉葛升越，弱于罗纨。儸譶澩漻，交贸相竞。喧哗喤呷，芬葩荫映。挥袖风飘，而红尘昼昏；流汗霡霂，而中逵泥泞。

【金陵成语】

大发雷霆	断蛟刺虎	改邪归正	虎踞龙盘	锦囊妙计	开门揖盗
蓝田生玉	龙驹凤雏	落笔成蝇	穷兵黩武	忍辱负重	势如破竹
手不释卷	小姑独处	义不容辞	饮醇自醉	迎刃而解	小巫见大巫

虎踞龙盘——语出晋代张勃《吴录》。诸葛亮赞叹南京“钟山龙盘，石头虎踞，此帝王之宅”。特指南京地势雄伟险要

穷兵黩武——语出晋代陈寿《三国志》。东吴名将陆抗劝告孙皓审时度势，养精蓄锐，不要滥用武力。形容自不量力的好战者

忍辱负重——语出晋代陈寿《三国志》中东吴名将陆逊的故事。比喻具有忍受暂时屈辱的胸襟，所以能够承担艰巨的任务

手不释卷——语出晋代陈寿《三国志》。孙权以刘秀在战争中书本不离手为榜样，勉励大将吕蒙多读书。后用以形容勤奋好学

【传世名著】

最早的《国语》注本——《国语解》

《国语解》是东吴韦昭《国语》注本。《国语》是中国最早的一部国别史著作，具有较高的史料价值和学术价值，是研究先秦历史的基本文献。其记录范围上起周穆王西征犬戎（约前965），下至三家分晋，智伯被灭（前453），历时500余年。内容包括各国贵族间朝聘、宴飨、讽谏、辩说、应对之辞，以及部分历史事件与传说。韦昭《国语解》是现存最早的《国语》注本。

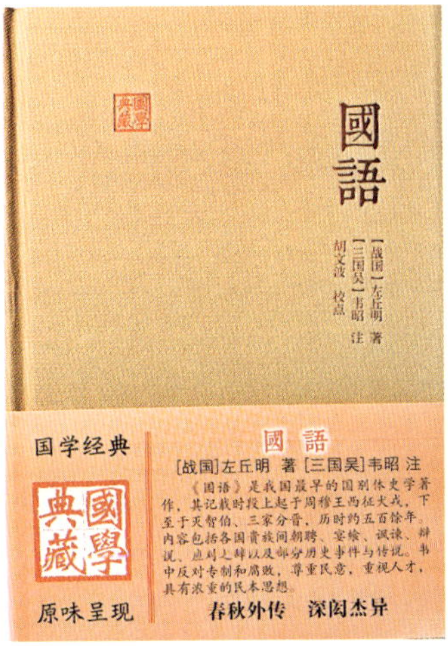

《国语》韦昭注本书影

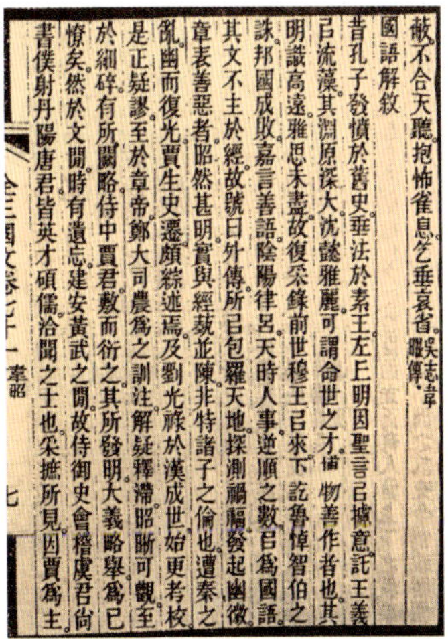

蔽不合天聽抱怖雀息乞垂哀省。吳志韋曜傳。

國語解敘

昔孔子發憤於舊史垂法於素王左丘明因聖言以攄意託王義以流藻其淵原深大沈懿雅麗可謂命世之才博物善作者也其明識高遠雅思未盡故復采錄前世穆王以來下訖魯悼智伯之誅邦國成敗嘉言善語陰陽律呂天時人事逆順之數以為國語其文不主於經故號曰外傳所以包羅天地探測禍福發起幽微章表善惡者昭然甚明實與經藝並陳非特諸子之倫也遭秦之亂幽而復光賈生史遷頗綜述焉及劉光祿於漢成世始更考校是正疑謬至於章帝鄭大司農為之訓注解疑釋滯昭晰可觀至於細碎有所闕略侍中賈君敷而衍之其所發明大義略舉為已憭矣然於文閒時有遺忘建安黃武之閒故侍御史會稽虞君尚書僕射丹陽唐君皆英才碩儒洽聞之士也采摭所見因賈為主

全三國文卷七十一 韋昭 七

《全三国文》关于韦昭《国语解叙》的记载

东吴时期南京名（译）著

书　名	编撰者	书　名	编撰者
《周髀算经注》	赵　爽（约182—250）	《后汉书》	谢　承（生卒年不详）
《三史略》	张　温（193—230）	《毛诗草木鸟兽虫鱼疏》	陆　玑（生卒年不详）
《吴书》	韦　昭（204—273）	《六度集经》	康僧会（？—280）
《国语解》		《吴品》	
《三吴郡国志》		《维摩经》	支　谦（生卒年不详）
《临海水土志》	沈　莹（？—280）	《大明度无极经》	
《后汉记》	薛　莹（209—283）	《弊魔试目连经》	

— 历史遗存 —

上坊孙吴墓

上坊孙吴墓位于今江宁区东山街道上坊社区，又称上坊东吴大墓，是中国迄今发现的规模最大、结构最复杂、出土瓷器最多的东吴砖式墓葬，于2005年12月进行发掘。墓主身份推断为高等级贵族或是东吴宗室。墓坑长21.5米，宽14.4米，为土坑竖穴砖室墓。2013年被列为全国重点文物保护单位。

上坊孙吴墓

石头城遗迹

石头城遗迹位于今鼓楼区清凉山西侧。公元前333年，楚威王置金陵邑于此，筑城石头山。建安十七年（212），孙权在金陵邑故址建筑要塞，取名为“石头城”，又称“石首城”。石头城以清凉山西坡天然峭壁为城基，环山筑造，西临长江，南凭秦淮，地势险要，为长江著名要塞。1957年，石头城遗迹被列为江苏省文物保护单位。

石头城遗迹

孙权墓

孙权墓位于今玄武区钟山南麓明孝陵景区梅花岗，又名蒋陵、吴王坟，亦称孙陵岗，是南京地区最早的一座六朝陵墓。孙权墓还葬有孙权的夫人步氏和后妻潘氏，宣明太子孙登也葬在孙权墓附近。遗址现存一块石碑、一座石桥、一个注释牌、一座石像。1957年，孙权墓被列为南京市文物保护单位。

坐落在梅花山东麓的“东吴大帝孙权纪念馆”

周处读书台

周处读书台

周处读书台位于今秦淮区老虎头44号。又称“周处台”，相传是周处任东吴东观左丞时的堂宅，也有说是周处出仕前读书之处，周处（236—297），字子隐，阳羡（今江苏宜兴）人，东吴鄱阳太守周鲂之子，东吴时出仕任东观左丞，晋时为新平太守、御史中丞。因他年少时改恶从善，留下“周处除三害”的传说。1982年，周处读书台被列为南京市文物保护单位。

方山洞玄观遗址

方山洞玄观遗址位于今江宁区秣陵街道方山南麓。洞玄观为东吴时孙权敕建的皇家道观，始建者为葛玄。历史上洞玄观规模宏大，为南方道教的发源地之一。东晋时，葛玄的后人葛洪在洞玄观修道。唐代此观并入岩栖观，宋代改崇真观。元末遭兵燹。明洪武年间重建。现存有洗药池、古井两口。2012年，方山洞玄观遗址被列为南京市文物保护单位。

方山洞玄观旧影

2019 年复建后的方山洞玄观

衣冠南渡　东晋

东晋（317—420），六朝之一。建兴四年（316），西晋灭亡。建武元年（317），司马睿在建康（今南京）自立为晋王，次年称帝，改元太兴。因都城建康在旧都洛阳东南，史称东晋。其疆域北以今淮河、长江流域为界，西抵云南，南至越南中部。元熙二年（420），东晋被刘裕建立的宋取代，历11帝，104年。

东晋疆域图（中国地图出版社《简明中国历史地图集》）

东晋年表

帝 王	在位时间	年 号	都 城
元 帝 司马睿	317—323	建武 大兴 永昌	建康
明 帝 司马绍	323—326	太宁	
成 帝 司马衍	326—342	咸和 咸康	
康 帝 司马岳	343—344	建元	
穆 帝 司马聃	345—361	永和 升平	
哀 帝 司马丕	362—365	隆和 兴宁	
废 帝 司马奕	366—371	太和	
简文帝 司马昱	371—372	咸安	
孝武帝 司马曜	373—396	宁康 太元	
安 帝 司马德宗	397—418	隆安 元兴 大亨 义熙	
恭 帝 司马德文	419—420	元熙	

— 国都建康 —

【政区建置】

晋沿袭汉魏州郡县三级行政管理体制。太康元年（280），西晋灭吴后，先是废建业之名改为秣陵县，继而以秦淮河为界，南北分置秣陵、建邺2县，再分秣陵之地新置临江县；同时，将魏、吴分治的两个扬州合二为一，治所在建邺，统18郡，所辖范围与汉代扬州相当。

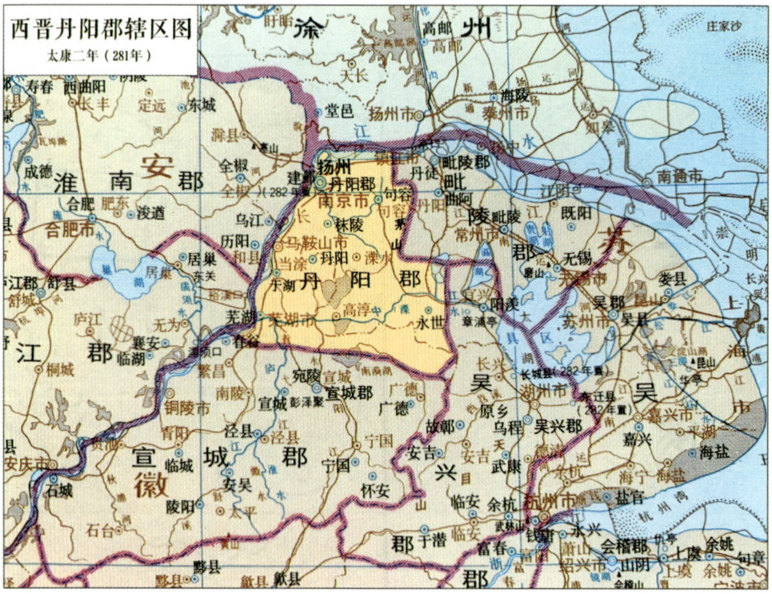

西晋丹阳郡辖区图（中国地图出版社《中国历史地图集》）

太康二年（281），临江县更名为江宁县，取“江外无事，宁静于此”之意，南京的江宁之名由此诞生。同年，分丹阳郡另置宣城郡（治宛陵），丹阳郡（治建邺）辖建邺、秣陵、江乘、江宁、湖熟、句容、溧阳、丹杨、于湖、芜湖、永世11县。

永嘉七年（313），为避晋愍帝司马邺之名讳，改建邺为建康。南京古名建康始于此。

建武元年（317），司马睿在建康建立东晋，扬州治所仍在建康，辖丹阳、吴郡、吴兴、义兴、晋陵、会稽、淮南、庐江、历阳、宣城、新安、东阳、临海、永嘉等14郡。丹阳郡仍属扬州，治所建康，辖建康、秣陵、江宁、丹杨、永世、溧阳、湖熟、句容、于湖、芜湖、江乘等11县（至晋末先后划出江乘、于湖、芜湖3县），建康、秣陵并称“京邑二县”。

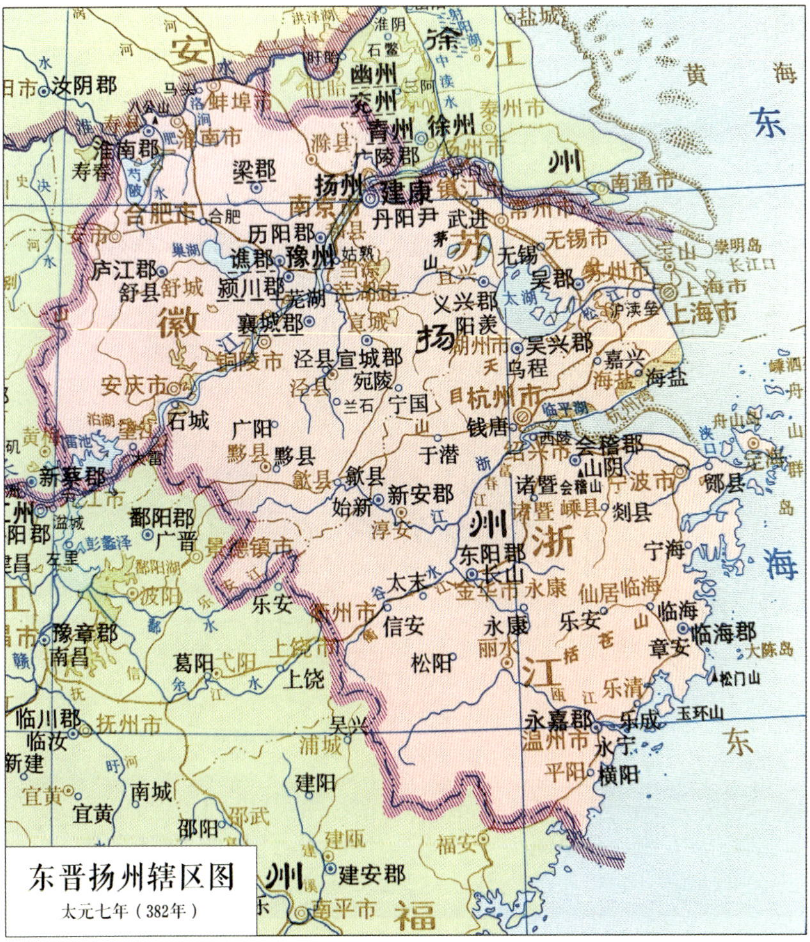

东晋扬州辖区图
太元七年（382年）

东晋扬州辖区图（中国地图出版社《中国历史地图集》）

为安置北方战乱南迁之民，缓和南北士族矛盾，东晋政府在建康附近地区先后设置侨州、侨郡、侨县20多个，包括琅邪郡、兰陵郡、东海郡、怀德县、临沂县、兰陵县等。侨置郡县延续南朝各代，直到隋统一后才完全废除。

【都城建设】

太兴元年（318），司马睿正式称帝，定都建康。南京在时隔37年后再次成为一国之都。东晋立国之初，政局尚未完全稳定，经济基础比较薄弱，建康都城仍沿用吴都建业旧址，其形制规模基本承袭了吴都旧制。咸和四年（329）平定苏峻之乱后，晋成帝开始了建康城的重建改造。建康城的改建承袭了中原都城的礼制规范，与吴都建业城有所不同：

重视完善礼制建筑的建设。立宗庙社稷，建郊坛，在都城之北设置了帝王陵区，奠定了六朝建康礼制建筑的基础。

东晋都建康图（明版画）

都城布局有所突破。形成了主要建筑依大司马门到朱雀门的南北中轴线左右对称的布局。以建春门到西明门为横街，将全城划分为南、北两个功能区，南部为公署、住宅区，北部为宫城区。宫城称“建康宫”，俗称“台城”，周围8里（约3456—3512米），筑有两重城墙，辟有11门。都城城门由东吴时的1个增开到6个。周边的军垒城堡，新建了白下城和东府城。

在都城外围以竹木材料建成藩篱并设置篱门56座，作为建康城的外郭，从而形成了宫城、都城、外郭三重城垣框架。

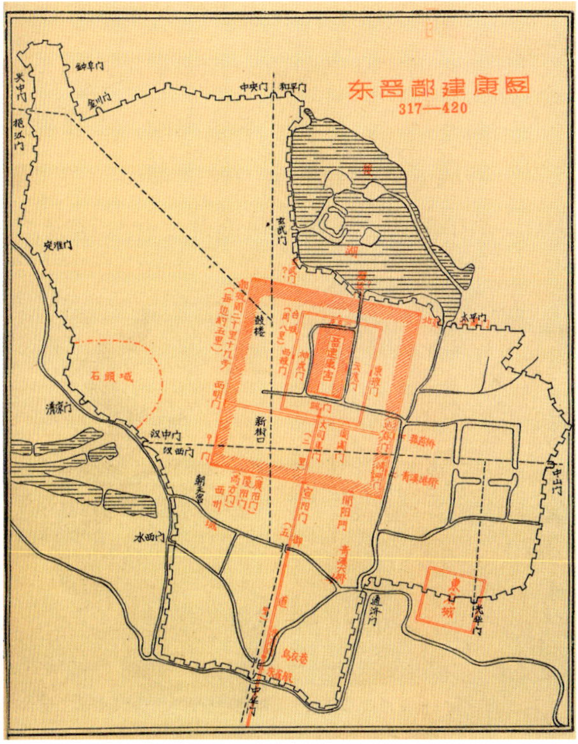

东晋都建康图（民国朱偰绘）

六朝建康都城遗址图

东晋建康城的基本布局和三重城垣框架，为其后南朝宋、齐、梁、陈各代相沿承袭，并成为后来北魏重建洛阳都城的范本，影响到隋唐长安城的建设规制。

— 历史事件 —

【永嘉南渡】

西晋自“八王之乱”后，政治愈加腐败，国力日渐衰微，少数民族纷纷入侵中原。永嘉五年（311），匈奴贵族刘渊率军攻陷洛阳，俘虏晋怀帝，纵兵焚掠，引发永嘉之乱。中原士族和平民百姓为避战火，纷纷南下，近百万中原人口涌入南方，史称“永嘉南渡”。建康都城的北方侨民数量超过土著人口，形成五方杂处的全国性大都市。“永嘉南渡”促进了江南经济社会发展，是中国历史上第一次南北文化大融合。

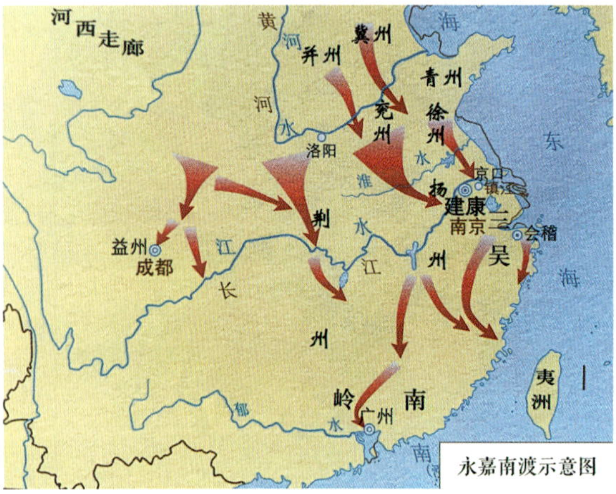

永嘉南渡示意图
（山东省地图出版社《透过地图看中国历史》）

南京幕府山北麓江边的五马渡广场

【淝水之战】

太元八年（383），前秦皇帝苻坚率军80余万攻打东晋。消息传到建康，“京师震恐”。宰相谢安为稳定人心，到建康城外的东山（今江宁区东山）下棋，同时派谢石、谢玄等率晋军8万拒敌。两军决战于淝水（今安徽寿县东南）。谢玄要求苻坚后退，让晋军渡水决战。苻坚退军时，内应在秦军阵后大呼“秦兵已败”，谢玄趁机挥师猛攻，秦军大败。捷报传到建康，谢安正在下棋。客人询问战果如何，他不动声色地说：“小儿辈已破贼。”淝水之战是中国历史上以少胜多的经典战例，保住了以汉文化为主体的中华文化。

淝水之战

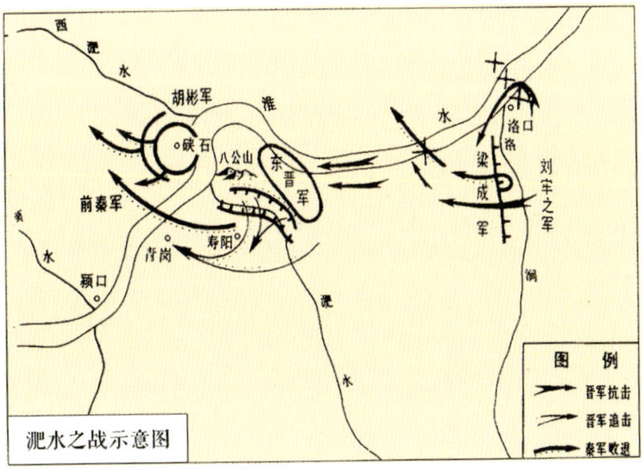

淝水之战示意图

《会棋报捷图》粉彩瓷盘

【北伐中原】

东晋建立之后，为收复中原失土，先后有祖逖、庾亮、殷浩、桓温、刘裕等人的多次北伐之举，其中影响最大的是刘裕北伐。义熙五年（409）后，掌握朝政大权的将军刘裕曾两度北伐，先后攻陷洛阳、长安，攻灭南燕和后秦，收复了黄河以南、淮水以北，以及汉水上游的大片地区，扩大了晋朝的领土。永初元年（420），军功显赫的刘裕迫使晋恭帝禅位，称帝建宋，成为“南朝第一帝”。

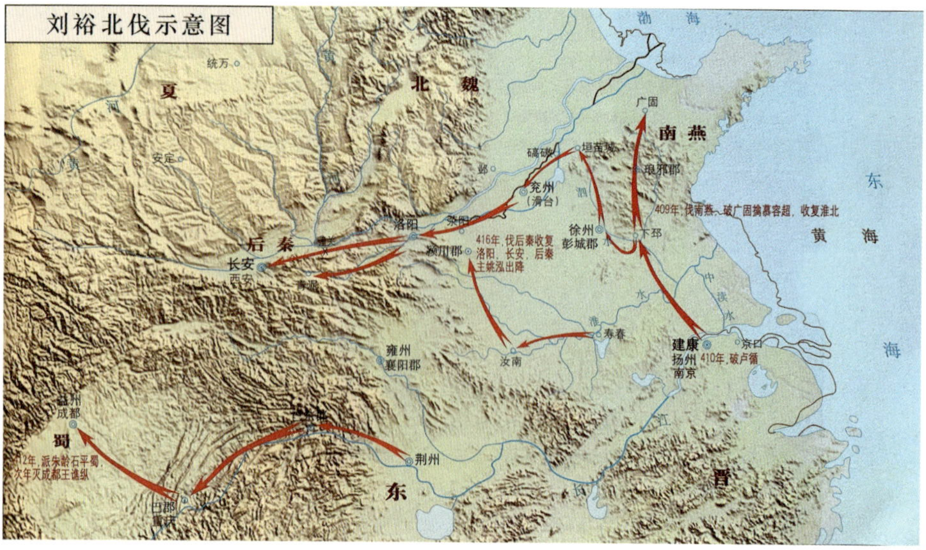

刘裕北伐示意图（山东省地图出版社《透过地图看中国历史》）

— 历史人物 —

晋元帝司马睿

东晋开国皇帝——司马睿

司马睿（276—323），字景文，生于洛阳，河内郡温县（今河南温县）人，晋宣帝司马懿曾孙，15岁袭封琅邪王，后依附东海王司马越，为平东将军。永嘉元年（307），司马睿任安东将军、都督扬州诸军事，采纳王导建议，移镇建邺。永嘉之乱后，他在王导等人辅佐下，联合江南世家大族，逐渐统治了江南地区。建兴五年（317），司马睿自立为晋王，改元建武，史称东晋，次年称帝，定都建康，逝后葬鸡笼山建平陵，谥号元帝，庙号中宗。

王导

“王与马，共天下”——王导

王导（276—339），东晋大臣，东晋政权的奠基者之一，字茂弘，琅邪临沂（今山东临沂）人，出身中原著名士族。永嘉元年（307），他跟随司马睿南渡，任安东将军司马。王导出谋划策，联合南北士族，拥立司马睿为帝，建立东晋政权。王导官居宰辅，总揽元帝、明帝、成帝三朝国政，时有“王与马，共天下”之说。王导在秦淮河之南乌衣巷有宅，逝后葬于幕府山西南麓。

江左风流宰相——谢安

谢安（320—385），东晋大臣，政治家、军事家，字安石，号东山，陈郡阳夏（今河南太康）人，士族出身，历任要职，死后追封太傅兼庐陵郡公。谢安主持朝政20多年，对建康都城进行了大规模整修，并做了两件名垂青史的大事：一是巧妙地阻止了权臣桓温的篡位活动，避免了内战的爆发；二是指挥著名的淝水之战，抗击外敌的入侵。谢安逝后葬于今南京城南雨花台东侧梅岗。谢安家族人才辈出，世居建康乌衣巷。

谢安

乌衣巷王谢故居

乌衣巷历史悠久，位于今南京夫子庙南，东吴时是守城部队营房所在地，当时军士都穿着黑色制服，故以“乌衣”为巷名。东晋初，大臣王导住在这里，后来成为王、谢等豪门大族的住宅区。中唐时期，诗人刘禹锡有“旧时王谢堂前燕，飞入寻常百姓家”的诗句。南宋时期，人们在倾圮的王谢故居上重建“来燕堂”，成为瞻仰东晋名相的胜地。

乌衣巷

刘禹锡

朱雀桥边野草花，乌衣巷口夕阳斜。
旧时王谢堂前燕，飞入寻常百姓家。

1997年重建后的乌衣巷及王谢故居

郭璞

游仙诗体鼻祖——郭璞

郭璞（276—324），东晋文学家、训诂学家，字景纯，河东闻喜（今山西闻喜）人。西晋末郭璞避乱过江，曾任宣城太守殷祐参军，后至建康，任王导参军；元帝时曾任将军王敦的记室参军，因力阻王敦谋逆被杀，被追赐为弘农太守。晋明帝在玄武湖边建郭璞衣冠冢，名“郭公墩”。郭璞博学多才，诗文著作多达百卷以上，其辞赋号称“中兴之冠”，为中国游仙诗体的鼻祖。

干宝

志怪小说鼻祖——干宝

干宝（约280—336），东晋文学家、史学家，字令升，新蔡（今河南新蔡）人。他自小博览群书，精通史学。王导曾荐其为佐著作郎，领修国史，后官至司徒右长史、散骑常侍。干宝一生著述颇丰，堪称中国小说之鼻祖，其《搜神记》为中国志怪小说代表作，在中国小说史上有极其深远的影响。干宝另著有《晋纪》20卷及《周易注》《周官礼注》《春秋序论》《百志诗》等。

葛洪

著名道教学者——葛洪

葛洪（283—363），道教理论家、炼丹家、医药学家，字稚川，自号抱朴子，丹阳郡句容（今江苏句容）人，葛玄从孙。葛洪少时从葛玄弟子郑隐习炼丹秘术，曾任司徒王导主簿，迁谘议参军，后隐茅山，晚年修道于广东罗浮山。他一生著述不辍，养生修道，以丹鼎生涯终老，所著《抱朴子》确立了道教神仙理论体系，为道教重要典籍，另著有《神仙传》《肘后备急方》等。

咏絮之才——谢道韫

谢道韫（349—409），东晋女诗人，陈郡阳夏（今河南太康）人，谢安侄女，安西将军谢奕之女，王羲之之子王凝之之妻。她少聪慧，有才辩，隆安三年（399），其夫王凝之被农民起义军所杀后，寡居以终。谢道韫长于诗文，原有集二卷，已佚。《艺文类聚》存其诗二首。《全晋文》收其文《论语赞》。

谢道韫

— 历史成就 —

【书画艺术】

“书圣”——王羲之

王羲之（321—379），东晋书法家，字逸少，祖籍琅邪临沂（今山东临沂），出身建康世族王家。他早年师从卫夫人学习书法，后学张芝草书、钟繇楷书。王羲之在博采众长的基础上，一改汉魏以来的古拙书风，形成妍美流便的新体。其行书雄放多变，堪称古今书坛之冠。行书作品《兰亭序》被誉为“法帖之冠”，为历代书家临摹典范。

王羲之

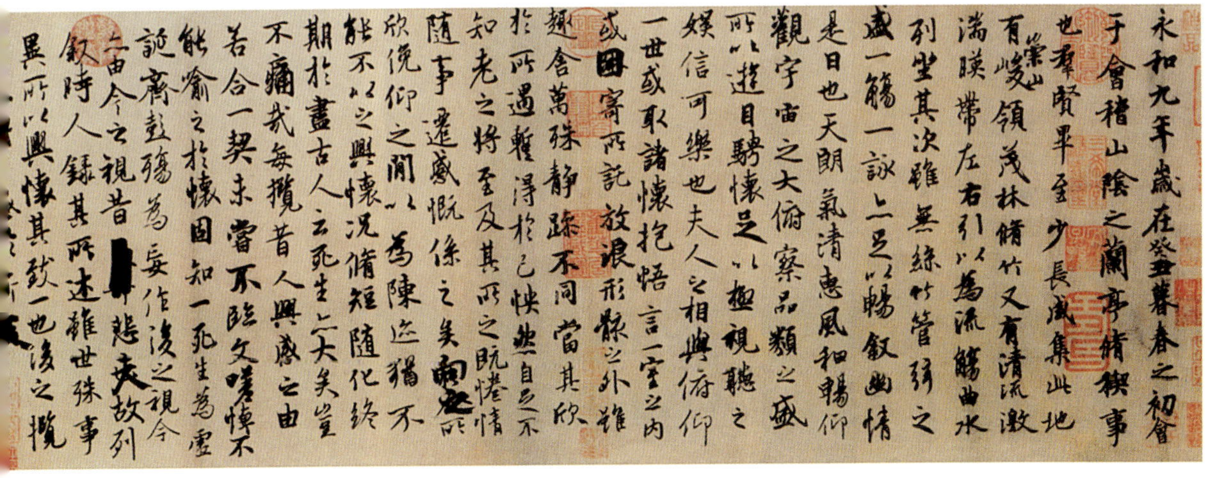

王羲之行书《兰亭序》

“小圣”——王献之

王献之（344—386），东晋书法家，字子敬，王羲之第七子。王献之以行书和草书闻名后世，被誉为“小圣”，与其父并称“二王”。他幼年随父学书法，兼学张芝，“兼众家之长，集诸体之美”，创造出独特的“破体”，开拓出新的书法样式和境界。代表作有《鸭头丸帖》《地黄汤帖》《洛神赋十三行》等。

王献之

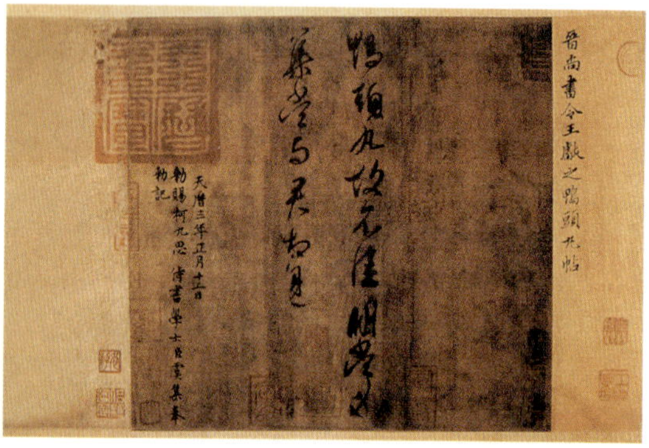

王献之《鸭头丸帖》

“三绝”画家——顾恺之

顾恺之（346—407），东晋画家，字长康，小字虎头，晋陵无锡（今江苏无锡）人。顾恺之博学多艺，工诗赋、书法，尤善绘画，被称作“才绝、画绝、痴绝”的“三绝”画家，与南朝陆探微、张僧繇和唐代吴道子并称“画家四祖”。其画笔迹周密，如春蚕吐丝，形成独特的“密体”。其现存作品有《女史箴图》《洛神赋图》《斫琴图》《列女仁智图》等，均为唐宋摹本。

顾恺之

顾恺之《女史箴图》（局部）

顾恺之《洛神赋图》（局部）

百工所范——戴逵

戴逵（326—396），东晋雕塑家、画家、音乐家，字安道，谯郡铚县（今安徽濉溪）人，居会稽剡县（今浙江嵊州）。戴逵博学多才，工人物山水，尤以擅长雕刻及铸造佛像而知名，创造夹纻漆像作法，为脱胎漆器的创始者。其在建康瓦官寺所造五尊佛像，与顾恺之的《维摩诘像》及师子国的玉像，共称“瓦官寺三绝”。

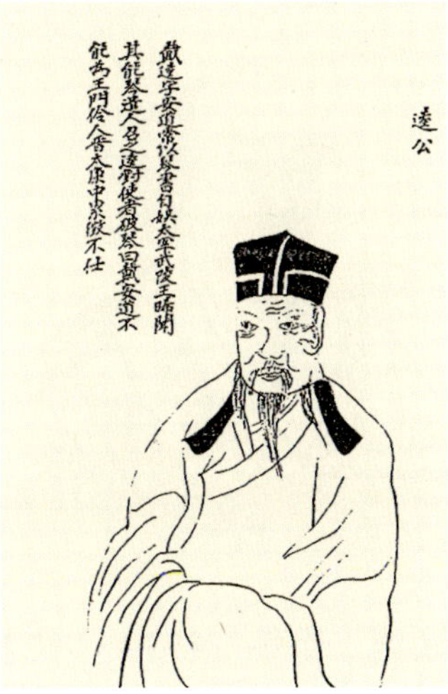

戴逵

【金陵金箔】

金陵金箔，又称南京金箔，是中国传统手工技艺的杰出代表，发源于东晋时期今栖霞区龙潭一带。相传东晋葛洪是金箔锻制的始祖。南朝时金箔即被用于佛像、神像贴金，以及建筑业。清末，金陵金箔已行销全国各地。金陵金箔生产工艺独特，锻制过程系用真金经过倒条、下条、出具、切箔等十几道工序捶打而成，色泽纯正，厚薄均匀，经久不变。2006年，南京金箔锻制技艺入选首批国家级非物质文化遗产名录。

金箔工艺

【佛教传播】

西行求法第一人——法显

法显

法显（约337—422），东晋时期著名高僧，平阳武阳（今山西襄垣）人，3岁时剃度为僧。东晋隆安三年（399），法显为取经求法，从长安出发，西渡流沙，越葱岭，到达天竺（今印度），后由师子国（今斯里兰卡）经海路乘船归国，义熙八年（412），到达青州牢山（今山东青岛崂山）。前后历时14年，途经30余国。次年（413），法显来到建康，居于秦淮河畔，翻译佛教经典100多万字，并将旅行见闻撰成了《佛国记》。

法显西行求法路线图（山东省地图出版社《透过地图看中国历史》）

中国密教之始祖——高座法师

密宗是中国佛教宗派之一，传入中国后最早在南京传播。东晋初年，西域名僧帛尸梨密多罗来到建康，丞相王导拜其为师，亲自为他驾牛车，称为高座法师，为其建高座寺。帛尸梨密多罗在建康译出《大孔雀明王神咒经》等密教经典，这是密宗首次在中国传播。高座法师后卒于建康，葬于高座寺。

2011 年复建后的高座寺

高座寺

高座寺位于今南京主城南雨花台之山腰，始建于西晋永嘉年间（307—313），初为甘露寺，因高座法师而更名为高座寺。宋代改名为永宁寺，明代分为永宁、高座二寺，清末衰落。2011年，高座寺经修缮后重新开放，列为南京市文物保护单位。

雨花台得名源于高座寺。据传，南朝梁时，宝志禅师在此主持，有云光法师端坐山巅说法讲经，僧侣500余人，趺坐聆听，法师讲得精彩，僧侣听得入神，数日不散，直至感应上天佛祖，天上落花如雨，后称讲经高台处为“雨花台”。

瓦官寺

瓦官寺位于今秦淮区集庆门附近的花露岗上，原为东晋官营的陶器作坊，称“瓦官”。兴宁二年（364），哀帝诏令在此建寺，故称瓦官寺。高僧竺法汰奉敕讲经时，简文帝亲临听讲，王侯公卿云集，寺名因而大盛。寺内有戴逵所造之佛像五尊、顾恺之所画之维摩像及师子国所献之玉像，被称为“瓦官寺三绝”。南唐时改称升元寺，宋初改名崇胜寺。明初荒废。2003年，瓦官寺经修缮恢复。

瓦官寺

【诗文名作】

游仙诗十九首（其三）　　郭　璞

翡翠戏兰苕，容色更相鲜。绿萝结高林，蒙笼盖一山。
中有冥寂士，静啸抚清弦。放情凌霄外，嚼蕊挹飞泉。
赤松临上游，驾鸿乘紫烟。左挹浮丘袖，右拍洪崖肩。
借问蜉蝣辈，宁知龟鹤年。

桃叶歌　　王献之

桃叶映红花，无风自婀娜。春花映何限，感郎独采我。
桃叶复桃叶，桃树连桃根。相怜两乐事，独使我殷勤。
桃叶复桃叶，渡江不用楫。但渡无所苦，我自迎接汝。

金陵四十八景·桃渡临流（清版画）

桃叶渡今貌

【金陵成语】

标新立异	别无长物	不可理喻	伯道无儿	草间求活	城狐社鼠	楚囚相对
摧枯拉朽	大笔如椽	叠床架屋	东床快婿	东床坦腹	东山再起	多难兴邦
咄咄逼人	咄咄怪事	凤毛麟角	拂衣而去	功败垂成	管中窥豹	过江之鲫
洪乔之误	后起之秀	家破身亡	江左夷吾	击缺唾壶	渐入佳境	矫情镇物
金貂换酒	尽心尽力	精神满腹	刻画无盐	空洞无物	囊中羞涩	琳琅满目
流芳百世	龙行虎步	盲人瞎马	明镜不疲	谋图不轨	南金东箭	皮里春秋
骑虎难下	倾箱倒箧	人琴俱亡	入木三分	入幕之宾	声泪俱下	拾人牙慧
束装就道	唐突西子	危言耸听	握拳透爪	新亭对泣	言不及私	一往情深
遗臭万年	芝兰玉树	中流击楫	周嵩狼抗	罪莫大焉	日近长安远	
不越雷池一步	伯仁由我而死	行不由西州路				

东山再起——语出唐代房玄龄等《晋书·谢安传》。东晋时，谢安隐居江宁东山，后复出担任要职。比喻失势后复起，重新得势

渐入佳境——语出唐代房玄龄等《晋书·顾恺之传》中东晋画家顾恺之顺梢吃甘蔗的故事。比喻情况逐渐好转或兴趣日渐浓厚

入木三分——语出唐代张怀瓘《书断》。王羲之在建康书写祝版，墨迹深入木板。形容书法笔力雄健；转喻见解、议论深刻

新亭对泣——语出南朝宋刘义庆《世说新语》中王导劝大家不能空怀旧国，应力图恢复中原的故事。比喻痛心国难而束手无策

【传世名著】

儒家十三经之一——《尔雅》郭璞注本

《尔雅》是中国历史上第一部解释词义的词典，中国训诂学的开山之作。全书共收词语4300多个，分为2091个条目，从《汉书·艺文志》到《四库全书总目》，《尔雅》一直被列在经部，为儒家十三经之一。郭璞的《尔雅注》为历史上最著名、最具影响的注本。

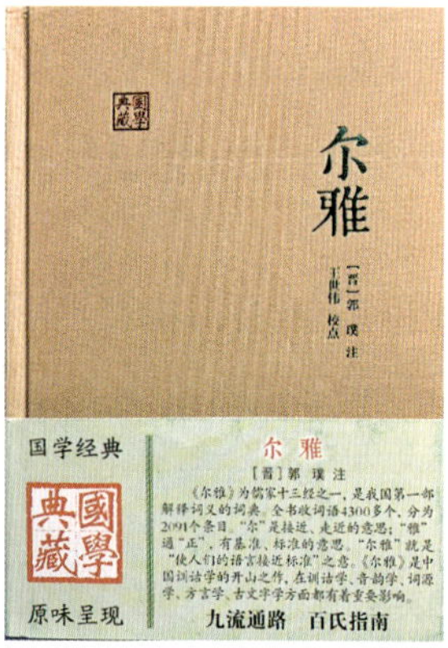

《尔雅》郭璞注本书影

包罗万象的奇书古籍
——《山海经》郭璞注本

《山海经》是一部富于神话传说的先秦古书。全书三万多字，内容包罗万象，从山川地理、植物、医药、矿产，到神话、人物、祭祀、风俗，堪称研究上古中国社会历史的宝库。郭璞最早为《山海经》作注创传。

《山海经》郭璞注本书影

志怪小说代表作
——《搜神记》

作者干宝。《搜神记》是一部记录古代民间传说中神奇怪异故事的小说集。全书共搜集神异故事400多篇，集我国古代神话传说之大成，开创了我国古代神话小说的先河，对后世文学发展影响极大。

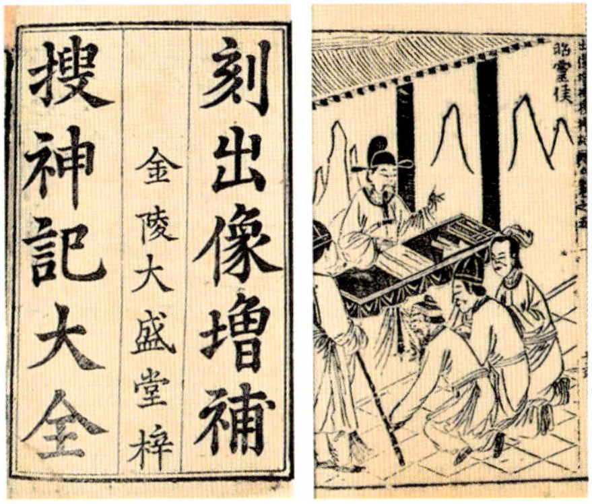
刻出像增補
金陵大盛堂梓
搜神記大全

《搜神记》书影

道家重要典籍
——《抱朴子》

作者葛洪。全书分为《内篇》和《外篇》。《内篇》讲神仙方药、鬼怪变化、养生延年，属道家；《外篇》言人间得失、世事臧否，属儒家。该书总结了战国以来神仙家的理论，集魏晋炼丹术之大成，确立了道教神仙理论体系，在道教思想教义发展史上具有重要地位。

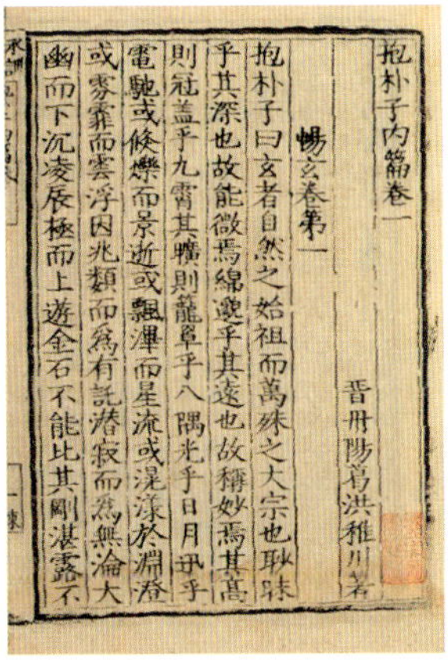
抱朴子內篇卷一
晉丹陽葛洪稚川著
暢玄卷第一
抱朴子曰玄者自然之始祖而萬殊之大宗也眛昧
乎其深也故能微焉綿邈乎其遠也故稱妙焉其高
則冠蓋乎九霄其曠則籠罩乎八隅光乎日月迅乎
電馳或倏爍而景逝或飄滭而星流或滉漾於淵澄
或雰霏而雲浮因兆類而爲有託潛寂而爲無淪大
幽而下沉凌辰極而上遊金石不能比其剛湛露不

《抱朴子》书影

第一部中南亚史籍——《佛国记》

东晋法显撰。《佛国记》是一部游记，也是一部佛教地志类著作，又名《法显传》，成书于东晋义熙十二年（416）。全书13980字，记述了作者公元399至413年的旅行经历，详细描述了1600多年前中亚、南亚及南海诸国的历史地理和风土人情，对促进中外文化交流起到了积极作用。

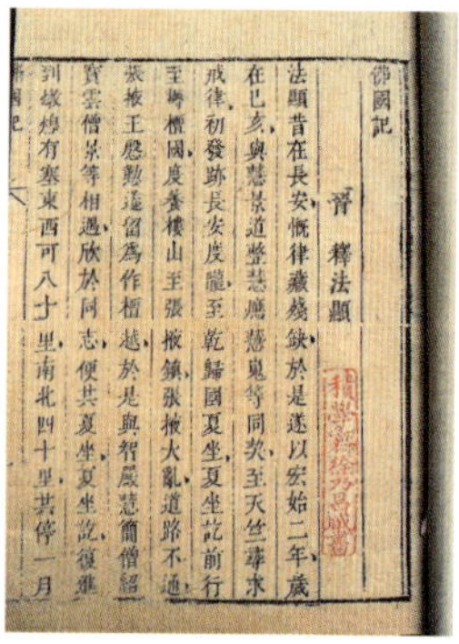
佛國記
晉 釋法顯
法顯昔在長安，慨律藏殘缺，於是遂以宏始二年歲
在己亥，與慧景道整慧應慧嵬等同契，至天竺尋求
戒律，初發跡長安，度隴，至乾歸國夏坐，夏坐訖，前行
至耨檀國，度養樓山，至張掖鎮，張掖大亂，道路不通，
張掖王慇懃，遂留為作檀越，於是與智嚴慧簡僧紹
寶雲僧景等相遇，欣於同志，便共夏坐，夏坐訖，復進
到燉煌，有塞東西可八十里，南北四十里，共停一月

《佛国记》书影

东晋时期南京传世名（译）著

书　名	编撰者	书　名	编撰者
《尔雅注》	郭　璞（276—324）	《抱朴子》	葛　洪（283—363）
《山海经注》		《肘后备急方》	
《玄中记》		《神仙传》	
《穆天子传注》		《西京杂记》	
《葬书》		《综理众经目录》	道　安（320—385）
《阴阳五要奇书》		《佛国记》	法　显（约 337—422）
《郭弘农集》		《摩诃僧祇律》	
《搜神记》	干　宝（约 282—351）	《灵宝经》	葛巢甫（生卒年不详）
《晋纪》		《裴子语林》	裴　启（生卒年不详）

— 历史遗存 —

象山王氏家族墓地

象山王氏家族墓地位于今鼓楼区幕府山西南的象山上，为东晋尚书、左仆射王彬的家族墓葬群，葬区面积达5万平方米以上。已发掘王氏家族墓7座，共出土随葬品230余件，墓室均系砖结构。王氏原籍琅邪临沂，是东晋政权的主要统治支柱之一。2006年列为全国重点文物保护单位。

象山王氏家族墓地及随葬品

仙鹤观六朝墓地

仙鹤观六朝墓地位于今栖霞区仙鹤山东峰之下南京师范大学仙林校区内，为东晋时名臣高崧家族墓。墓共三座，均为砖室墓，由封门墙、甬道和墓室等组成。其中一座墓主为高崧及夫人谢氏，分别葬于太和元年（366）和永和十二年（356）。2013年列为全国重点文物保护单位。

仙鹤观六朝墓地及随葬品

六朝建康都城遗址

六朝建康都城遗址的核心区域位于今玄武区大行宫周围及总统府东西一线。开皇九年（589）隋灭陈后，将建康城的宫殿、园林及城垣庐舍尽数荡平。六朝旧迹，无一幸存。2000年以来，南京市区地下陆续发现多处建康城垣遗址，主要分布在今六朝博物馆、南京图书馆及其周边。2012年列为南京市文物保护单位。

六朝博物馆内建康都城遗址

郭璞墩

郭璞墩位于今玄武区玄武湖公园环洲内，为东晋郭璞的衣冠冢。永昌元年（322），东晋大将军王敦谋反，郭璞因谏阻而被杀害。明嘉靖皇帝钦仰他一身正气，下旨在此墩上设圣谕亭，供人凭吊。1992年列为南京市文物保护单位。

郭璞墩

元嘉之治　宋

宋（420—479），南朝之一。东晋元熙二年（420），刘裕代晋称帝，国号宋，因皇室姓刘，史称刘宋，定都建康。刘宋强盛时疆域北抵今秦岭及黄河以北，西至四川大雪山，南至云南南部和越南中部，是南朝四代疆域最大的王朝。升明三年（479），顺帝刘准被齐萧道成所取代。历8帝，60年。

刘宋疆域图（中国地图出版社《简明中国历史地图集》）

刘宋年表

帝王	在位时间	年号	都城
武帝刘裕	420—422	永初	建康
少帝刘义符	423—424	景平	
文帝刘义隆	424—453	元嘉	
孝武帝刘骏	454—464	孝建　大明	
前废帝刘子业	465	永光　景和	
明帝刘彧	465—472	泰始　泰豫	
后废帝刘昱	473—477	元徽	
顺帝刘准	477—479	升明	

国都建康

【政区建置】

刘宋政区沿袭晋制，实行州郡县三级制。大明年间设21州、251郡、1283县。都城建康居扬州丹阳尹。

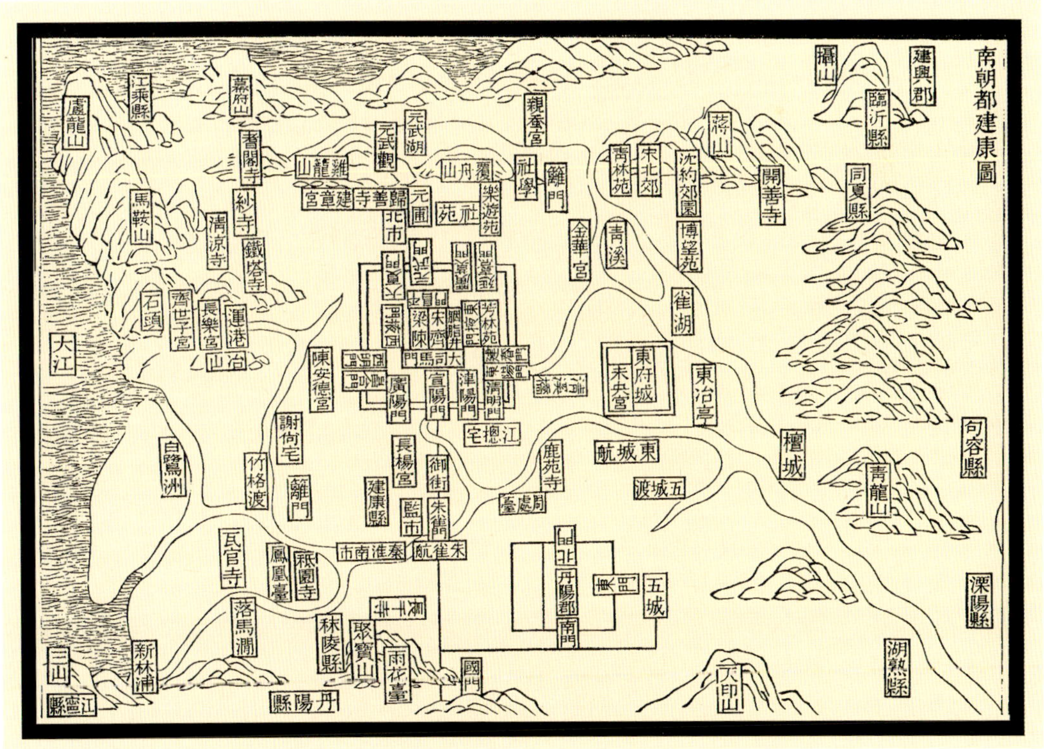

南朝都建康图（明版画）

扬州，治所建康，辖丹阳、宣城、吴、吴兴、义兴、晋陵、会稽、东阳、新安、临海、永嘉11郡。孝建元年（454），分扬州之会稽、东阳、新安、永嘉、临海5郡为东扬州。永光元年（465），罢东扬州，5郡复归扬州。

丹阳尹，治所建康，辖建康、秣陵、江宁、丹阳、永世、溧阳、湖熟、句容8县。

刘宋扬州辖区图（中国地图出版社《中国历史地图集》）

【都城建设】

刘宋是南朝的第一个朝代。刘裕代晋建宋，定都建康，其后的齐、梁、陈三朝相继定都于此。宋齐梁陈四朝，均沿袭前朝都城旧址，建康城基本格局未有大的变化，但各朝对建康都城都有所增筑，配套设施渐趋完善，礼制建筑不断完备，皇家园囿日渐奢靡，造就了“六代繁华”的建康都城。

刘宋元嘉年间，宋文帝在原来的基础上扩建皇太子宫，台城东、西新开万春、千秋二门。都城北面不再与台城共用城墙，新建了都城北墙。都城新开六门，即东面的东阳门，西面的阊阖门，北面的延憙、广莫、玄武、大夏四门，由东晋时的六门增加到十二门。扩建和新建的皇家园林，主要有仿洛阳华林园建造的华林园和在覆舟山南建成的乐游苑。

元嘉二十三年（446），宋文帝下诏对北湖进行大规模疏浚，开筑北堤，并用挖出的湖泥在湖中堆成三座小岛，改湖名为“玄武湖”。

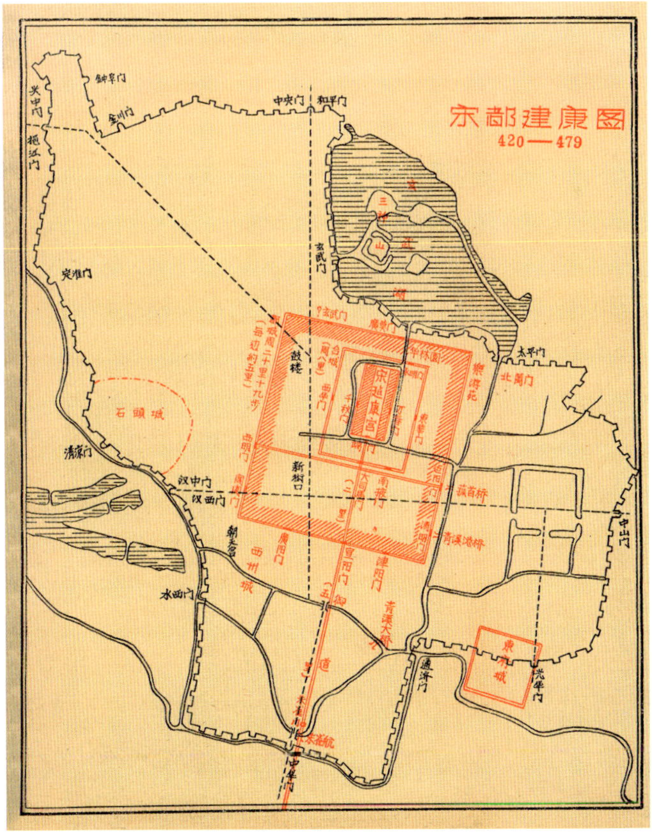

宋都建康图（民国朱偰绘）

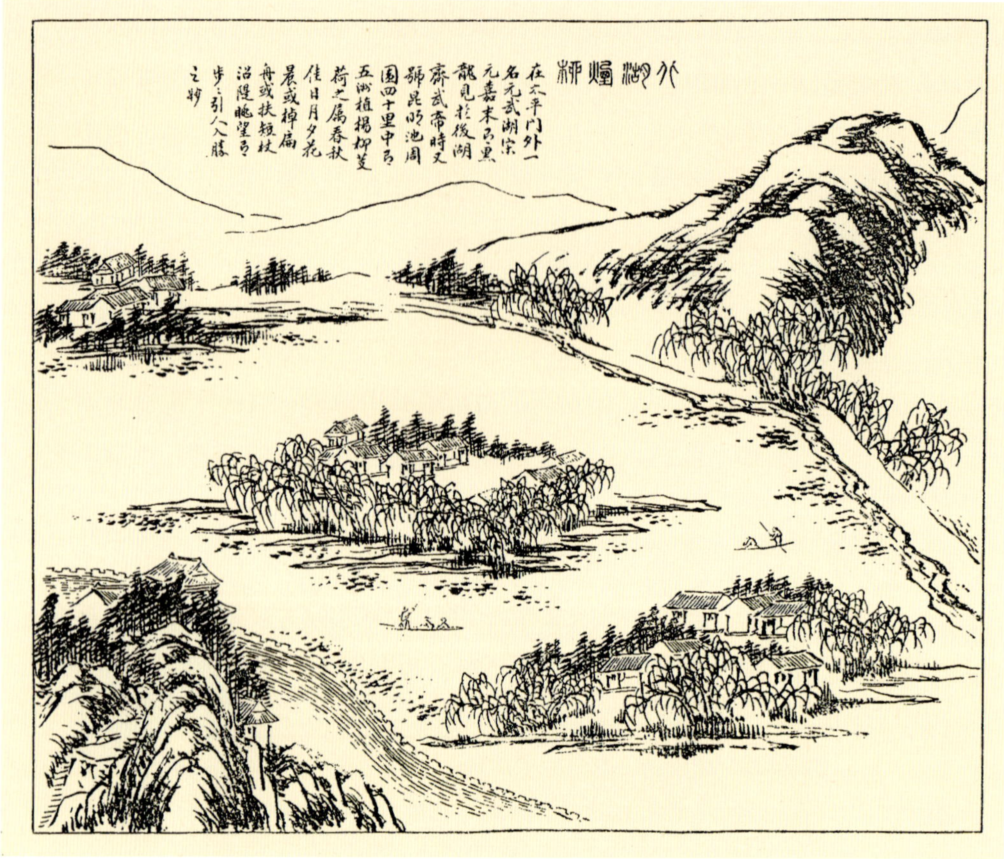

金陵四十八景·北湖烟柳（清版画）

—历史事件—

【元嘉之治】

宋文帝刘义隆

元嘉为宋文帝刘义隆的年号。宋文帝在位期间（424—453），重视农桑，轻徭薄赋；为政简靖，政局稳定；奖掖学术，发展教育，设立儒、玄、史、文四学馆，文史创作活跃，佛学、医学、天文历法均取得很大成就。《世说新语》《后汉书》《三国志注》《元嘉历》等均在此时面世。对外交流频繁，海上丝路得到很大发展。这一时期社会安宁，经济繁荣，史称“元嘉之治”。

刘宋蚕神图

六朝农耕图

【元嘉北伐】

元嘉北伐是指元嘉年间刘宋主动进攻北魏的三次征战，时间分别是元嘉七年（430）、元嘉二十七年（450）及元嘉二十九年（452）。三次北伐的主要目标及战场均为刘宋的河南失土，但结果全遭失败。宋文帝去世后刘宋陷入内斗混乱中，北魏逐渐取得军事上的优势，逐步夺取刘宋的北方领土。

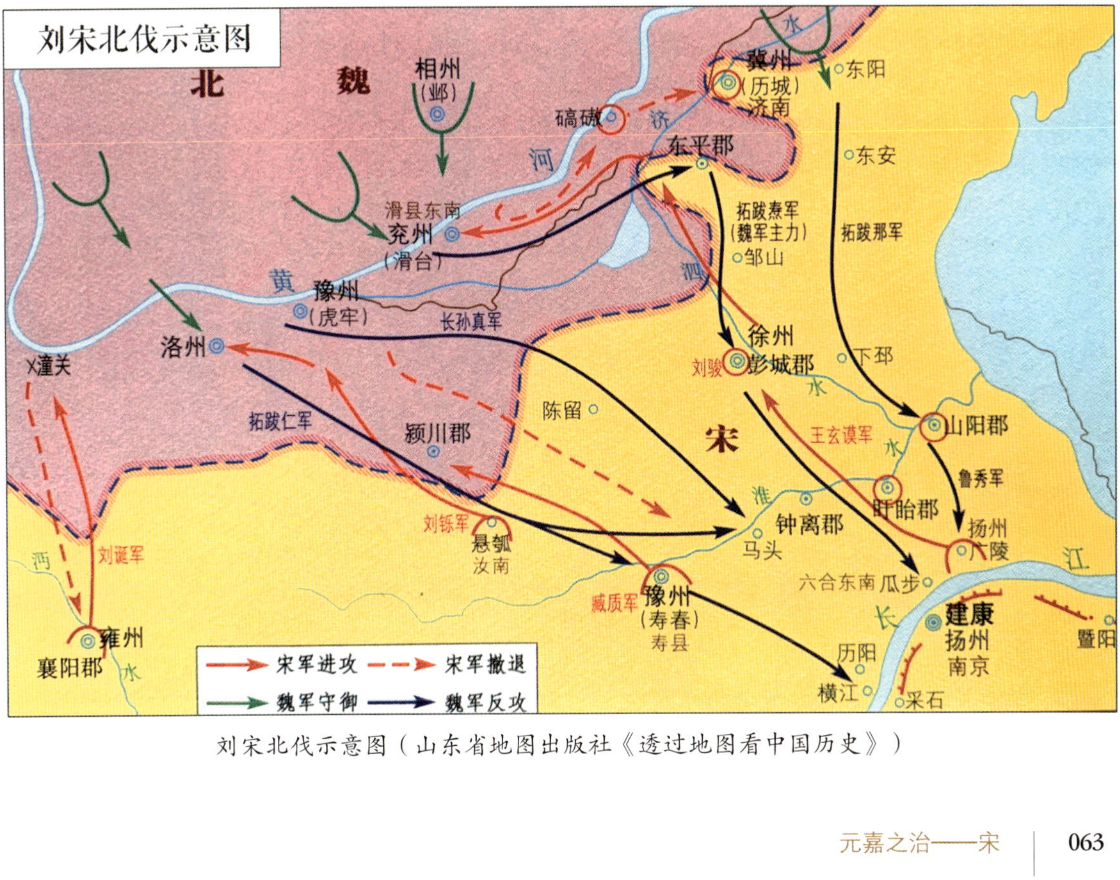

刘宋北伐示意图（山东省地图出版社《透过地图看中国历史》）

— 历史人物 —

刘裕

南朝第一帝——刘裕

刘裕（363—422），刘宋建立者，字德舆，小名寄奴，祖籍彭城（今江苏徐州），后迁居京口（今江苏镇江）。他幼年家贫，后投身北府军为将，凭借显赫军功总揽东晋军政大权，官拜相国、扬州牧，封宋王。刘裕代晋建宋称帝后，加强集权，重用寒士，振兴教育，轻徭薄赋，奠定了南朝“寒人掌机要”的政治格局，被誉为“定乱代兴之君”，逝后葬初宁陵，庙号高祖，谥号武皇帝。

何承天

著名天文学家——何承天

何承天（370—447），刘宋天文学家、思想家，东海郯（今山东郯城）人。他东晋末年曾任辅国府参军，入宋后，历任尚书祠部郎、衡阳内史、国子博士、御史中丞等，元嘉时为著作佐郎。何承天创立《元嘉历》，在中国天文律历史上占有重要地位。其论周天度数和两极距离，相当于给出了圆周率的近似值，约为3.1429，对后世历法影响很大。

裴松之

开注史之先河——裴松之

裴松之（372—451），刘宋史学家、文学家，字世期，河东闻喜（今山西闻喜）人，出身官宦世家。裴松之20岁时受刘裕赏识，任殿中将军，入宋后，官至国子博士、中书侍郎、太中大夫，元嘉年间，奉诏为陈寿《三国志》作注，充实大量史料，开创了作注新例，成为其一生最大成就。他与儿子裴骃、曾孙裴子野并称“史学三裴”。

山水诗派创始人——谢灵运

谢灵运（385—433），晋宋时期杰出诗人、文学家，名公义，字灵运，小名客儿，人称谢客，祖籍陈郡阳夏（今河南太康），东晋名将谢玄之孙，与颜延之、鲍照合称“元嘉三大家”。他少即好学，工诗善文，15岁时来到建康，居乌衣巷。刘宋初年，因政治失意，寄情山水，致力于山水诗创作，一改魏晋以来晦涩的玄言诗之风。后人辑有《谢灵运集》。

谢灵运

才华横溢史学家——范晔

范晔（398—445），刘宋史学家、文学家，字蔚宗，顺阳（今河南淅川）人，出身士族家庭。他自幼博览群书，善为文章，官至左卫将军、太子詹事。元嘉九年（432），范晔因触怒彭城王刘义康被贬为宣城太守，后因卷入刘义康与宋文帝之争被杀。他一生才华横溢，史学成就突出，所著《后汉书》备受史学界和文学界推崇，成为后来流行于世的二十五史之一。

范晔

志人小说开创者——刘义庆

刘义庆（403—444），刘宋文学家，字季伯，彭城（今江苏徐州）人，宋武帝刘裕侄，袭封临川王。他自幼才华出众，爱好文学，历官丹阳尹、尚书左仆射、江州刺史、南兖州刺史等。刘义庆崇儒好文，招纳文士，主持编撰的《世说新语》为六朝志人小说的代表作，开创了中国志人小说的先河，在中国文学史上具有重要地位。

刘义庆

鲍照

俊逸鲍参军——鲍照

鲍照（414—466），刘宋文学家，字明远，祖籍东海（今山东郯城），生于京口（今江苏镇江），出身寒微。鲍照少时治学勤奋，才华出众，曾以辞章之美为刘义庆看重，任国侍郎，后历任中书令、秣陵令、临海王刘子顼前军参军，故世称“鲍参军”。他的文学创作成就非凡，长于乐府诗，其诗作对唐代七言诗的发展产生了重要作用，为“元嘉三大家”之一。后人辑有《鲍参军集》。

鲍令晖

南朝诗文才女——鲍令晖

鲍令晖（生卒年不详），刘宋文学家，东海（今山东郯城）人，后徙居建康，文学家鲍照之妹，诗文俱佳，是中国古代著名才女。钟嵘《诗品》评其诗曰：“崭绝清巧，拟古尤胜。”其代表作有《香茗赋集》《拟青青河畔草》《拟客从远方来》等。《玉台新咏》录其诗7首。今人钱仲联《鲍参军集注》附有鲍令晖诗。

祖冲之

杰出科学家——祖冲之

祖冲之（429—500），南朝宋齐间科学家，字文远，祖籍范阳蓟县（今北京大兴），生于建康，一生在天文、历法、数学、机械制造等方面有多项发明创造。他将圆周率推算到小数点以后第七位数字，这在世界数学史上是第一次，早于欧洲约1000年。他还发明水碓磨，制造指南车、千里船，编制《大明历》，著有《缀术》等。

— 历史成就 —

【文化科技】

开启新诗风——山水诗

山水诗，是指描写山水风景的诗，起源于先秦两汉，形成兴盛于六朝时期，并在南朝至晚唐随着中国诗歌发展与文学环境变迁而不断演变。山水诗鼻祖是晋宋时期的谢灵运。山水诗的出现，使山水成为独立的审美对象，为中国诗歌增加了一种新题材，标志着玄言诗的终结，开启了南朝一代新的诗歌风貌。唐朝大诗人李白、杜甫、王维、孟浩然、韦应物、柳宗元等人的诗作，无不受到谢灵运山水诗的影响。

谢灵运、慧远等庐山观莲图（清人绘）

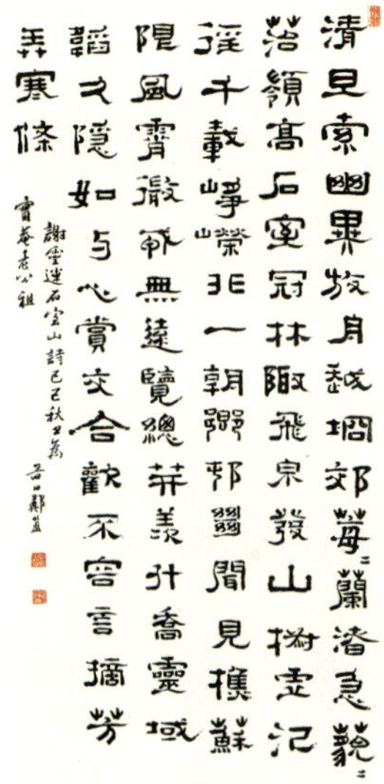

清代书法家郑簠书谢灵运山水诗《石室山》

"陆得其骨"——陆探微画风

陆探微

南朝宋齐间画家陆探微（约412—485）是中国画史上一位伟大的开拓者，与东晋顾恺之、萧梁张僧繇并称“六朝三大家”。陆探微善画肖像画，所画人物造型“秀骨清像，似觉生动，令人懔懔若对神明”。他还将草书技巧融入绘画，创造出“一笔画”法，为书法入画的创始人。其画风对后世影响很大，在绘画史上有“张得其肉，陆得其骨，顾得其神”之说。代表作有《宋孝武像》《孝武功臣竹林像》等。

陆探微《竹林七贤与荣启期》砖画

何承天

历法改革——《元嘉历》

《元嘉历》是著名天文学家何承天创立的历法。《元嘉历》订正了旧历所定的冬至时刻和冬至日所在位置，改“平朔”为“定朔”，创立“调日法”，改革了“上元积年法”，计算出岁差数值为百年一度，提高了天文数据的精确度，丰富了“浑天说”。《元嘉历》颁行于元嘉二十二年（445），至梁天监八年（509）被《大明历》取代。554年，《元嘉历》传到日本列岛，直到697年，日本才废除《元嘉历》，采用《仪凤历》。

数学史上的创举——“祖率”

圆周率代表圆周长和直径的比值，用希腊字母π表示，是一个无限不循环小数。祖冲之算出圆周率的真值在3.1415926和3.1415927之间，在世界数学史上，第一次将圆周率推算到小数点以后第7位数字，比欧洲早约1000年。祖冲之还给出圆周率的两个分数形式：22/7（约率）和355/113

（密率），其中密率精确到小数点后第6位。祖冲之对圆周率数值的精确推算，对于中国乃至世界都是一个重大贡献，后人将“约率”用他的名字命名为“祖冲之圆周率”，简称“祖率”。

祖冲之推算圆周率

【佛教兴盛】

南朝时期是中国佛教文化兴盛发展的重要时期。南朝时，帝王们对佛教的大力支持和提倡，使佛教在江南大地广泛传播。建康与洛阳成为中国南北两大佛教中心。宋文帝奉佛虔诚，将佛教作为其文治政策的重要内容，在中国历史上第一次在政治上将佛教提升到与儒学同等的地位。元嘉年间发生的佛儒之间的“黑白之争”是中国思想史上的一次重大争论，对后世产生很大影响。

宋文帝向求那跋摩问法（明版画）

宋文帝论“黑白之争”（明版画）

中国比丘尼如律受戒也始于南京。元嘉十一年（434），印度僧人求那跋摩在建康南林寺设立戒坛，为中国最早的戒坛。同年师子国比丘尼铁索罗经海路来到建康，为300余名尼僧授具足戒，开创中国比丘尼如律受戒之先河，中国从此才有了如律的比丘尼僧团。

竺道生（明版画）

涅槃圣人——竺道生

竺道生（355—434），晋宋时期佛教学者，本姓魏，巨鹿（今河北平乡）人，寓居彭城（今江苏徐州）。他幼年跟从竺法汰出家，改姓竺，后从鸠摩罗什译经，文熙五年（409），来到建康覆舟山（今九华山）清园寺居住修行。元嘉年间，竺道生深得宋文帝及名士敬重，倡导涅槃思想，主张“佛性人人本有”。其“涅槃佛性说”和“顿悟成佛说”对后世禅宗产生了重大影响。

钟山名刹——定林寺

南朝时，定林寺有“上定林寺”和“下定林寺”两处。下定林寺位于钟山南麓玩珠峰独龙阜之北，即今明孝陵西北一带，始建于刘宋元嘉元年（424），齐梁时荒废。上定林寺位于下定林寺之西、今钟山紫霞湖一带，由高僧竺法秀建于元嘉十二年（435）。上定林寺为六朝著名佛寺。齐梁时期的传世名著《文心雕龙》《出三藏记集》均诞生于此。唐宋时，寺渐荒废。南宋乾道九年（1173），高僧善鉴请其额，于方山重建定林寺。

钟山定林寺遗址附近的
刘勰与《文心雕龙》纪念馆

钟山定林寺遗址

南朝名刹——幽栖寺

幽栖寺位于今江宁区祖堂山南麓，与牛首山宏觉寺遥遥相对，始建于刘宋大明三年（459），因祖堂山原名幽栖山而得名。唐贞观年间（627—649），法融禅师在此创立了“牛头宗”，被誉为南宗祖堂，改名祖堂寺。幽栖山随之更名为祖堂山。晚唐时寺废，五代杨吴时重建，改称延寿院。北宋时恢复幽栖寺原名。明代复称祖堂寺。中华人民共和国成立时，祖堂寺已破败。1958年，改作精神病院。现幽栖寺遗址位于南京市祖堂山社会福利院，院内保留的幽栖寺遗址、祖师洞、月牙池、虎跑泉等文物遗迹被列为南京市文物保护单位。

1920 年代的幽栖寺旧影

幽栖寺遗址

幽栖寺祖师洞遗迹

【道教发展】

道教是中国本土宗教，以“道”为最高信仰，起源于春秋战国时期，形成于东汉后期。魏晋时期，道教分化为上层士族丹鼎道教和下层民间符水道教。刘宋元嘉年间，南朝前期道教代表人物陆修静（406—477）至建康弘道。宋文帝诏令在北郊为陆修静建崇虚馆。陆修静居建康10年之久，广集道经，以三洞的构想综理道教经籍，撰成《三洞经书目录》，奠定了道教经籍结集的基础；同时整顿组织，改革天师，援儒入道，创制道教斋仪，被尊为南朝道教一代宗师。

陆修静

《虎溪三笑图》（明人绘）中，陆修静（道）、慧远（释）、陶渊明（儒）三人相拥相簇、开怀大笑，寓意着儒释道三教融合

【诗文名作】

邻里相送至方山　　谢灵运

祗役出皇邑，相期憩瓯越。解缆及流潮，怀旧不能发。析析就衰林，皎皎明秋月。含情易为盈，遇物难可歇。积疴谢生虑，寡欲罕所阙。资此永幽栖，岂伊年岁别？各勉日新志，音尘慰寂蔑。

还都至三山望石头城　　鲍　照

泉源安首流，川末澄远波。晨光被水族，晓气歇林阿。两江皎平迥，三山郁骈罗。南帆望越峤，北榜指齐河。关扃绕天邑，襟带抱尊华。长城非壑险，峻岨似荆芽。攒楼贯白日，摛堞隐丹霞。征夫喜观国，游子迟见家。流连入京引，踯躅望乡歌。弥前叹景促，逾近倦路多。偕萃犹如兹，弘易将谓何？

金陵十八景·方山（明人绘）

金陵十八景·三山（明人绘）

【金陵成语】

哀梨蒸食	白面书生	冰清玉润	才高八斗	乘风破浪	龙行虎步
目光如炬	生生世世	遐迩闻名	异口同声	自惭形秽	自毁长城

才高八斗——语出刘宋无名氏《释常谈·八斗之才》所引南朝晋宋诗人谢灵运称赞三国曹植语。比喻人才华盖世，无人可及

生生世世——语出唐代李延寿《南史·王敬则传》中南朝宋顺帝禅让失国故事。意指今生、来世以至永远；现多用于男女情爱、海誓山盟

【传世名著】

志人小说代表作——《世说新语》

《世说新语》又名《世说》《世说新书》，刘宋刘义庆撰。《世说新语》依内容分“德行”“言语”“政事”“文学”“方正”等36类，每类有若干则故事，每则文字长短不一，共1200多则。该书记载汉末至南朝初期士大夫逸闻轶事，涉及当时社会习俗、思想风尚、文化学术等方面，堪称反映当时社会现实生活的百科全书，对文学、史学研究具有重要的参考价值。

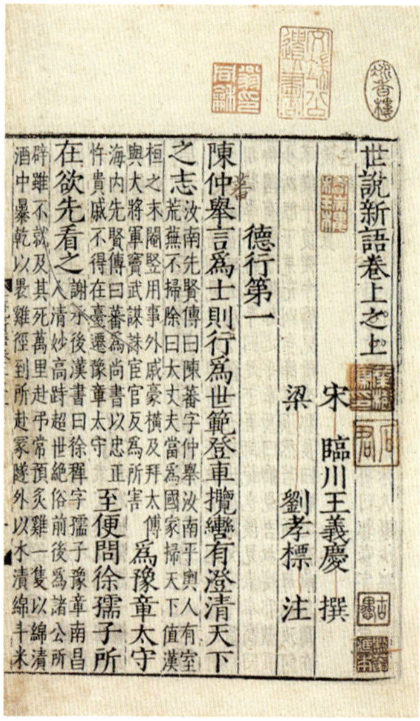
世說新語卷上之上
宋 臨川王義慶 撰
梁 劉孝標 注
德行第一
陳仲舉言爲士則行爲世範登車攬轡有澄清天下之志汝南先賢傳曰陳蕃字仲舉汝南平輿人有室荒蕪不掃除曰大丈夫當爲國家掃天下值漢桓之末閹豎用事外戚豪横及拜太傅與大將軍竇武謀誅宦官反爲所害爲豫章太守海內先賢傳曰蕃爲尚書以忠正忤貴戚不得在臺遷豫章太守至便問徐孺子所在欲先看之謝承後漢書曰徐穉字孺子豫章南昌人清妙高跱超世絕俗前後爲諸公所辟雖不就及其死萬里赴弔常預炙雞一隻以綿漬酒中暴乾以裹雞徑到所赴冢隧外以水漬綿斗米

刘义庆《世说新语》书影

世说新语故事《雪夜访戴图》

史学“不朽”之作——《三国志注》

《三国志》书影

《三国志》是魏晋时期史学家陈寿所撰，是记载曹魏、蜀汉、东吴三国历史比较完备的一部史书。但该书叙事过于简要，且存在疏漏，故宋文帝命裴松之为之作注。裴松之改变了秦汉以来只注重文字训诂和制度考订的传统，将重点放在补充史料上，其作注所用的史料分量多于原书数倍，大大增加了《三国志》的价值。宋文帝称之为“不朽”之作。该注与萧梁刘孝标《世说新语注》、北魏郦道元《水经注》并称“三大名注”。

“前四史”之一——《后汉书》

《后汉书》，刘宋范晔撰，是一部记载东汉历史的纪传体史书，记述了上起东汉光武帝建武元年（25），下至汉献帝建安二十五年（220），共195年的史事。元嘉九年（432），范晔从政不得志，始发奋撰修《后汉书》。他穷览旧籍，删繁补略，但仅完成纪传部分，就因卷入政治斗争而被杀害。《后汉书》与《史记》《汉书》《三国志》合称“前四史”。

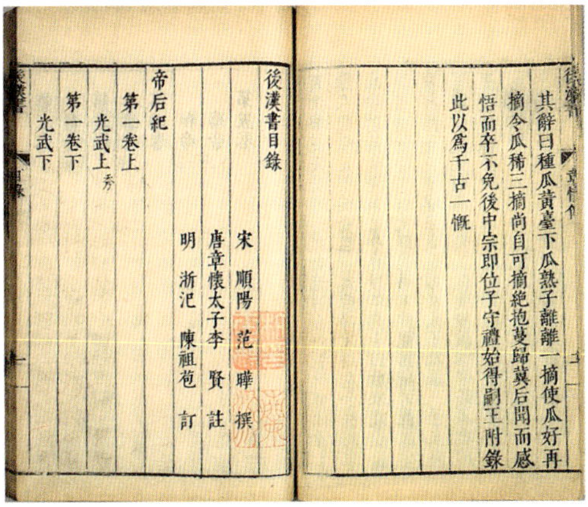

《后汉书》书影

刘宋时期南京传世名（译）著

书　名	编撰者	书　名	编撰者
《三国志注》	裴松之（372—451）	《三洞经书目录》	陆修静（406—477）
《谢康乐集》	谢灵运（385—433）	《鲍参军集》	鲍　照（414—466）
《楞伽经》	求那跋陀罗（394—468）	《异苑》	刘敬叔（？—468）
《后汉书》	范　晔（398—445）	《述异记》	祖冲之（429—500）
《世说新语》	刘义庆（403—444）	《大明历》	
《幽明录》		《三十六计》	佚名

— 历史遗存 —

宋武帝刘裕初宁陵石刻

宋武帝刘裕初宁陵石刻位于江宁区麒麟街道麒麟铺社区。初宁陵原有规模较大的陵园，内有寝殿和陵庙建筑。陵前现存双翼石兽一对，东为天禄，西为麒麟，长高各3米，是现存南朝陵墓神道石刻中时代最早的一对，其形貌虽残，但风韵犹存。1988年列为全国重点文物保护单位。

宋武帝刘裕初宁陵石刻

钟山建筑遗址

钟山建筑遗址位于紫金山主峰头陀岭南麓，为刘宋孝武帝大明三年（459）所建的国家北郊坛遗存，包括一号坛、二号坛及附属建筑遗存，南北长300多米，占地20000多平方米，为中国现存最早都城郊外祭坛，2000年被列为全国十大考古发现之一，2006年列为全国重点文物保护单位。

钟山建筑遗址

永明之治　齐

齐（479—502），南朝之一。建元元年（479），萧道成代宋称帝，国号齐，定都建康。为了与北朝之齐区别，史称南齐，又称萧齐。南齐疆域同刘宋后期。南齐是南朝4个朝代中存在时间最短的王朝。天监元年（502），南齐为萧衍建立的梁所取代，历7帝，24年。

南齐疆域图（中国地图出版社《简明中国历史地图集》）

南齐年表

帝　王	在位时间	年　号	都　城
高　帝　萧道成	479—482	建元	建康
武　帝　萧　赜	483—493	永明	
郁林王　萧昭业	494	隆昌	
海陵王　萧昭文	494	延兴	
明　帝　萧　鸾	494—498	建武　永泰	
东昏侯　萧宝卷	499—501	永元	
和　帝　萧宝融	501—502	中兴	

— 国都建康 —

【政区建置】

南齐政区沿袭刘宋制，实行州郡县三级制，有州23、郡395、县1474。国都建康居扬州丹阳郡。

扬州，治所建康，领丹阳、宣城、吴、吴兴、义兴、淮南、会稽、东阳、新安、临海、永嘉11郡。

丹阳郡，治所建康，辖建康、秣陵、丹阳、溧阳、永世、湖熟、江宁、句容8县。

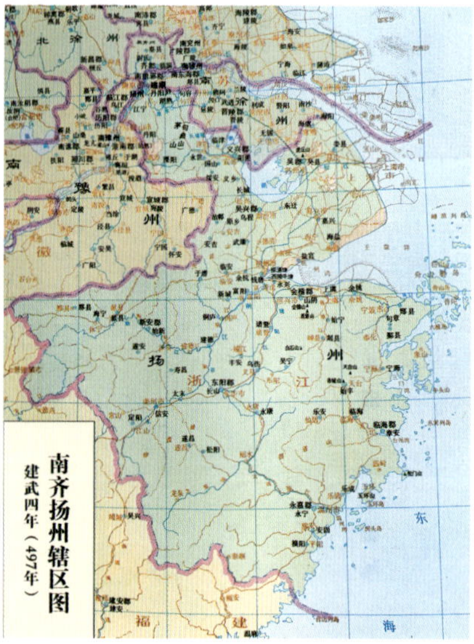

南齐扬州辖区图
（中国地图出版社《中国历史地图集》）

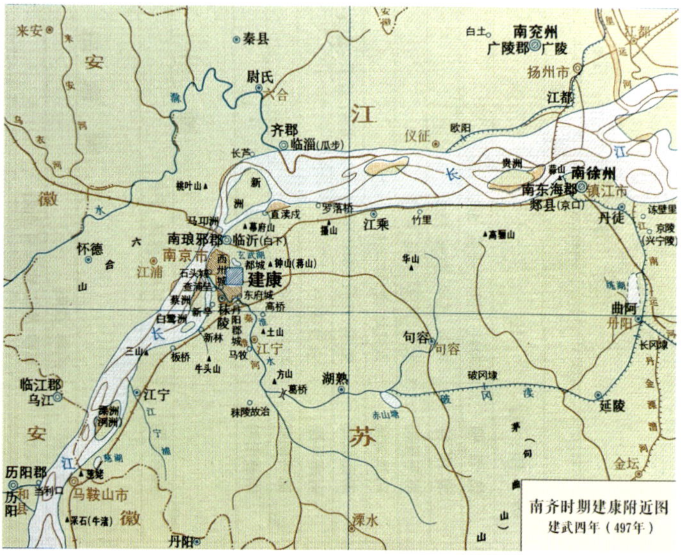

南齐时期建康附近图
（中国地图出版社《中国历史地图集》）

【都城建设】

南齐沿袭刘宋建康都城旧址。高帝开始对都城进行局部改造，把东吴建都以来三朝一直沿用的竹篱城墙改建为夯土包砖城墙，使建康都城第一次有了名副其实的城墙；对青溪旧宫进行了扩建，并在宫内筑山凿池，新建了芳林苑。东昏侯萧宝卷在位时，因宫殿失火，新修建芳乐、芳德、仙华、大兴、含德、清曜、安寿等殿。为装饰这些宫殿，统治者还从很多寺庙佛刹上剔取金粉和藻井仙人骑兽等图案，“穷奇极丽”，蔚为壮观。南齐最为兴盛的永明年间，北魏孝文帝为重建洛阳都城，曾派遣专人到建康观摩学习。建康都城的建设规制原本源自魏晋旧都洛阳，时隔百年之后，反成为北魏重建洛阳都城的参照范本。

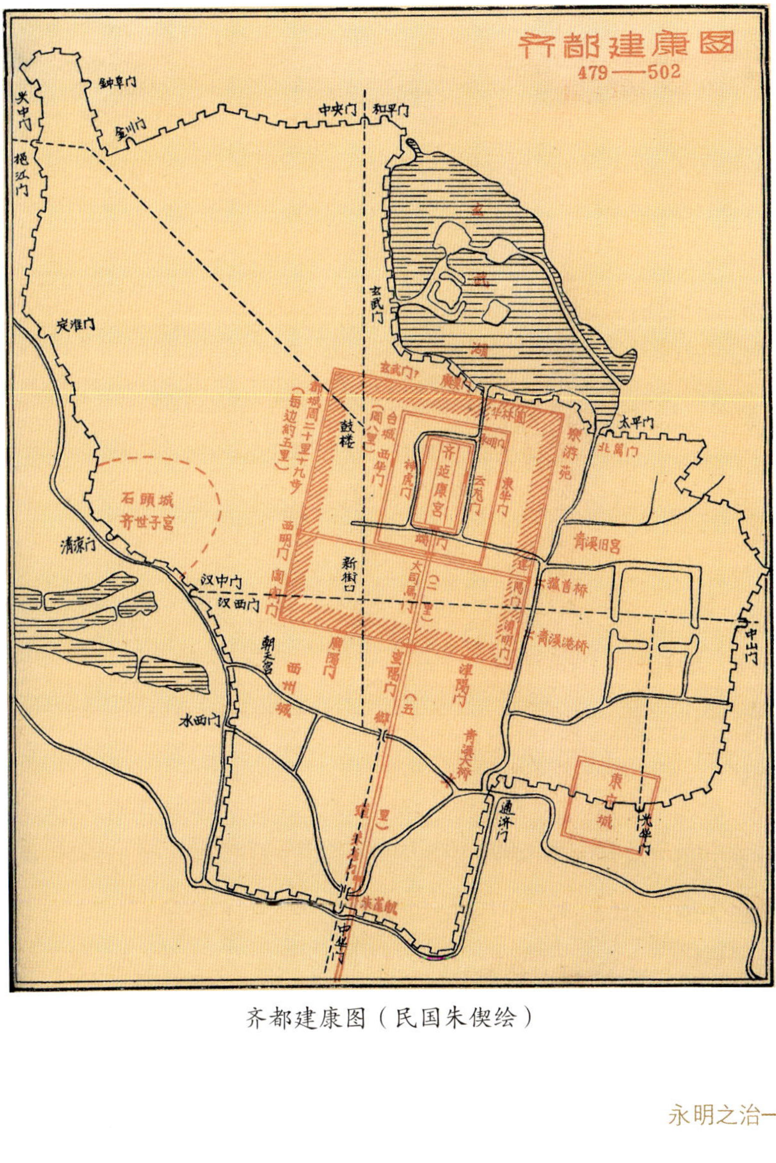

齐都建康图（民国朱偰绘）

— 历史人物 —

沈约

齐梁文坛领袖之一——沈约

沈约（441—513），南朝文学家、史学家，字休文，吴兴郡武康（今浙江德清）人。他少时孤贫流离，笃志好学，历仕宋齐梁三朝，宋时官至尚书度支郎，入齐后，历任五兵尚书、征虏将军等，梁武帝时任骠骑司马。沈约擅长诗文，是永明体的创始人之一，其文学主张和创作实践领导了时代的风气。著有《晋书》《宋书》《高祖纪》等，除《宋书》外，多已亡佚。

江淹

江郎才尽——江淹

江淹（444—505），字文通，济阳考城（今河南民权）人。他自宋入仕，历仕三朝。齐时曾任宣城太守、吏部尚书。梁时官至金紫光禄大夫，封醴陵侯。江淹死后，梁武帝为其素服举哀。江淹为南朝辞赋大家和骈文大家，与鲍照并称“江鲍”，其《恨赋》《别赋》均为南朝辞赋佳作。晚年安于高官名位，才思衰退，创作日减，故有“江郎才尽”之说。

范缜

著名无神论者——范缜

范缜（约450—515），字子真，南乡舞阴（今河南泌阳）人。他幼年丧父，侍母至孝，弱冠前拜名师求学，入齐后出仕，历任宁蛮主簿、尚书殿中郎、领军长史、宜都太守。萧衍建立南梁后，他任晋安太守、尚书左丞，终官中书郎、国子博士。范缜一生坚持无神论思想，其于齐永明年间撰写的哲学著作《神灭论》，在我国古代思想发展史上具有划时代的意义。

西邸文学集团领袖——萧子良

萧子良

萧子良（460—494），齐武帝萧赜次子，诗人，字云英，南兰陵（今江苏武进）人。他早年初仕刘宋，官至安南长史。齐代宋后，他曾任丹阳尹、南徐州刺史，被封为竟陵郡王。萧子良善诗文，好结儒士，永明年间移居建康鸡笼山西邸后，逐渐形成一个以其为主导的庞大文学集团，其中以范云、萧琛、任昉、王融、萧衍、谢朓、沈约、陆倕等最知名，世称“竟陵八友”。永明末年，萧子良因卷入立储之争忧郁而死。

永明体诗歌创始人之一——谢朓

谢朓

谢朓（464—499），字玄晖，陈郡阳夏（今河南太康）人，杰出山水诗人，“竟陵八友”之一。谢朓出身名门士族，与谢灵运同族，为谢安兄谢据玄孙，世称“小谢”，历任中书郎、宣城太守、尚书吏部郎等，故称谢宣城、谢吏部，永元初年遭诬陷死于狱中。谢朓以诗著称，与沈约等共创“永明体”，开启唐代律绝之先河。现存诗二百余首，诗风清俊秀丽，佳句颇多。后人辑有《谢朓全集》。

著名文学理论家——刘勰

刘勰

刘勰（约465—522），字彦和，祖籍东莞莒县（今山东莒县），生于京口（今江苏镇江）。早年家贫，父母逝后，23岁的刘勰来到建康，在钟山定林寺前后约20年，整理佛典，潜心钻研，于南齐末年撰成文学理论巨著《文心雕龙》，奠定了他在中国文学史和文学批评史上的地位。梁天监初年，他离定林寺入仕，曾任县令、宫中通事舍人，晚年回定林寺出家为僧，法名慧地。

— 历史成就 —

【文学宗教】

唐诗的雏形——永明体

永明是齐武帝的年号，永明年间（483—493），沈约、谢朓等诗人对以“元嘉三大家”为代表的刘宋时期诗歌创作技巧的得失利病进行了深入探讨，开创了“永明体”诗风。永明体倡导者主张“四声八病”，讲求诗歌的声律和对偶，标志着人们对声律的自觉认识。永明体的出现，奠定了唐代律诗的基础，对“近体诗”的形成产生了重大影响。

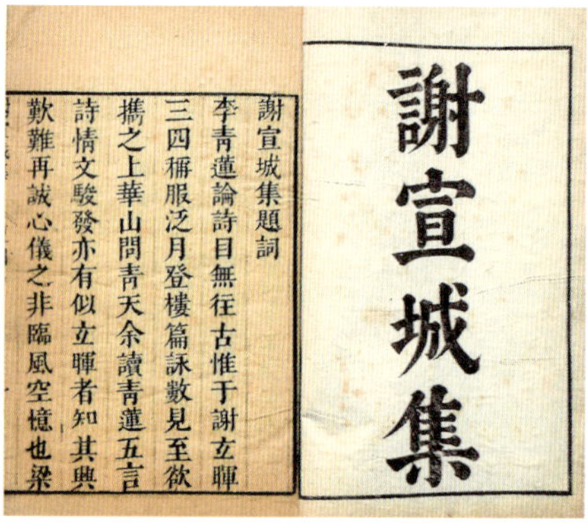
謝宣城集

謝宣城集題詞
李青蓮論詩目無往古惟于謝玄暉
三四稱服泛月登樓篇詠數見至欲
攜之上華山問青天余讀青蓮五言
詩情文駿發亦有似玄暉者知其興
歎難再誠心儀之非臨風空憶也梁

《谢宣城集》书影

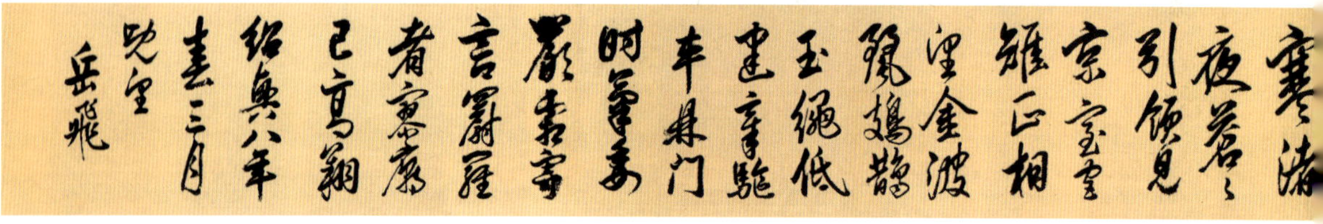

岳飞书《谢朓诗》

三论宗祖庭——栖霞寺

栖霞寺位于南京城东北栖霞山（又名摄山）上，始建于南齐永明七年（489），由隐士明僧绍舍宅而建，初名“摄山精舍”，后改名“栖霞寺”，山因而易名栖霞山。梁僧朗于此大弘三论教义，栖霞寺遂成为佛教三论宗祖庭。唐时改名功德寺、隐君栖霞寺，是“天下四大丛林”之一。南唐时重修栖霞寺，改名为妙因寺。宋代先后改名为普云寺、栖霞寺、严因崇报禅院、虎穴寺。明洪武年间复称栖霞寺。晚清时毁于战火。现寺为1919年重建。

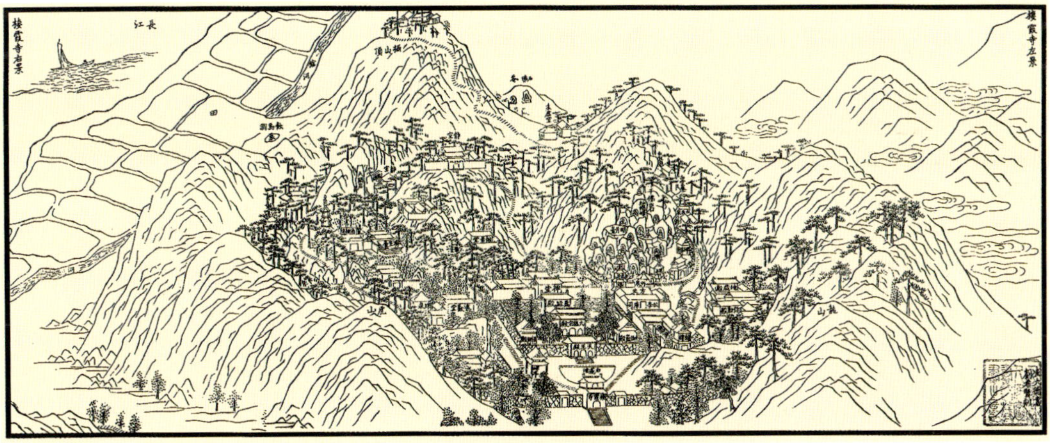

栖霞寺（明版画）

栖霞寺今貌

唐高宗为栖霞寺《明征君碑》题字

【诗文名作】

入朝曲　　谢　朓

江南佳丽地，金陵帝王州。逶迤带绿水，迢递起朱楼。飞甍夹驰道，垂杨荫御沟。凝笳翼高盖，叠鼓送华辀。献纳云台表，功名良可收。

晚登三山还望京邑　　谢　朓

灞涘望长安，河阳视京县。白日丽飞甍，参差皆可见。余霞散成绮，澄江静如练。喧鸟覆春洲，杂英满芳甸。去矣方滞淫，怀哉罢欢宴。佳期怅何许，泪下如流霰。有情知望乡，谁能鬒不变？

金陵八景·白鹭晴波（明人绘）

宿东园　　沈约

陈王斗鸡道，安仁采樵路。东郊岂异昔，聊可闲余步。野径既盘纡，荒阡亦交互。槿篱疏复密，荆扉新且故。树顶鸣风飙，草根积霜露。惊麏去不息，征鸟时相顾。茅栋啸愁鸱，平冈走寒兔。夕阴带层阜，长烟引轻素。飞光忽我遒，岂止岁云暮。若蒙西山药，颓龄倘能度。

别赋（节选）　　江淹

黯然销魂者，唯别而已矣！况秦吴兮绝国，复燕宋兮千里。或春苔兮始生，乍秋风兮暂起。是以行子肠断，百感凄恻。风萧萧而异响，云漫漫而奇色。舟凝滞于水滨，车逶迟于山侧。棹容与而讵前，马寒鸣而不息。掩金觞而谁御，横玉柱而沾轼。居人愁卧，怳若有亡。日下壁而沉彩，月上轩而飞光。见红兰之受露，望青楸之离霜。巡层楹而空掩，抚锦幕以虚凉。知离梦之踯躅，意别魂之飞扬。

故别虽一绪，事乃万族。至若龙马银鞍，朱轩绣轴；帐饮东都，送客金谷。琴羽张兮箫鼓陈，燕赵歌兮伤美人；珠与玉兮艳暮秋，罗与绮兮娇上春。惊驷马之仰秣，耸渊鱼之赤鳞。造分手而衔涕，感寂漠而伤神。

乃有剑客惭恩，少年报士，韩国赵厕，吴宫燕市。割慈忍爱，离邦去里；沥泣共诀，抆血相视。驱征马而不顾，见行尘之时起。方衔感于一剑，非买价于泉里。金石震而色变，骨肉悲而心死。

北山移文（节选）

孔稚珪

钟山之英，草堂之灵。驰烟驿路，勒移山庭。夫以耿介拔俗之标，萧洒出尘之想；度白雪以方洁，干青云而直上。吾方知之矣。若其亭亭物表，皎皎霞外，芥千金而不眄，屣万乘其如脱。闻凤吹于洛浦，值薪歌于延濑，固亦有焉。岂期终始参差，苍黄翻覆。泪翟子之悲，恸朱公之哭。乍回迹以心染，或先贞而后黩。何其谬哉！呜呼！尚生不存，仲氏既往。山阿寂寥，千载谁赏？世有周子，隽俗之士。既文既博，亦玄亦史。然而学遁东鲁，习隐南郭。偶吹草堂，滥巾北岳。诱我松桂，欺我云壑。虽假容于江皋，乃缨情于好爵。

其始至也，将欲排巢父，拉许由，傲百氏，蔑王侯。风情张日，霜气横秋。或叹幽人长往，或怨王孙不游。谈空空于释部，核玄玄于道流。务光何足比，涓子不能俦！及其鸣驺入谷，鹤书赴陇；形驰魄散，志变神动。尔乃眉轩席次，袂耸筵上。焚芰制而裂荷衣，抗尘容而走俗状。风云凄其带愤，石泉咽而下怆。望林峦而有失，顾草木而如丧。

金陵八景·钟阜祥云（明人绘）

【金陵成语】

步步莲花　澄江如练　厚颜无耻　寄人篱下　量体裁衣　潘鬓沈腰
飘茵堕溷　千载难逢　刃没利存　日上三竿　沈约瘦腰　越凫楚乙
置之度外

寄人篱下——语出唐代李延寿《南史·张融传》。张融是南朝齐文学家，居建康，提倡写作应有独创性，不需“因循寄人篱下”。寄身他人篱笆之下，比喻依傍他人，因循守旧

飘茵堕溷——语出唐代李延寿《南史·范缜传》。范缜以花落茵席与掉进粪坑两种境遇，说明命运不同是由于偶然的机缘，并不能证明因果报应

【传世名著】

中国第一部文学理论专著——《文心雕龙》

《文心雕龙》是南朝文学理论家刘勰创作的一部文学理论著作，成书于南齐末年（501—502），是中国文学理论批评史上第一部有严密体系的、“体大而虑周”的文学理论专著。全书共10卷50篇，分总论、文体论、创作论、批评论4个部分，全面总结了齐梁时代以前的文学现象和美学成果，系统论述了文学的形式和内容、继承和革新的关系，以及语言文学的审美本质，对后世影响深远。

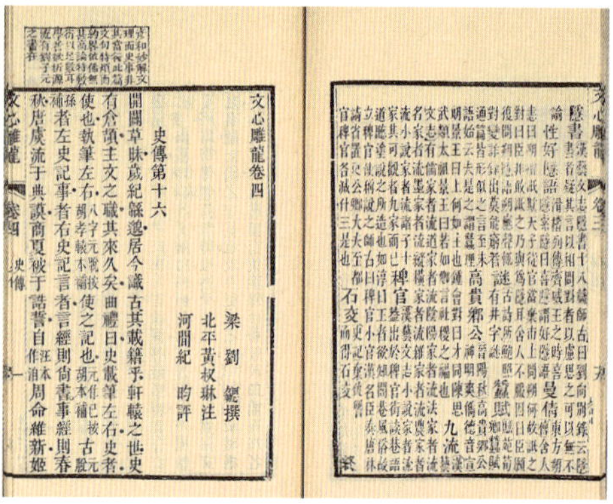

文心雕龍卷四

梁　劉　勰撰

北平黃叔琳注

河間紀　昀評

史傳第十六

《文心雕龙》书影

纪传体史书——《宋书》

《宋书》由南齐沈约撰，为“二十四史”之一，是一部记述刘宋一代历史的纪传体史书。南齐永明五年（487），沈约奉敕续撰《宋书》。因有刘宋时期徐爰旧本为基础，次年即完成。《宋书》100卷，包括本纪10卷、志30卷、列传60卷，收录较多当时的诏令奏议、书札、文章等各种文献，保存了原始史料，有利于后人研究。

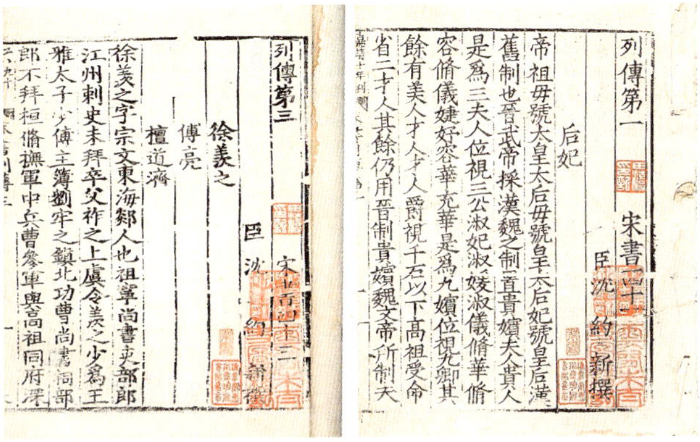

列傳第一　宋書四十一
臣沈約新撰
后妃
帝祖母號太皇太后母號皇太后妃號皇后漢
舊制也晉武帝採漢魏之制置貴嬪夫人貴人
是爲三夫人位視三公淑妃淑媛淑儀脩華脩
容脩儀婕妤容華充華是爲九嬪位視九卿其
餘有美人才人中才人爵視千石以下高祖受命
省二才人其餘仍用晉制貴嬪魏文帝所制夫

列傳第三　宋書四十三
臣沈約新撰
徐羨之
傅亮
檀道濟
徐羨之字宗文東海郯人也祖寧尚書吏部郎
江州刺史未拜卒父祚之上虞令羨之少爲王
雅太子少傅主簿劉牢之鎮北功曹尚書祠部
郎不拜桓脩撫軍中兵曹參軍與高祖同府深

《宋书》书影

无神论之杰作——《神灭论》

范缜撰写的《神灭论》，在我国古代思想发展史上具有划时代的意义。《神灭论》坚持物质第一性的原则，系统阐述了无神论的思想，指出人的神（精神）和形（形体）是互相结合的统一体：“神即形也，形即神也，形存则神存，形谢则神灭。”该书驳斥了“神不灭”的谬说，谴责了当时封建帝王和世家大族佞佛所造成的社会危机，有着积极的实践意义。

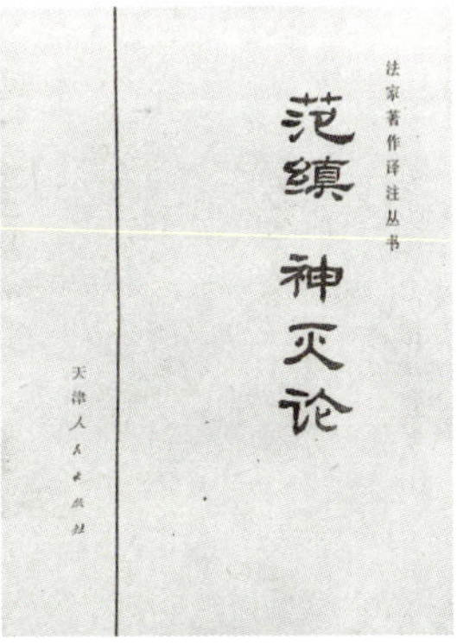

《神灭论》书影

南齐时期南京传世名著

书　名	编撰者	书　名	编撰者
《宋书》	沈　约（441—513）	《神灭论》	范　缜（约 450—515）
《晋书》		《冥祥记》	王　琰（454— ？）
《门律》	张　融（444—497）	《竟陵王集》	萧子良（460—494）
《张长史集》		《谢宣城集》	谢　朓（464—499）
《江文通集》	江　淹（444—505）	《文心雕龙》	刘　勰（465—532）

— 历史遗存 —

江南云冈——千佛岩石窟

千佛岩石窟位于南京栖霞山，始凿于南齐永明七年（489），与云冈、龙门石窟几乎同时。明僧绍之子明仲璋出资募工，与法度禅师合作，于栖霞寺后，依山凿“三圣像”，居中为无量寿佛，观音、势至二菩萨侍立左右。三佛慈眉善目，衣带当风，栩栩如生。至萧梁，“无量殿”（又称“三圣殿”）等石窟陆续凿成。六朝以后，石窟历经多次增刻和修葺，形成大型石窟群。现石窟共有大小窟龛250个、造像520尊，错落有致地分布在岩壁上，形成“蜂房鸽舍”般的奇观。千佛岩佛像造型生动，雕刻精细圆润，风格典雅秀丽，堪称六朝时期南方佛教艺术珍品，有“小云冈”之称。2001年列为全国重点文物保护单位。

千佛岩三圣殿无量寿佛像

栖霞寺千佛岩

佛化治国　梁

梁（502—557），南朝之一。天监元年（502），萧衍代齐称帝，国号梁，定都建康。因皇室姓萧，史称萧梁。萧梁疆域大于南齐，盛时一度占领淮北和汉中。侯景之乱后，国土大为缩小。梁敬帝萧方智太平二年（557），梁为陈所代，历6帝，56年。

梁疆域图（中国地图出版社《简明中国历史地图集》）

萧梁年表

帝王	在位时间	年号	都城
武帝 萧衍	502—549	天监 普通 大通 中大通 大同 中大同 太清	建康
简文帝 萧纲	550—551	大宝	
豫章王 萧栋	551	天正	
元帝 萧绎	552—555	承圣	
贞阳侯 萧渊明	555	天成	
敬帝 萧方智	555—557	绍泰 太平	

— 国都建康 —

【政区建置】

萧梁政区沿袭南齐州郡县三级管理体制。天监年间设23州、350郡、1222县。大同年间增到107州。国都建康，居扬州丹阳郡。

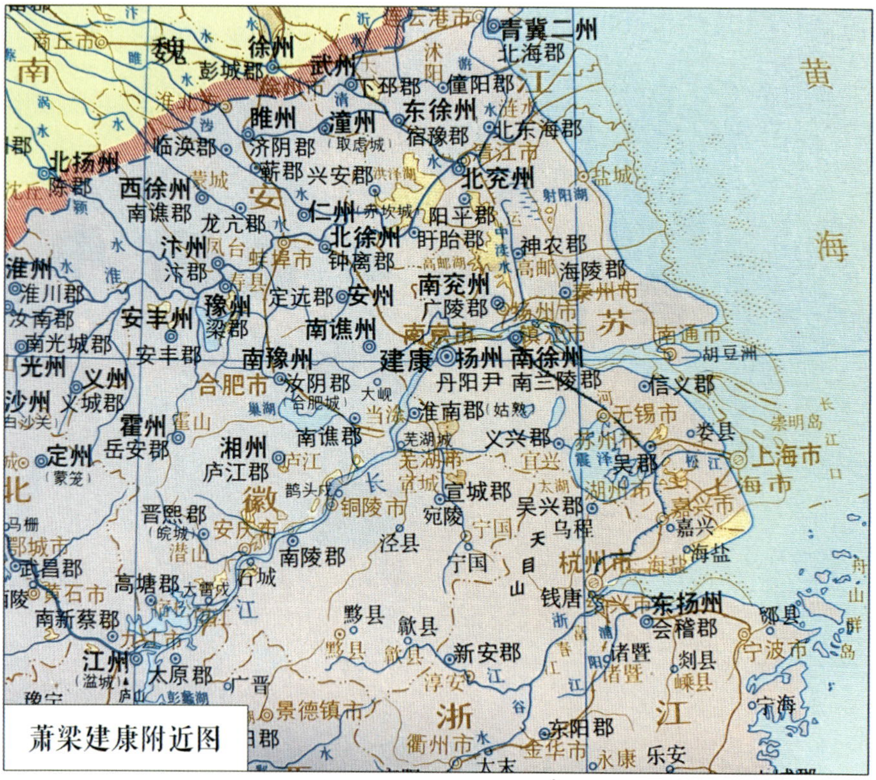

萧梁建康附近图（中国地图出版社《中国历史地图集》）

扬州，治所建康，辖丹阳、南丹阳、淮南、宣城、吴、武原、富春、临江、吴兴、南陵、新宁、会稽、新安、临海、建安、东阳、永嘉、广梁18郡。其中会稽、新安、临海、东阳、永嘉5郡一度移属东扬州，吴郡、武原郡一度移属吴州。梁末，南丹阳郡、宣城郡移属南豫州。

丹阳郡，治所建康，辖建康、秣陵、江宁、溧阳、永世、同夏、句容7县。

【都城建设】

建康城经东晋、宋、齐三朝不断扩充修建，至梁武帝时，进入了六朝最为繁华兴盛的时期。建康城市发展臻于鼎盛，京邑范围扩大，人口迅速增长，宫阙宏大壮丽，为南北朝时期全国第一大都市。

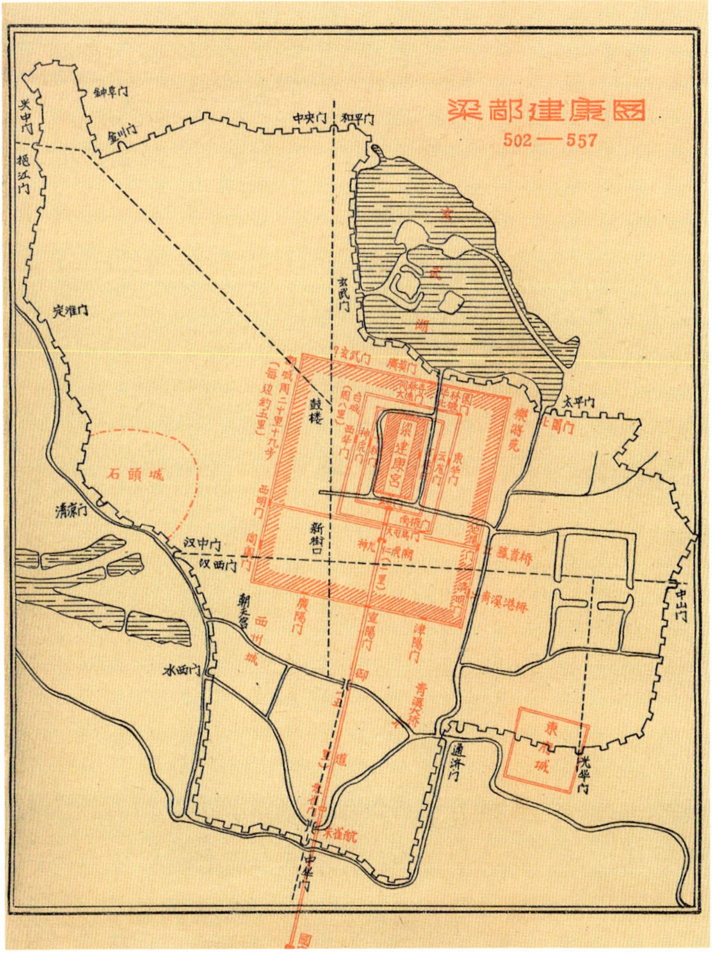

梁都建康图（民国朱偰绘）

梁天监年间，新建国门于越城之南。扩建太庙，将庙墙基址扩增9尺（时1尺约25.8厘米）。建神龙阙、仁虎阙于宫城端门、大司马门外。建康台城经过不断修缮，规模宏大，内外殿宇数千间。改建后的太极殿，增扩为13间，象征着一年12个月加1个闰月。这种讲究正殿间数的做法对后世宫殿制度有深远影响。台城的城墙由过去的二重增建为三重，新建的第三重在最里圈，为历代都城之特例。新开台城北门，名大同门，正对同泰寺南门。台城以外，在齐末毁于火的前朝东宫故地重建了新的东宫，为昭明太子居所。为加强防卫，都城外围修建了一系列城堡，如金城、白马城、冶城等，以拱卫都城。

南朝时期建康城示意图

— 历史事件 —

【举国兴佛】

萧梁时期，举国崇佛，佛教臻于极盛。在梁武帝萧衍的倡导下，佛教成为“国教”。梁代全国有佛寺2800余所，僧尼8.27万，为南朝历代之冠。仅京都建康地区，佛寺就达500所之多，著名的有同泰寺、佛窟寺、光宅寺、开善寺、大爱敬寺等。梁武帝创立“三教同源”说，把佛教比做月亮，儒、道喻为众星。梁武帝4次舍身同泰寺，每次群臣“以钱亿万

梁武帝奉佛

奉赎”后，他方肯还俗理政。梁武帝颁布《断酒肉文》，令僧尼断酒肉吃素，僧尼不食酒肉的仪轨由此确立。

【武帝舍身同泰寺】

同泰寺建于大通元年（527），梁武帝几乎每天早晚都要去该寺礼佛诵经。有一天他到同泰寺后没有回宫，决定舍身为僧，不再当皇帝了。国不可一日无主，在群臣的恳求下，梁武帝在寺院住了4天便回到皇宫。两年后，梁武帝第二次到同泰寺舍身事佛。按当时的风俗，只能用金钱赎身。大臣们集资一亿钱替武帝赎了身。大同十二年（546），83岁的梁武帝第三次舍身，这次大臣们用了两亿钱才把武帝赎了回来。大同十三年，梁武帝第四次舍身同泰寺，共37天，时间最长。文武大臣依例又用一亿钱把他赎了出来。

【神灭论之争】

萧梁时期，著名思想家范缜坚持无神论思想，反对佛教的因果论与灵魂不灭论，不顾被流放的不利处境，将《神灭论》修订完善，向佛教发出挑战。天监六年（507），范缜被调回京师，任中书郎、国子博士。随后，梁武帝颁布了《敕答臣下神灭论》诏书，组织“王公朝贵”及僧人60余人与范缜进行论辩，这就是历史上有名的“神灭论之争”。论战中，范缜“辩摧众口，日服千人”，以胜利者的姿态结束了论争。

神灭论之争

【侯景之乱】

侯景

梁太清二年（548）八月，东魏降将侯景勾结京城守将萧正德，举兵叛乱，直抵建康。太清三年（549）三月，侯景攻陷台城，纵兵烧杀抢掠。梁武帝被囚台城，活活饿死。天正元年（551）十一月，侯景称帝，改国号为汉。次年（552）三月，萧梁大将王僧辩、陈霸先会盟，水陆俱下，由长江进入秦淮河，击败侯景军，攻下建康。侯景出逃，被部下杀死。历时近4年的侯景之乱是南京历史上罕见的大浩劫，建康人口“百遗一二”。自此，梁朝由盛转衰。

— 历史人物 —

菩萨皇帝——梁武帝萧衍

梁武帝萧衍

萧衍（464—549），萧梁建立者，字叔达，小字练儿，南兰陵（今江苏武进）人，生于秣陵（今南京），为齐高帝的族弟。他曾任齐雍州刺史，镇守襄阳。齐永元三年（501），萧衍起兵襄阳，拥立萧宝融为帝，攻入建康，次年四月，代齐称帝。他在位48年，颇有政绩，倡导文学，推动了梁代文学风气的兴盛；笃信佛教，以佛治国，世称“菩萨皇帝”。其在位晚年时，因“侯景之乱”被囚禁饿死于台城，享年86岁，葬修陵，谥号武帝，庙号高祖。

“山中宰相”——陶弘景

陶弘景

陶弘景（456—536），齐梁时期著名医药学家、炼丹家，丹阳秣陵（今南京）人。南齐高帝时，官至奉朝请。齐武帝永明十年（492），陶弘景辞去官职，隐居句容茅山，专事著述和炼丹。梁武帝多次聘他为官，均被辞绝。尽管如此，梁武帝每遇到大事都要和他商量，故有“山中宰相”之称。他一生著述颇丰，作品多达80余种，其中《本草经集注》是我国医药史上的一部经典之作。

何水部——何逊

何逊

何逊（466—519），诗人，字仲言，东海郯（今山东苍山）人，何承天曾孙，宋员外郎何翼孙，齐太尉中军参军何询子。他八岁能诗，弱冠州举秀才，官至尚书水部郎，后人称“何记室”或“何水部”。其诗与阴铿齐名，世号“阴何”。其文与刘孝绰齐名，世称“何刘”。其诗善于写景，工于炼字。有集8卷，今失传，明人辑有《何水部集》一卷。

昭明太子——萧统

昭明太子萧统

萧统（501—531），文学家，字德施，南兰陵（今江苏武进）人，梁武帝长子，天监元年（502），册立为太子。萧统少时即有才气，5岁就读遍儒家“五经”，深通礼仪，性情纯孝仁厚，喜愠不形于色。他酷爱读书，喜引纳才学之士，主持编撰了中国现存最早的诗文总集《文选》，史称《昭明文选》。萧统未即位早逝，葬安宁陵，谥号昭明，世称“昭明太子”。

南北朝文学集大成者——庾信

庾信

庾信（513—581），字子山，小字兰成，南阳新野（今河南新野）人，自幼随父出入萧纲的宫廷，与徐陵同为宫体文学代表作家。侯景叛乱时，庾信为建康令，率兵御敌。承圣三年（554），他奉命出使西魏，被强留长安，官至骠骑大将军开府仪同三司。入北后，其诗赋大量抒发怀念故国之情及对身世的感伤，风格转变为苍劲悲凉。作品有《庾子山集》。

禅宗始祖——达摩

达摩

达摩（生卒年不详），全称菩提达摩，南天竺人，婆罗门种姓，自称佛传禅宗第二十八祖，中国禅宗的始祖，被尊称为“东土第一代祖师”。相传萧梁时，达摩应梁武帝邀请来到建康。后达摩离去，梁武帝派人骑骡追赶。追到幕府山时，两边山峰突然闭合，骡子被夹在两峰之间。达摩在江边折了一根芦苇投入江中，化作一叶扁舟，飘然过江，至定山寺驻锡修行，后去河南少林寺，创立佛教禅宗。因此定山寺成为禅宗重要丛林。

达摩一苇渡江

一代高僧禅师——宝志

宝志（418—514），南朝名僧，俗姓朱氏，句容县东阳（今属南京栖霞区）人，7岁出家于钟山道林寺，苦守古佛青灯50多年。宝志心志通达，言行神异，道行很高，一生有不少灵异事迹传世。齐永明年间，宝志曾巧施智谋，运用世间因果哲理，使齐武帝“永废锥刀”酷刑。梁武帝对其尤深敬事，称其为“至公”“国师”。宝志禅师圆寂后，梁武帝为其兴建开善寺，并在钟山立塔纪念。

宝志

僧祐

著名律学大师——僧祐

僧祐（445—518），南朝著名律学大师、佛教经史学者，俗姓俞，彭城下邳（今江苏睢宁）人，生于建康。他幼年出家，14岁时投定林寺法秀、法献门下，受戒之后，又受业于当时律学名匠法颖，随侍尽心钻研20余年，终于精通律部。僧祐最大的贡献在于弘传律学，对于佛教文史著述和文化艺术事业，也有非常丰硕的成就。他戒德高严，博学多才，有名于当世，史称“僧祐律师”。

— 历史成就 —

【书画艺术】

梁元帝萧绎

皇帝画家——萧绎

萧绎（508—555），梁元帝，字世诚，小字七符，自号金楼子，南兰陵（今江苏武进）人，梁武帝萧衍第七子，生于建康，历任会稽太守、江州刺史、荆州刺史，大宝三年（552）称帝于江陵。萧绎善画，尤善画域外人的形貌。传世画作《职贡图》成画于梁武帝时，现存此图为北宋年间摹本残卷，描绘了12位使者朝贡时的形象，展现了南朝时期国家间友好往来的繁盛场面，具有较高艺术价值和史料价值。

画龙点睛——张僧繇

张僧繇（生卒年不详），萧梁画家，吴郡吴中（今江苏苏州）人，长居建康，与东晋顾恺之、刘宋陆探微和唐代吴道子并称为“画家四祖”。相传他在金陵一乘寺寺门上用天竺（今印度）画法画“凹凸花”，一乘寺因此改名为“凹凸寺”。其在金陵安乐寺画龙点睛的故事传为千古美谈。张僧繇的画作开隋唐绘画风格之先河，成为六朝时期具有总结性地位的画家。据说现藏于日本大阪市立美术馆的《五星及廿八宿神形图》为其作品。

萧绎《职贡图》

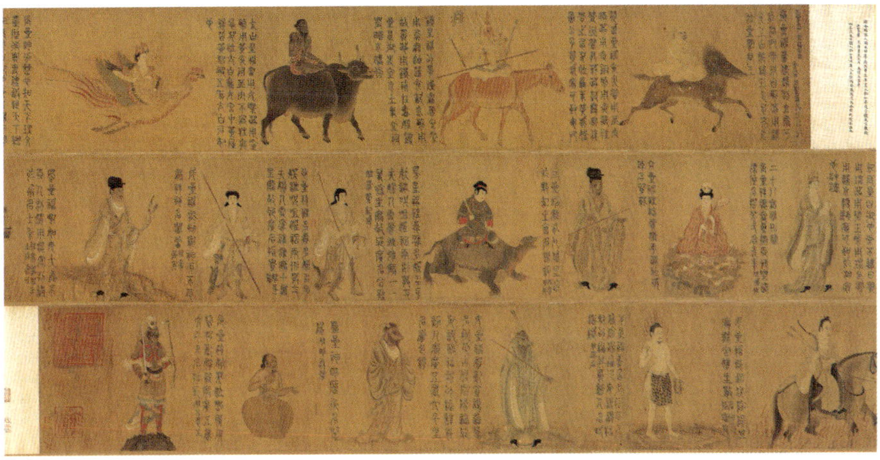

张僧繇《五星及廿八宿神形图》

绘画理论家——谢赫

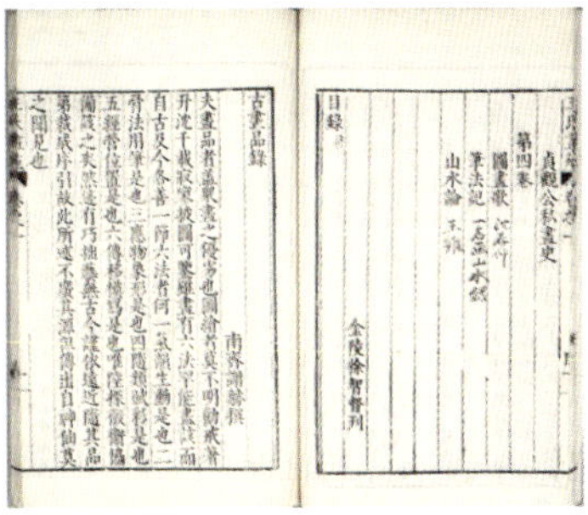

《古画品录》书影

谢赫（459—532后），齐梁时期绘画理论家。约梁中大通四年（532），谢赫写成《古画品录》一书，为我国历史上第一部系统的绘画批评著作。该书收录了孙吴至萧梁共27位画家，分六品进行述评，总结了历代绘画经验，提出了“六法”理论——气韵生动、骨法用笔、应物象形、随类赋彩、经营位置、传模移写，奠定了我国绘画理论基础，成为历代画家必须遵循的准则。

【诗文名作】

河中之水歌　　　　萧　衍

河中之水向东流，洛阳女儿名莫愁。莫愁十三能织绮，十四采桑南陌头。十五嫁为卢家妇，十六生儿字阿侯。卢家兰室桂为梁，中有郁金苏合香。头上金钗十二行，足下丝履五文章。珊瑚挂镜烂生光，平头奴子擎履箱。人生富贵何所望？恨不早嫁东家王。

金陵十八景·莫愁湖（明人绘）

登石头城　　何　逊

关城乃形势，地险差非一。马岭逐纡回，犬牙傍隆窣。百雉极襟带，亿庾兼量出。至理归无为，善守竟何恤。眺听穷耳目，远近备幽悉。扰扰见行人，晖晖视落日。连樯入回浦，飞盖交长术。天暮远山青，潮去遥沙出。薄宦忝师表，属辞惭愈疾。愿乘觳觫牛，还隐蒙茏室。

金陵四十景·石城桥（清人绘）

光宅寺　　　　刘令娴

长廊欣目送，广殿悦逢迎。何当曲房里，幽隐无人声。

千字文（节选）　　　　周兴嗣

天地玄黄　宇宙洪荒　日月盈昃　辰宿列张　寒来暑往　秋收冬藏
闰余成岁　律吕调阳　云腾致雨　露结为霜　金生丽水　玉出昆冈
剑号巨阙　珠称夜光　果珍李柰　菜重芥姜　海咸河淡　鳞潜羽翔
龙师火帝　鸟官人皇　始制文字　乃服衣裳　推位让国　有虞陶唐
吊民伐罪　周发殷汤　坐朝问道　垂拱平章　爱育黎首　臣伏戎羌
遐迩一体　率宾归王　鸣凤在竹　白驹食场　化被草木　赖及万方
盖此身发　四大五常　恭惟鞠养　岂敢毁伤　女慕贞洁　男效才良
知过必改　得能莫忘　罔谈彼短　靡恃己长　信使可覆　器欲难量
墨悲丝染　《诗》赞羔羊　景行维贤　克念作圣　德建名立　形端表正
空谷传声　虚堂习听　祸因恶积　福缘善庆　尺璧非宝　寸阴是竞
资父事君　曰严与敬　孝当竭力　忠则尽命　临深履薄　夙兴温凊

【金陵成语】

白璧微瑕　变本加厉　超凡入圣　飞蛾扑火　古肥今瘦　光怪陆离
画龙点睛　江郎才尽　金瓯无缺　空前绝后　驴鸣犬吠　迷途知返
千万买邻　情同骨肉　三纸无驴　天花乱坠　降龙伏虎　徐娘半老
一目十行　一身两役　衣锦还乡　应对如流　至理名言

画龙点睛——语出唐代张彦远《历代名画记》。萧梁画家张僧繇在金陵安乐寺画龙，一点睛龙即飞去。比喻在绘画或文章关键处简要点明题旨

空前绝后——语出北宋《宣和画谱》："顾（恺之）冠于前，张（僧繇）绝于后。"二人皆久居建康。形容超绝古今，无与伦比

最早的诗文总集——《昭明文选》

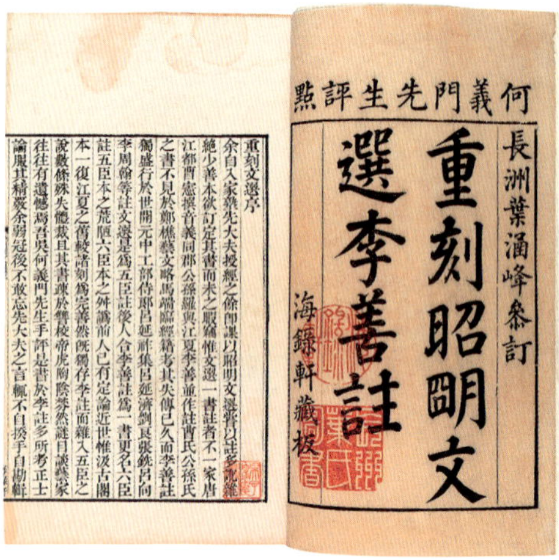

《昭明文选》书影

《昭明文选》又称《文选》，共30卷，昭明太子萧统编选，选取了上起先秦，下迄梁普通七年（526）130位作家的作品，按照文体分成赋、诗、表、启、赞、论、碑文、墓志、行状、祭文等39类，入选作品大多为文学佳作。《文选》是现存中国最早的一部古代诗文总集，在中国文学史上占有重要的地位。

最早的诗评著作——《诗品》

《诗品》又称《诗评》，萧梁钟嵘（约471—518）撰。该书收录了自汉至萧梁122位诗人，以成就高低分为上、中、下三品，品评风格、追溯源流、论其优劣、判定品第。《诗品》是对汉魏六朝五言诗发展的系统总结，是中国文学批评史上第一部论诗的专著，在中国文学批评史上开创了一个新的里程碑。

钟嵘

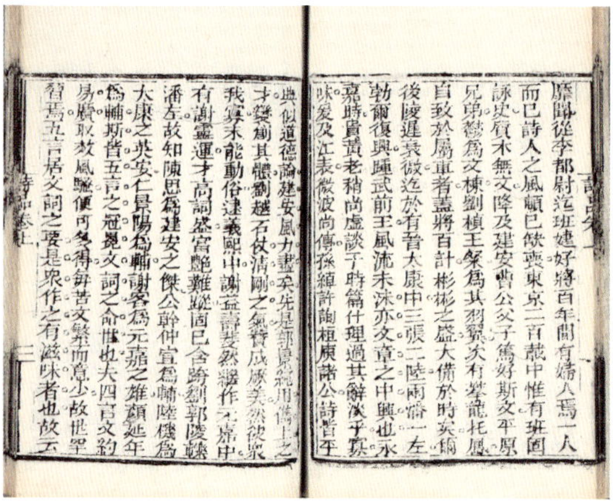

《诗品》书影

最早的启蒙读物——《千字文》

《千字文》由萧梁周兴嗣撰。周兴嗣（469—537），字思纂，陈郡项县（今河南沈丘）人。天监八年（509），周兴嗣奉命从王羲之书法中选取1000个字，编纂成文，是为《千字文》。全文250句，4字一句，句句押韵，以儒学为纲，穿插诸多常识，适合儿童诵读。《千字文》是中国现存最早的启蒙识字课本，与《三字经》《百家姓》一起构成我国古代最基础的“三、百、千”启蒙读物。

周兴嗣

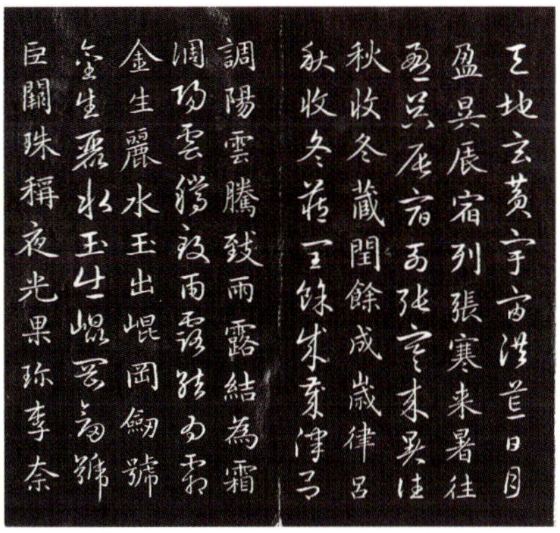

赵孟頫所书《真草千字文》

纪传体史书——《南齐书》

《南齐书》由萧梁萧子显撰，“二十四史”之一，记述南朝萧齐王朝历史。萧子显（489—537），字景阳，南兰陵（今江苏常州西北）人，齐高帝萧道成之孙。齐亡梁兴，萧子显请于朝廷，奉敕撰修南齐史。因系当代人记当代事，该书保存了不少原始史料，是现存关于南齐最早的纪传体断代史。

《南齐书》书影

最早的僧人传记——《高僧传》

《高僧传》由萧梁高僧慧皎撰。慧皎（497—554），会稽上虞（今浙江上虞）人。《高僧传》所选人物以德行高尚为标准，收录了自东汉至梁初僧人257人，是我国佛教史上第一部系统的僧人传记，也是研究汉魏晋南北朝佛教史的重要史料。

最早的佛教文献目录——《出三藏记集》

《出三藏记集》由萧梁高僧僧祐撰。《出三藏记集》又名《三藏记》《僧祐录》，是我国现存最早的佛教经录。全书15卷，分撰缘记、铨名录、总经序、述列传4部分，记载了自东汉至齐梁年间所译的佛教经、律、论三藏，以及僧徒列传和译著目录等。

最早的护法弘教文献汇编——《弘明集》

《弘明集》由萧梁高僧僧祐撰。《弘明集》选辑了从东汉末到萧梁时期宣扬佛教的论著，从不同角度反映了佛教的基本教义及传播状况，并保留了少量反佛教的文章，具有重要的历史价值。

《高僧传》书影

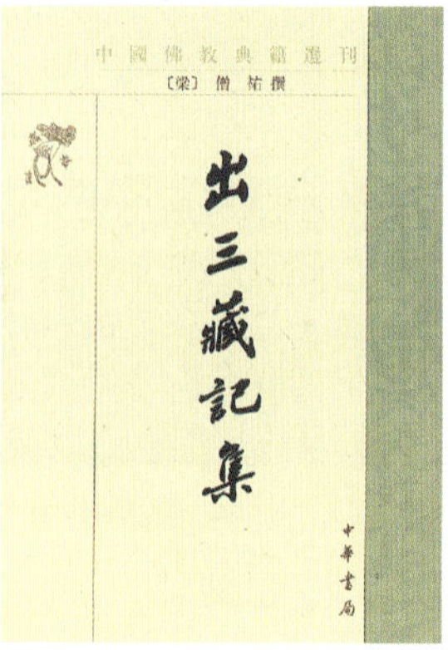

《出三藏记集》书影

《弘明集》书影

萧梁时期南京传世名著

书　名	编撰者	书　名	编撰者
《弘明集》	僧　祐（445—518）	《何水部集》	何　逊（466—519）
《出三藏记集》		《画品》	谢　赫（479—532后）
《释迦谱》		《南齐书》	萧子显（489—537）
《本草经集注》	陶弘景（456—536）	《高僧传》	慧　皎（497—554）
《真灵位业图》		《昭明文选》	萧　统（501—531）
《真诰》		《古诗十九首》	
《刘孝标集》	刘　峻（463—521）	《梁简文帝集》	萧　纲（503—551）
《诗品》	钟　嵘（471—518）	《金楼子》	萧　绎（508—555）
《续齐谐记》	吴　均（469—520）	《庾子山集》	庾　信（513—581）
《千字文》	周兴嗣（469—537）	《玉篇》	顾野王（519—581）
《殷芸小说》	殷　芸（471—529）	《颜氏家训》	颜之推（531—约591）

— 历史遗存 —

惠济寺

惠济寺位于今浦口区汤泉街道北，始建于南朝，相传为萧梁昭明太子萧统读书处，后扩建为寺。南唐时称汤泉禅院。北宋初易名惠济寺。寺内3株千年古银杏树已列入“中国古典园林之景。惠济寺遗址是南京市文物保护单位。

惠济寺今貌

普德寺

普德寺位于今雨花台区普德村134号，始建于梁天监年间（502—519），明代重修，系敕赐古刹。1982年列为南京市文物保护单位。

普德寺旧影

光宅寺

光宅寺位于今秦淮区老虎头44号，始建于梁天监七年（508），原为梁武帝萧衍故宅。萧衍即位后，舍为寺庙。清乾隆年间重建，为石观音寺。1982年列为南京市文物保护单位。

光宅寺旧影

定山寺

定山寺位于今浦口区狮子峰下，始建于梁天监二年（503），由梁武帝拨款建造，赐名“定山寺”。达摩曾于此面壁修行，被誉为“达摩第一道场”。寺内尚存达摩岩、面壁处、宴坐石、卓锡泉和《一苇渡江碑》等遗迹。寺内明弘治年间竖立的《达摩造像碑》为现存国内最早的达摩造像碑。

2020年复建中的定山寺

定山寺达摩像拓片

玉台新咏　陈

陈（557—589），南朝之一。梁太平二年（557），陈霸先代梁称帝，国号陈，定都建康。陈疆域东、南至海，北临长江，西抵湖南、广西，是南朝版图最小的王朝。祯明三年（589），陈为隋所灭。隋一统天下，魏晋南北朝时期长达300多年的分裂割据局面宣告结束。陈历5帝，33年。

陈疆域图（中国地图出版社《简明中国历史地图集》）

陈历史年表

帝　王	在位时间	年　号	都　城
武帝　陈霸先	557—559	永定	建康
文帝　陈　蒨	560—566	天嘉　天康	
废帝　陈伯宗	567—568	光大	
宣帝　陈　顼	569—582	太建	
后主　陈叔宝	583—589	至德　祯明	

— 国都建康 —

【政区建置】

陈政区沿袭萧梁州郡县三级管理制度，有42州，109郡，438县。国都建康仍属扬州丹阳郡。

扬州，治建康，陈初辖丹阳、南琅邪、彭城、陈留、吴、海宁、吴兴、会稽、临海、新安、东阳、永嘉、新宁等13郡。分置东扬州、吴州后，扬州辖丹阳、建兴（由南琅邪、彭城改置）、陈留3郡。

丹阳郡，治建康，辖建康、秣陵、丹阳、溧阳、永世、江宁、句容7县。

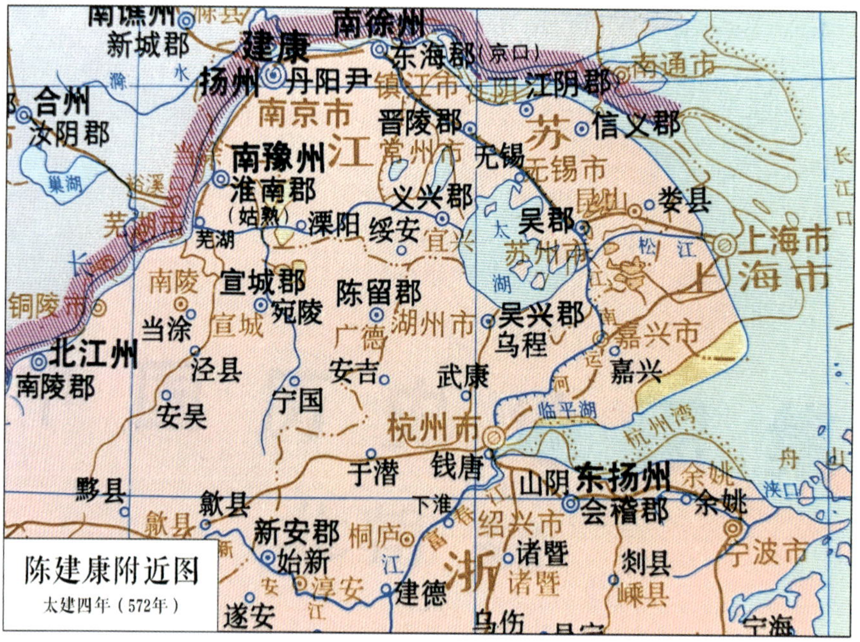

陈建康附近图（中国地图出版社《中国历史地图集》）

【都城建设】

萧梁太清年间的侯景之乱，使都城建康乃至江南地区的社会经济遭到毁灭性的破坏。陈朝建立后，开始有计划地恢复战乱之后的江南经济，修复建康城，但终未能重现梁时之盛。不过重建后的宫城依然十分豪华，侯景之乱中被焚毁的太极殿和太子东宫先后新建或重建。陈后主时又兴建了临春、结绮、望仙三阁殿。木材选用沉檀香木，并以珠翠、金玉缀饰，阁内设有各种奇珍异宝，香闻数里。都城重建工程大多始于陈宣帝太建年间，改建了第二重宫墙的云龙、神虎二门；并在游乐苑内覆舟山上立甘露亭。

南朝石刻建筑图案

至陈朝，东晋和南朝几代先后兴建的皇家苑囿达20余处，主要分布在玄武湖畔、钟山之麓、青溪及秦淮河沿岸。

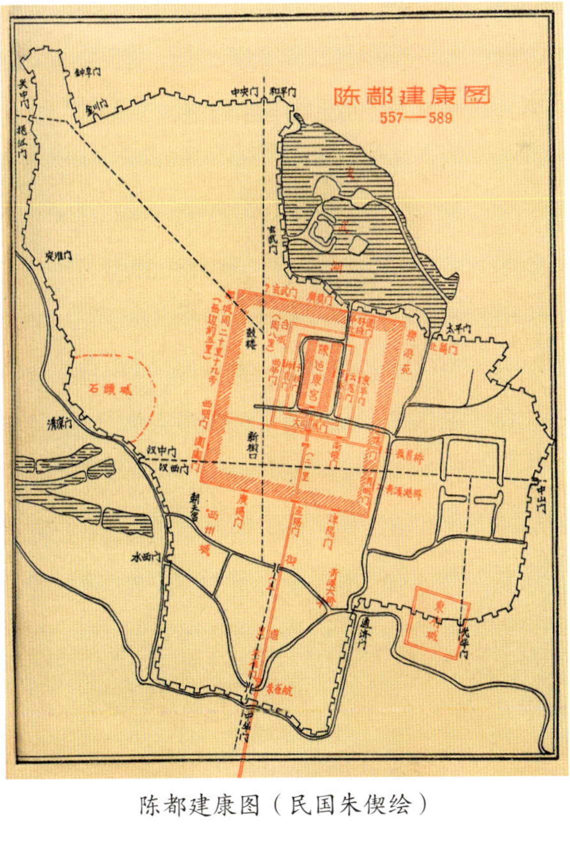

陈都建康图（民国朱偰绘）

— 历史人物 —

陈武帝陈霸先

南朝英主——陈霸先

陈霸先（503—559），南朝陈开国皇帝，字兴国，小字法生，吴兴长城（今浙江长兴）人。陈霸先出身低微，胸怀大志，受梁武帝侄萧映赏识，曾任广州府中直兵参军、西江督护、高要太守，通过平定“侯景之乱”，控制了梁朝政权。太平二年（557），他受梁禅称帝，建立大陈，在位三年，任贤使能，政治清明，江南局势渐趋稳定，死后葬于万安陵（今江宁区上坊社区），谥号武皇帝，庙号高祖。

徐陵

一代文宗——徐陵

徐陵（507—583），梁陈间文学家，字孝穆，东海郯（今山东郯城）人。徐陵早年以诗文闻名，梁武帝时，任东宫学士，为当时宫体诗人，与庾信并称“徐庾”。入陈后他历任尚书左仆射、丹阳尹、中书监等，继续宫体诗创作，诗文以轻靡绮艳见称。今存《徐孝穆集》6卷和《玉台新咏》10卷。

阴铿

五言律诗的先驱——阴铿

阴铿（约511—563），梁陈间文学家，字子坚，武威姑臧（今甘肃武威）人。他幼年好学，长大后博涉史传，善五言诗，仕梁，任湘东王萧绎法曹参军，入陈，为始兴王陈伯茂府中录事参军，以文才为陈文帝所赞赏，累迁晋陵太守、员外、散骑常侍。阴铿的艺术风格同何逊相似，后人并称为“阴何”。

首位善七言诗人——江总

江总（519—594），文学家，字总持，济阳考城（今河南民权）人。江总幼聪敏，有文才，仕梁，官至太子中舍人兼太常卿。陈天嘉四年（563），江总任中书侍郎，管辖侍中省，陈后主时官终尚书令，世称“江令”，入隋，官拜上开府。诗作多为宫体诗，是第一个被史书称为善七言诗的人。今存诗百首，明人辑有《江令君集》。

江总

玉树后庭花——陈叔宝

陈叔宝（553—604），南朝陈末代皇帝，字元秀，又称陈后主，吴兴长城（今浙江长兴）人。在位时大建宫室，生活奢侈，游宴作词。隋军南下时，他自恃长江天险，不以为然。祯明三年（589），隋军入建康后被俘。病逝于洛阳城，追赠大将军、长城县公，谥曰炀，葬洛阳邙山。陈叔宝对诗词歌赋情有独钟，创作了不少诗词，表现出很高的文学天赋。明人辑有《陈后主集》。

陈后主陈叔宝

— 历史成就 —

【书画艺术】

退笔成家——智永

陈代书法的代表人物是智永。智永(生卒年不详)，僧人，王羲之七代孙，会稽（今浙江绍兴）人。智永初学萧子云，后以先祖王羲之为宗，工草书，练字30

智永

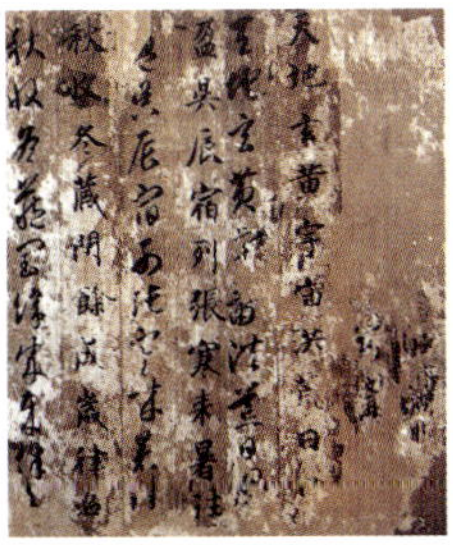

智永书法《千字文》

余年，传说他用废了的秃笔达数万支，整整十大竹筐，堆起来有一座坟墓高，“退笔成冢”的典故便出于此。著名书法家虞世南系其高足。

心师造化——《续画品录》

继谢赫《古画品录》之后，陈朝姚最（约536—603）撰写了《续画品录》。该书记载了刘宋至萧梁年间的画家18人，另有印度等国的僧人画家3人，评论16则。书中提出“心师造化”论，即以造化（自然界内的一切客观事物）为师。这一理论，是我国古代画家的一项重要的创作原则。

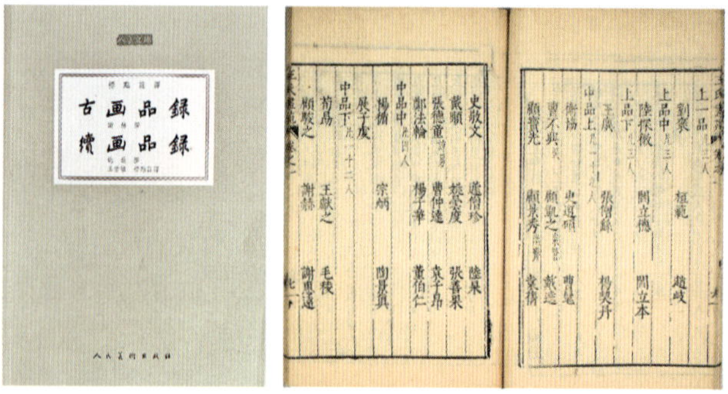

《续画品录》书影

【陈叔宝文学集团】

陈叔宝文学集团的创作群体庞大，其中有作品留世的诗人，有陈叔宝、江总、徐陵、周弘正、顾野王、陆琼、岑之敬、陈暄、何胥、陆瑜、傅縡、王瑳、孔范、褚玠，以及陈叔宝的皇后沈后等。作为诗歌发展从南北朝至唐代承前启后的重要一环，陈叔宝及其文学集团的诗歌创作在中国诗歌史上有其一席之地。其宫体诗创作的通俗化倾向明显，入隋之后诗风更为壮阔和沉挚，对唐代诗歌创作产生了一定影响。

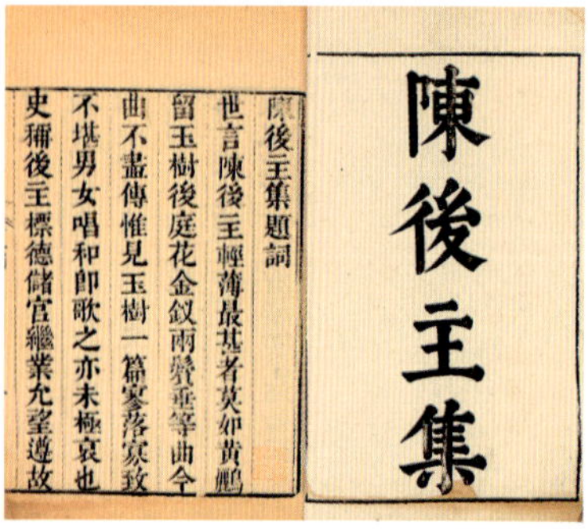
陳後主集

陳後主集題詞
世言陳後主輕薄最甚者莫如黄鸝
留玉樹後庭花金釵兩臂垂等曲今
曲不盡傳惟見玉樹一篇寥落寡致
不堪男女唱和郎歌之亦未極哀也
史稱後主標德儲宫繼業允望遵故

《陈后主集》书影

陈后主游宴图（明版画）

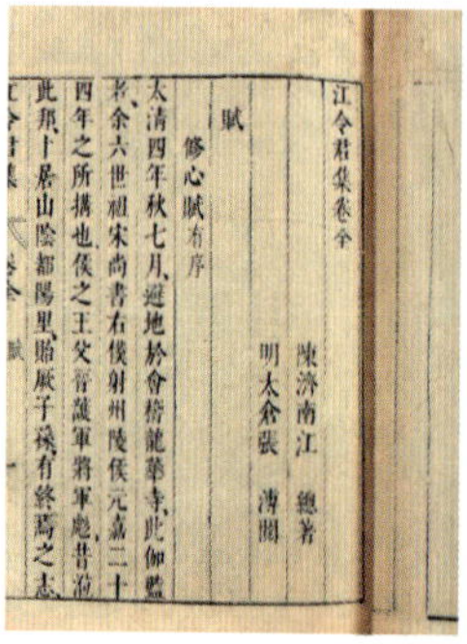
《江令君集》书影

【天台宗形成】

天台宗与禅宗、华严宗都是中国佛教高僧为适应本民族文化而创立的，被称为最具中国特色的三大佛教宗派。天台宗的实际创立者智顗曾两次到金陵，住在瓦官寺，受三论学说特别是摄山（栖霞山）僧诠“山门宗义”学说的影响甚深，为后来到天台山国清寺创立中国佛教史上第一个宗派——天台宗起到了至关重要的奠基作用。因此，天台宗虽以天台标名，但仍视南京瓦官寺为其祖庭之一。

智顗

陈宣帝召请智顗

瓦官寺

智顗（538—597），天台宗祖师，荆州华容（今湖北潜江）人，俗姓陈，字德安，世称智者大师、天台大师。他 18 岁出家，23 岁拜慧思为师，修习禅法，567 年，到建康弘传禅法，于瓦官寺开法华经题，树立新宗义，判释经教，奠定了天台宗教观之基础。陈亡后，智顗上庐山隐修，晚年居天台山。

【三论宗创立】

三论宗是中国佛教宗派之一，源于古印度大乘佛教的中观四象，以《中论》《十二门论》《百论》为主要经典，故名“三论”。其创始人是南陈金陵人吉藏。吉藏（549—623），祖籍安息，生于金陵，出家于建康兴皇寺，师从法朗。陈末隋初，吉藏完成了“三论”的注疏及《三论玄义》等，创立了三论宗。建康栖霞寺、兴皇寺是南方三论宗的中心。

吉藏

【诗文名作】

南还寻草市宅　江　总

红颜辞巩洛，白首入辕辕。乘春行故里，徐步采芳荪。径毁悲求仲，林残忆巨源。见桐犹识井，看柳尚知门。花落空难遍，莺啼静易喧。无人访语默，何处叙寒温？百年独如此，伤心岂复论。

征虏亭送新安王应令诗　徐　陵

凤吹临南浦，神驾饯东平。亭回漳水乘，旆转洛滨笙。地冻斑轮响，风严羽盖轻。烧田云色暗，古树雪花明。歧路一回首，流襟动睿情。

晚出新亭　阴　铿

大江一浩荡，离悲足几重。潮落犹如盖，云昏不作峰。远戍唯闻鼓，寒山但见松。九十方称半，归途讵有踪。

金陵十八景·新亭（明人绘）

玉树后庭花　　陈叔宝

丽宇芳林对高阁，新妆艳质本倾城。映户凝娇乍不进，出帷含态笑相迎。妖姬脸似花含露，玉树流光照后庭。

【金陵成语】

六朝金粉　破镜重圆　全无心肝　天上麒麟　退笔成冢　一衣带水

一衣带水——语出唐代李延寿《南史·陈后主纪》中隋文帝宣示攻灭南朝陈的决心的故事。意指长江天堑只如一条衣带，不足以阻隔南北交通

破镜重圆——语出唐代韦述《两京新记》。南陈乐昌公主与丈夫失散，后因拼合破镜得以相逢。喻夫妻失散或决裂后重新团聚

【传世名著】

自汉迄梁的诗歌总集——《玉台新咏》

《玉台新咏》是继《昭明文选》之后，由文学家徐陵编成的一部上继先秦，下至萧梁的诗歌总集，收诗769篇。内容多为男女感情的描述表达，以及日常生活的方方面面，刻画出古代女子丰富的感情世界，也展示出深

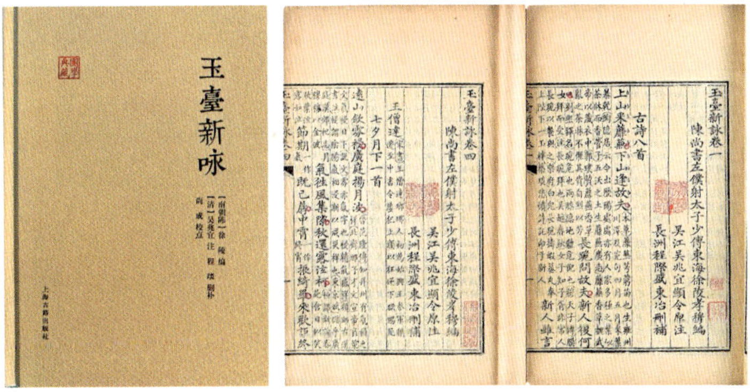

《玉台新咏》书影

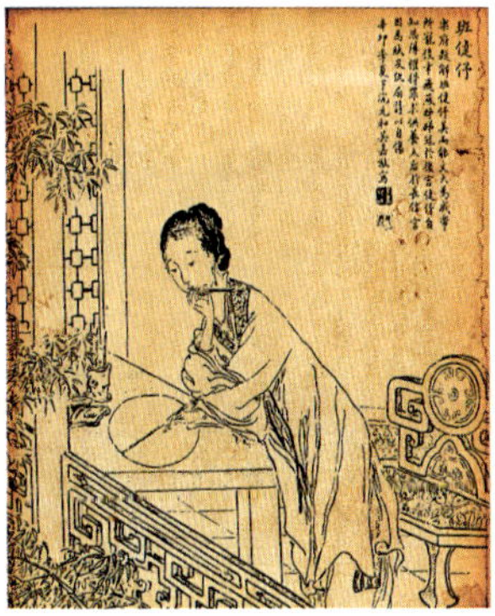

《玉台新咏》女性人物班婕妤

刻的社会背景和丰富的传统文化内涵。《玉台新咏》具有辑佚、考据的文献价值，叙事诗《孔雀东南飞》因其收录而得以保存下来。

南陈时期南京传世名著

书　名	编撰者	书　名	编撰者
《玉台新咏》	徐　陵（507—583）	《续画品录》	姚　最（536—603）
《徐孝穆集》		《三论玄义》	吉　藏（549—623）
《阴铿集》	阴　铿（约511—563）	《陈后主集》	陈叔宝（553—604）
《江令君集》	江　总（519—594）		

— 历史遗存 —

【南京六朝石刻】

南京六朝石刻集中体现了六朝古都的神韵，它同明清苏州园林、徐州汉画像石并称为“江苏文物三宝”。六朝石刻主要分布在南京玄武、栖霞、仙林、江宁等区及周边的丹阳、句容等地，分为纪念性石刻、佛教石刻、陵墓石刻三大类，尤以陵墓石刻量最多，且价值最高、成就最大。这些石刻年代距今1500多年，大都为当时陵墓前的石刻群，形制硕大，雕琢精湛，是反映六朝时期中国南方地区石雕艺术高度发展的艺术珍品，在全国乃至全世界都具有相当地位。南京的标志物“辟邪”，便取材于南朝石刻中的代表造型——辟邪。

陈文帝永宁陵石刻

陈文帝永宁陵石刻

陈武帝万安陵石刻

萧宏墓石刻

萧景墓石刻

萧恢墓石刻

萧景墓石刻

南京市境内列为全国重点文物保护单位的南朝陵墓石刻

序号	名称	时代	地址
1	徐家村失考墓石刻	南朝	栖霞区金陵石化化工一厂内
2	梁桂阳简王萧融墓石刻	梁	栖霞区南京炼油厂内
3	梁安成康王萧秀墓石刻	梁	栖霞区甘家巷小学
4	梁始兴忠武王萧憺墓石刻	梁	栖霞区甘家巷西
5	梁吴平忠侯萧景墓石刻	梁	栖霞区新合村
6	梁鄱阳忠烈王萧恢墓石刻	梁	栖霞区甘家巷西
7	梁临川靖惠王萧宏墓石刻	梁	栖霞区仙林大学城
8	梁新渝宽侯萧暎墓石刻	梁	栖霞区甘家巷董家边
9	陈文帝陈蒨永宁陵石刻	陈	栖霞区新合村狮子冲
10	北家边失考墓石刻	南朝	栖霞区尧化北家边
11	梁建安敏侯萧正立墓石刻	梁	江宁区秣陵街道南京海事学院东
12	陈武帝陈霸先万安陵石刻	陈	江宁区东山街道上坊
13	宋武帝刘裕初宁陵石刻	宋	江宁区麒麟门
14	宋墅失考石刻	南朝	江宁区秣陵街道宋墅村
15	侯村失考墓石刻	南朝	江宁区秣陵街道
16	方旗庙失考墓石刻	南朝	江宁区江宁街道建中村
17	耿岗失考墓石刻	南朝	江宁区秣陵街道耿岗村

隋唐金陵

开皇九年（589），隋灭陈，重新建立了大一统王朝，定都长安，结束了南京324年的六朝都城历史。为从根本上瓦解建康的都城地位，隋文帝下诏“建康城邑、宫室，并平荡耕垦”。建康城内的宫殿楼阁被夷为平地，六朝繁华荡然无存。

隋疆域图（中国地图出版社《简明中国历史地图集》）

隋文帝时，废郡以州直接统县，在石头城置蒋州，辖江宁、溧水和当涂3县。隋炀帝时，恢复郡县旧制，改蒋州复为丹阳郡，仍辖江宁、溧水、当涂3县，治所石头城。隋丹阳郡统县数虽裁减为3个，但辖地范围却大于南朝时期丹阳郡，包括了今南京江南辖区及常州溧阳部分地域和今安徽马鞍山、芜湖江南部分属地。

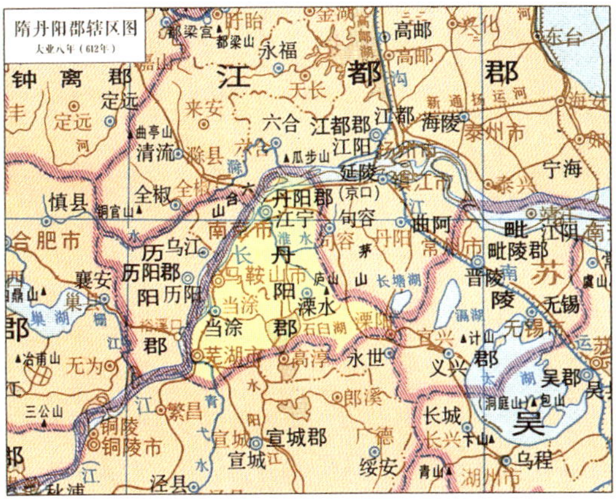

隋丹阳郡辖区图

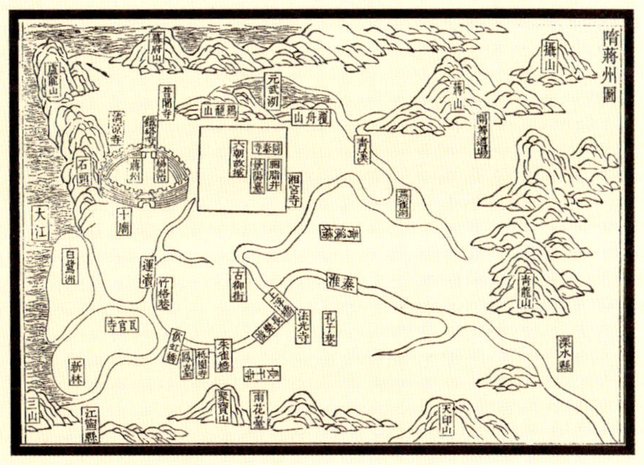

隋蒋州图（明版画）

大业十三年（617），鉴于中原战乱，隋炀帝下诏在丹阳郡治所（今南京）建丹阳宫，准备将都城迁至金陵。后因隋炀帝在江都（今扬州）被部将杀死，迁都计划化为泡影。

武德元年（618），李渊代隋称帝，建立唐朝，定都长安。唐朝疆域辽阔，初期将郡改为州，实行州县两级制。贞观元年（627）始，采用道州县三级制。

唐疆域图（中国地图出版社《简明中国历史地图集》）

唐代金陵地区，先后隶属于江南道（治所吴郡）、江南东道（治所吴郡）、浙江西道（治所升州，今南京）。设置过丹阳郡、扬州、蒋州、江宁郡、升州等州级建置和江宁、溧水、丹阳、溧阳、安业、归化、金陵、句容、上元、白下等县级建置。

武德九年（626），扬州治所由金陵移至江北江都（今江苏扬州），从此，扬州之名专于江都。原扬州所领江南6县，金陵改白下县，与延陵、句容并属润州（治所丹徒，今江苏镇江）管辖。丹阳、溧水、溧阳3县改属宣州。贞观七年（633），改白下县为归化县，后复称江宁县。

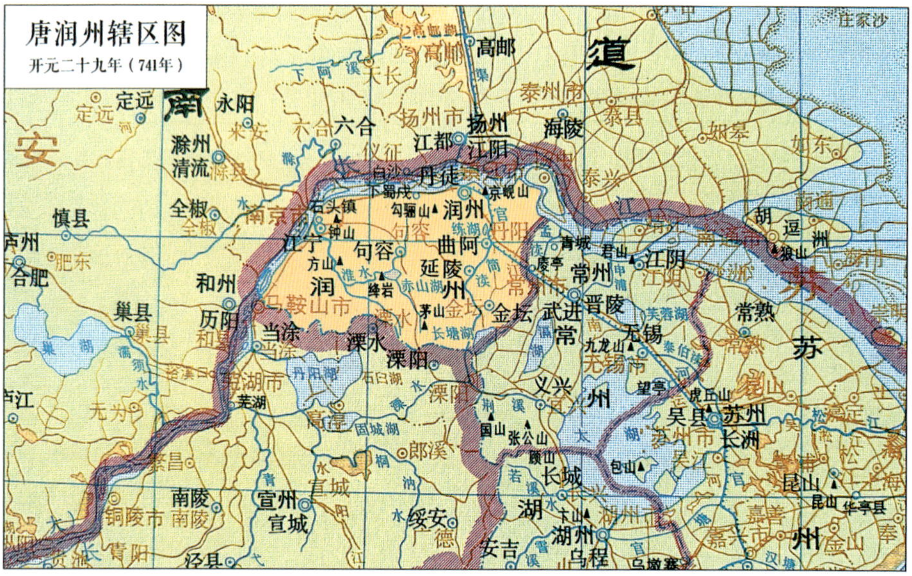

唐润州辖区图（中国地图出版社《中国历史地图集》）

至德二年（757），置江宁郡（治江宁），隶属于江南东道。次年，改江宁郡为升州，辖江宁（后改上元）、句容、溧水、当涂4县，治所在江宁，隶属于浙江西道。宝元元年（762），废升州，所领4县分属润、宣二州。上元县隶于润州。

武德九年（626）至光启三年（887）的262年间，今南京主城区先后以白下、归化、江宁、上元县的建置隶润州（治丹徒）管辖。

光启三年（887），复置升州（治上元），辖上元、句容、溧水、溧阳4县。至唐末，今南京主城区为升州上元县。

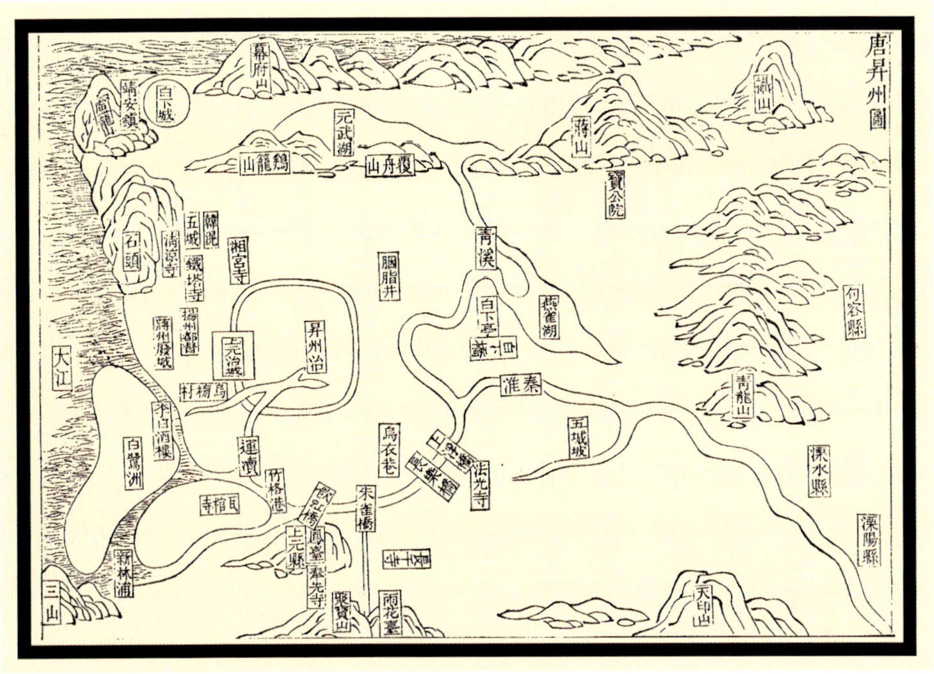

唐升州图（明版画）

隋唐300余年，金陵因受政治上的刻意贬抑而处于城市发展史上最为低落的时期。但“家国不幸诗人幸”，文学的脚步从未停顿过。唐朝著名诗人几乎都跟金陵有着千丝万缕的联系，他们千里迢迢来到金陵，吊古伤今，为南京留下了许多不朽的诗篇。

王勃

【诗书艺术】

“初唐四杰”之首——王勃

王勃（650—676），唐代诗人，字子安，绛州龙门（今山西河津）人，与杨炯、卢照邻、骆宾王并称“初唐四杰”，为四杰之首，擅长五律和五绝。上元二年（675）秋，王勃南下交趾探父，途经江宁（今南京）时留下名篇《白下驿饯唐少府》等。

白下驿饯唐少府　　王　勃

下驿穷交日，昌亭旅食年。相知何用早，怀抱即依然。
浦楼低晚照，乡路隔风烟。去去如何道，长安在日边。

张九龄

岭南第一人——张九龄

张九龄（678—740），唐代有名的贤相、诗人，字子寿，一名博物，韶州曲江（今广东韶关）人。其诗歌创作和政治地位，影响了一代诗歌的发展。长诗《经江宁览旧迹至玄武湖》被誉为唐代金陵怀古诗的开篇之作。

经江宁览旧迹至玄武湖　　张九龄

南国更数世，北湖方十洲。天清华林苑，日晏景阳楼。果下回仙骑，津傍驻彩斿。凫鹥喧凤管，荷芰斗龙舟。七子陪诗赋，千人和棹讴。应言在镐乐，不让横汾秋。风俗因纾慢，江山成易由。驹王信不武，孙叔是无谋。佳气日将歇，霸功谁与修？桑田东海变，麋鹿姑苏游。否运争三国，康时劣九州。山虽幕府在，馆岂豫章留？水淀还相阅，菱歌亦故遒。雄图不足问，唯想事风流。

金陵四十景・后湖（清人绘）

诗家夫子王江宁——王昌龄

王昌龄（698—756），盛唐著名边塞诗人，字少伯，京兆长安（今陕西西安）人。唐开元二十八年（740），王昌龄迁江宁丞。其诗长于七绝，有“七绝圣手”“诗家夫子王江宁”之称。其在江宁丞任上近10年，有不少描绘江南旖旎风光的诗篇。

王昌龄

送朱越　　王昌龄

远别舟中蒋山暮，君行举首燕城路。
蓟门秋月隐黄云，期向金陵醉江树。

金陵四十景·钟阜山（清人绘）

“诗仙”——李白

李白（701—762），唐代伟大的浪漫主义诗人，字太白，号青莲居士，祖籍陇西成纪（今甘肃秦安），生于西域碎叶（今吉尔吉斯斯坦境内），卒于宣州当涂（今安徽当涂）。李白一生对金陵情有独钟，晚年大部分时间在金陵度过，曾建议朝廷迁都金陵。在李白留下的1000多首诗中，近200首在金陵创作或者是写在金陵所发生的人物和事件，其中《登金陵凤凰台》《长干行》等成为不朽之作。

李白

登金陵凤凰台　　　　李　白

凤凰台上凤凰游，凤去台空江自流。吴宫花草埋幽径，晋代衣冠成古丘。

三山半落青天外，二水中分白鹭洲。总为浮云能蔽日，长安不见使人愁。

长干行　　　　李　白

妾发初覆额，折花门前剧。郎骑竹马来，绕床弄青梅。同居长干里，两小无嫌猜，十四为君妇，羞颜未尝开。低头向暗壁，千唤不一回。十五始展眉，愿同尘与灰。常存抱柱信，岂上望夫台。十六君远行，瞿塘滟预堆。五月不可触，猿声天上哀。门前迟行迹，一一生绿苔。苔深不能扫，落叶秋风早。八月胡蝶来，双飞西园草。感此伤妾心，坐愁红颜老。早晚下三巴，预将书报家。相迎不道远，直至长风沙。

金陵四十景·凤凰台（清人绘）

金陵四十八景·长干故里（清人绘）

杰出书法家——颜真卿

颜真卿（709—784），唐朝书法家，字清臣，小名羡门子，别号应方，京兆万年（今陕西西安）人，祖籍琅琊临沂（今山东临沂），开元年间进士，官至吏部尚书、太子太师，封鲁郡开国公，世称颜鲁公。颜真卿精书法，善诗文，创“颜体”楷书，与柳公权并称“颜筋柳骨”。乾元二年（759）任升州刺史，并充任浙西节度使兼江宁军使，掌管金陵军政事务。他为官清正，任上治理水患，疏通了乌龙潭、上新河等河道。后人为纪念颜真卿，在城西的乌龙潭建立了颜鲁公祠。

颜真卿

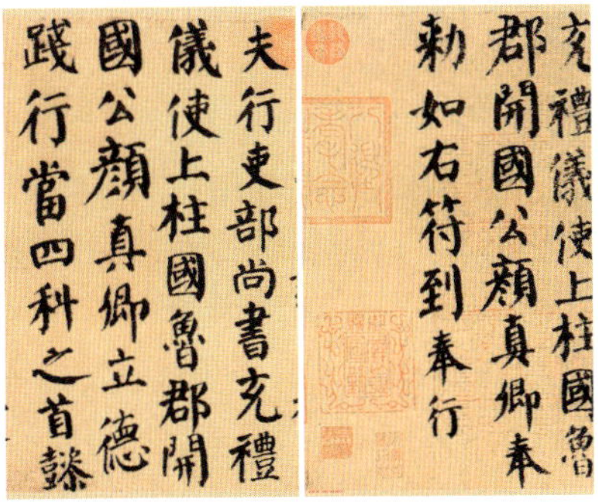

颜真卿书法

颜鲁公祠

"诗圣"——杜甫

杜甫（712—770），唐代伟大的现实主义诗人，字子美，自号少陵野老，祖籍襄州襄阳（今湖北襄阳），出生于巩县（今河南巩义），诗艺精湛，被尊称为"诗圣"。20岁时，杜甫到金陵，在瓦官寺结识金陵书生许登，许登将顾恺之《维摩诘居士像》摹本赠送给杜甫。20多年后，杜甫在长安与许登相遇，作《送许八拾遗归江宁觐省》相赠，表达了对当年漫游金陵的眷恋。

杜甫

送许八拾遗归江宁觐省，甫昔时尝客游此县，于许生处乞瓦棺寺维摩图样，志诸篇末

杜　甫

诏许辞中禁，慈颜赴北堂。圣朝新孝理，祖席倍辉光。
内帛擎偏重，宫衣着更香。淮阴清夜驿，京口渡江航。
春隔鸡人昼，秋期燕子凉。赐书夸父老，寿酒乐城隍。
看画曾饥渴，追踪恨淼茫。虎头金粟影，神妙独难忘。

"诗豪"——刘禹锡

刘禹锡（772—842），中唐诗人，字梦得，彭城（今江苏徐州）人，祖籍洛阳，与柳宗元并称"刘柳"，与韦应物、白居易合称"三杰"，有"诗豪"之称。刘禹锡有多篇金陵诗作，其名作《西塞山怀古》《石头城》《乌衣巷》千载传诵，脍炙人口。

刘禹锡

石头城

刘禹锡

山围故国周遭在，潮打空城寂寞回。

淮水东边旧时月，夜深还过女墙来。

杜牧

晚唐“小李杜”之一——杜牧

杜牧（803—约852），晚唐诗人，字牧之，号樊川居士，京兆万年（今陕西西安）人，与李商隐并称“小李杜”。杜牧一生数次来到金陵，会昌六年（846），杜牧夜泊秦淮，听到岸上酒家女子歌唱陈后主的《玉树后庭花》，不禁叹古伤今，写下著名诗篇《泊秦淮》。

泊秦淮

杜　牧

烟笼寒水月笼沙，夜泊秦淮近酒家。

商女不知亡国恨，隔江犹唱《后庭花》。

江南春

杜　牧

千里莺啼绿映红，水村山郭酒旗风。

南朝四百八十寺，多少楼台烟雨中。

金陵八景·秦淮渔笛（明人绘）

花间词派鼻祖——温庭筠

温庭筠

温庭筠（约812—866），本名岐，晚唐著名诗人词人，字飞卿，太原祁（今山西祁县）人。其诗与李商隐齐名，时称“温李”；其词的艺术成就在晚唐诸词人之上。他一生大多在外地游历，在南京创作有《谢公墅歌》《江南曲》等名篇。

谢公墅歌　　温庭筠

朱雀航南绕香陌，谢郎东墅连春碧。鸠眠高柳日方融，绮榭飘飖紫庭客。
文楸方罫花参差，心阵未成星满池。四座无喧梧竹静，金蝉玉柄俱持颐。
对局含情见千里，都城已得长蛇尾。江南王气系疏襟，未许苻坚过淮水。

晚唐“小李杜”之一——李商隐

李商隐（813—858），晚唐著名诗人，字义山，号玉溪生、樊南生，祖籍怀州河内（今河南沁阳），生于河南荥阳。其诗歌成就很高，与杜牧合称“小李杜”。大中十一年（857），李商隐任盐铁推官，宦游金陵，写下《南朝》《咏史》等诗作。

南朝　　李商隐

玄武湖中玉漏催，鸡鸣埭口绣襦回。谁言琼树朝朝见，不及金莲步步来？
敌国军营漂木柹，前朝神庙锁烟煤。满宫学士皆颜色，江令当年只费才。

李商隐

金陵十八景·太平堤（明人绘）

韦庄

花间词派代表——韦庄

韦庄（约836—910），晚唐诗人，字端己，杜陵（今陕西西安）人。诗词均有名，为“花间词人”中的代表作家，与温庭筠并称“温韦”。到金陵后，他看到台城繁荣茂盛的自然景色和荒凉破败的历史遗迹，与六代繁华形成鲜明对比，于是作《台城》《金陵图》等诗慨叹。

台城

韦　庄

江雨霏霏江草齐，六朝如梦鸟空啼。
无情最是台城柳，依旧烟笼十里堤。

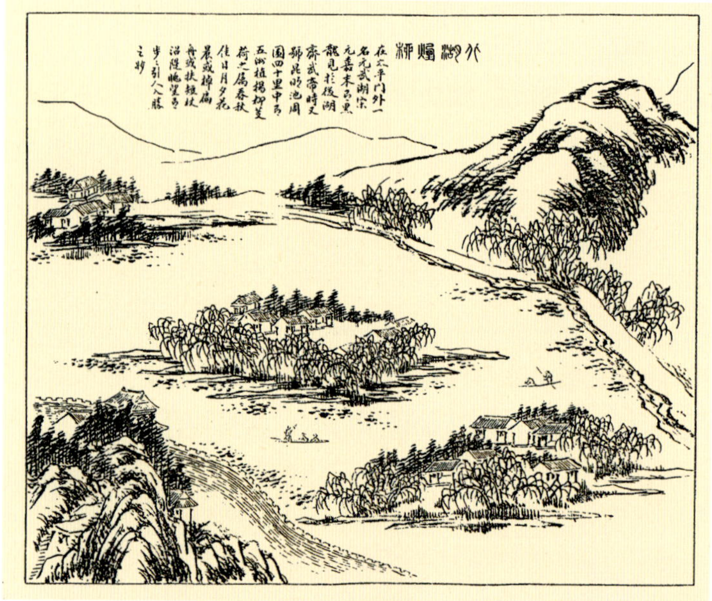

金陵四十八景·北湖烟柳（清人绘）

【金陵成语】

青梅竹马——语出唐代李白《长干行》：“郎骑竹马来，绕床弄青梅。”形容小儿女天真无邪游戏。现指男女幼年时亲密无间

两小无猜——语出唐代李白《长干行》。指男女小时候在一起玩耍，天真烂漫，没有猜疑。形容男女从小纯真的感情。

三山二水——语出唐代李白《登金陵凤凰台》：“三山半落青天外，二水中分白鹭洲。”泛指南京的山水。

【牛头宗诞生】

牛头宗是禅宗的一个分支，在禅学中又称牛头禅，诞生于唐贞观年间，创始人为栖霞寺第五代传人法融。法融（594—657），唐朝僧人，俗姓韦，润州延陵（今江苏丹阳）人。法融19岁入句容茅山从三论宗僧炅法师剃度。唐贞观十年（636），他来到位于今江宁区的牛首山，精研佛法，先后移居佛窟寺（南唐时改名“弘觉寺”）、幽栖寺，创立了沟通三论学与禅学佛理的牛头禅。显庆二年（657）寂于建初寺。牛头宗的诞生对后来禅宗的兴起和南禅学说的创立产生了重大影响。

法融

牛头宗祖师法融驯兽

【弘觉寺】

弘觉寺位于今江宁区牛首山上，始建于萧梁天监二年（503），初名“佛窟寺”。唐贞观年间，法融在此创牛头宗。五代南唐时改名“弘觉寺”。清代，为避乾隆帝弘历名讳，改称“宏觉寺”。咸丰年间毁于战火，同治年间重建。民国初年易名“普觉寺”。1950年恢复宏觉寺名。“文化大革命”中，大殿、禅堂遭毁，现仅存弘觉寺塔及摩崖石刻，2002年列为江苏省文物保护单位。

牛首山弘觉寺（明版画）

牛首山东峰南坡的弘觉寺塔，重建于明正统年间

隋唐时期南京名著

书　名	时　代	编撰者
《梁书》	隋	姚　察（533—606）
《陈书》		姚思廉（557—637）
《梁史》		许善心（558—618）
《晋书》	唐	房玄龄（579—648）
《建康实录》		许　嵩（生卒年不详）
《南史》		李延寿（生卒年不详）
《王昌龄集》		王昌龄（698—756）
《李太白集》		李　白（701—762）

中朝风采　南唐

南唐（937—975），十国之一。唐朝灭亡之后，中国进入五代十国时期。升元元年（937），李昪代吴称帝，国号齐，建都江宁，升元三年（939）改国号为唐，史称南唐。南唐一度采取“保境安民”策略，兴农助桑，轻徭薄赋，经济文化空前繁荣。“中外寝兵，耕织岁滋，文物彬焕，渐有中朝之风采”。南唐全盛时期的疆域包括今江苏、安徽淮河以南、江西、湖南、湖北东部、福建，为五代时期我国东南地区的政治、经济、军事和文化中心。开宝九年（976），南唐为北宋所灭，历3主，39年。

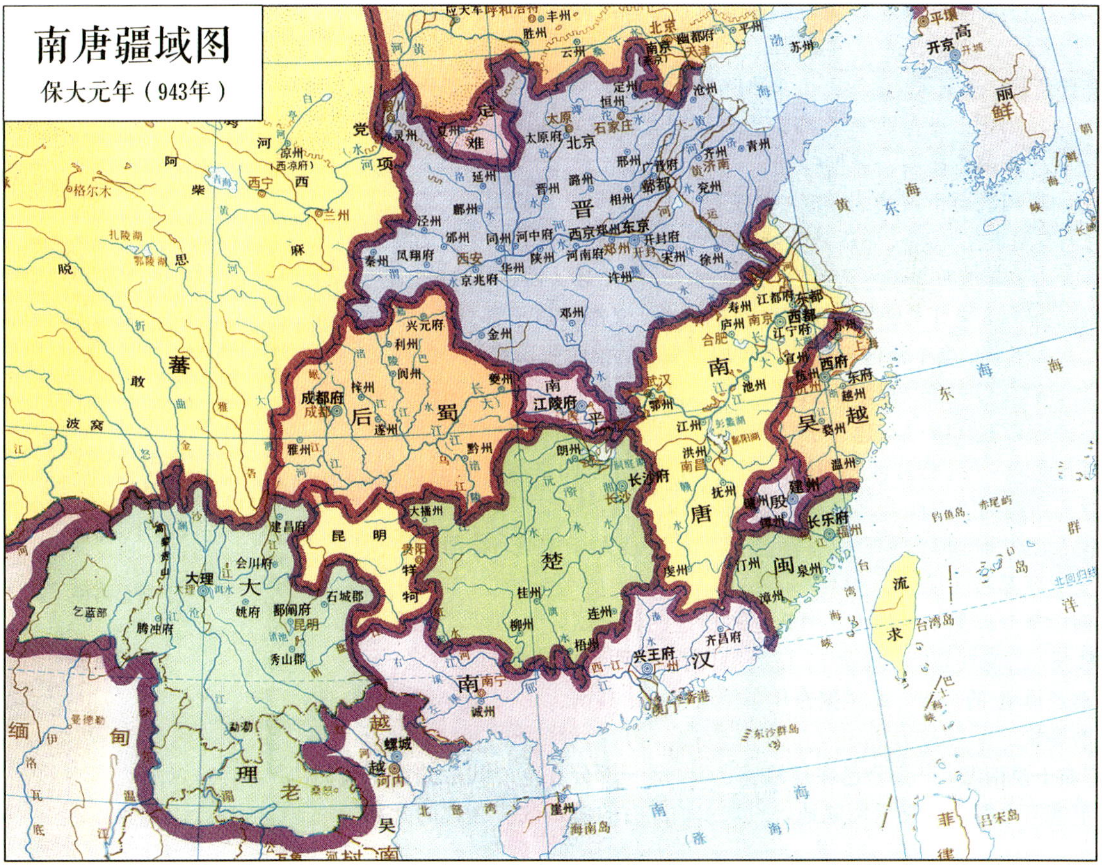

南唐疆域图（中国地图出版社《简明中国历史地图集》）

南唐年表

帝　王	在位时间	年　号	都　城
烈祖　李 昪	937—943	升元	江宁府
元宗　李 璟	943—961	保大　中兴　交泰	
后主　李 煜	961—976		

— 国都江宁 —

【政区建置】

五代十国时期，今南京地区先为杨吴西都金陵，后为南唐国都江宁府。

杨吴武义二年（920），改升州大都督府为金陵府，辖上元、江宁、句容、溧水、溧阳5县。大和七年（935），吴帝封徐知诰（后改名徐诰、李昪）为齐王。次年，以金陵府为西都，广陵为东都。

升元元年（937），齐王徐知诰改西都金陵府为江宁府，代吴称帝，国号齐，建都江宁府。升元三年（939），改国号为唐，史称南唐。

南唐国都江宁府，为五代时期中国南方的政治、经济、文化中心，地域最广时，辖上元、江宁、句容、溧水、溧阳、广德、芜湖、铜陵、繁昌、青阳10县。升元元年（937）至保大六年（948）12年间，江北六合县隶属江宁府，国都江宁府一度形成了跨江而治的格局。

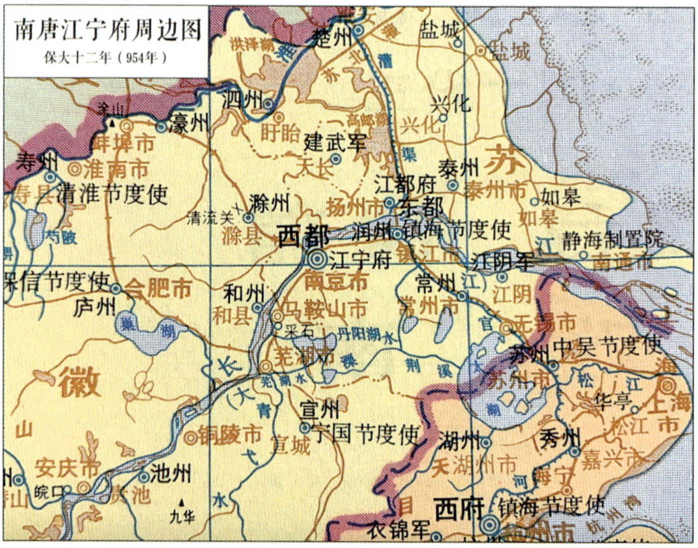

南唐江宁府周边图（中国地图出版社《中国历史地图集》）

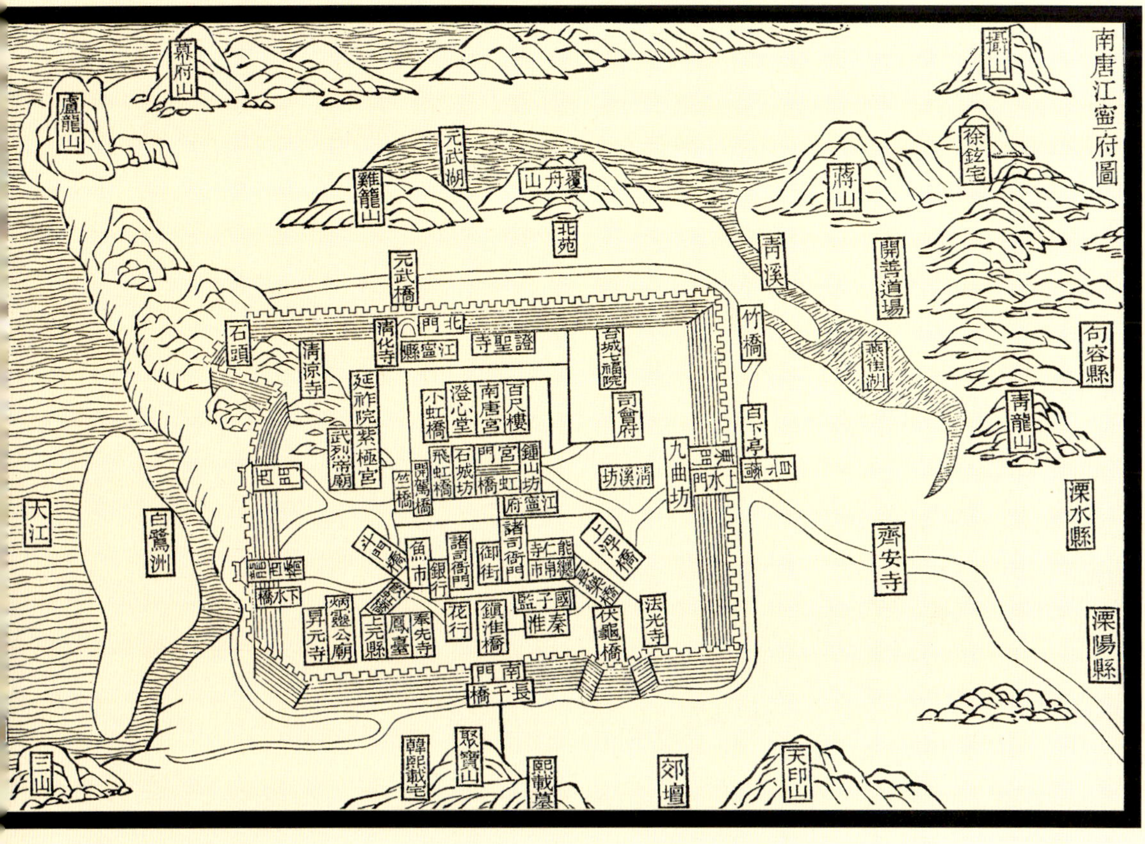

南唐江宁府图（明人绘）

【都城建设】

南唐立都江宁府后，隋唐以来一度冷落的南京城进入了复兴时期。江宁、上元两县同城而治，开启了六朝之后金陵都城的重建工程，城市建设取得突破性进展。

国都江宁府城始建于杨吴天祐十一年（914），此后61年间先后有过5次规模较大的兴修。南唐都城南起南门（今中华门），北迄北门桥（今珠江路西段南侧），东自东门外（今大中桥），西抵龙光门（今水西门）和西门（今汉中门），为南北略长、东西略短的不规则方形，周长约14公里，城门8座。都城西、南二面以外秦淮河为护城河，北面护城河沿今太平桥、浮桥、北门桥、干河沿、乌龙潭，向西汇外秦淮河入长江，东面则另开城濠，连通东吴所凿的东渠青溪，史称“杨吴城濠”。

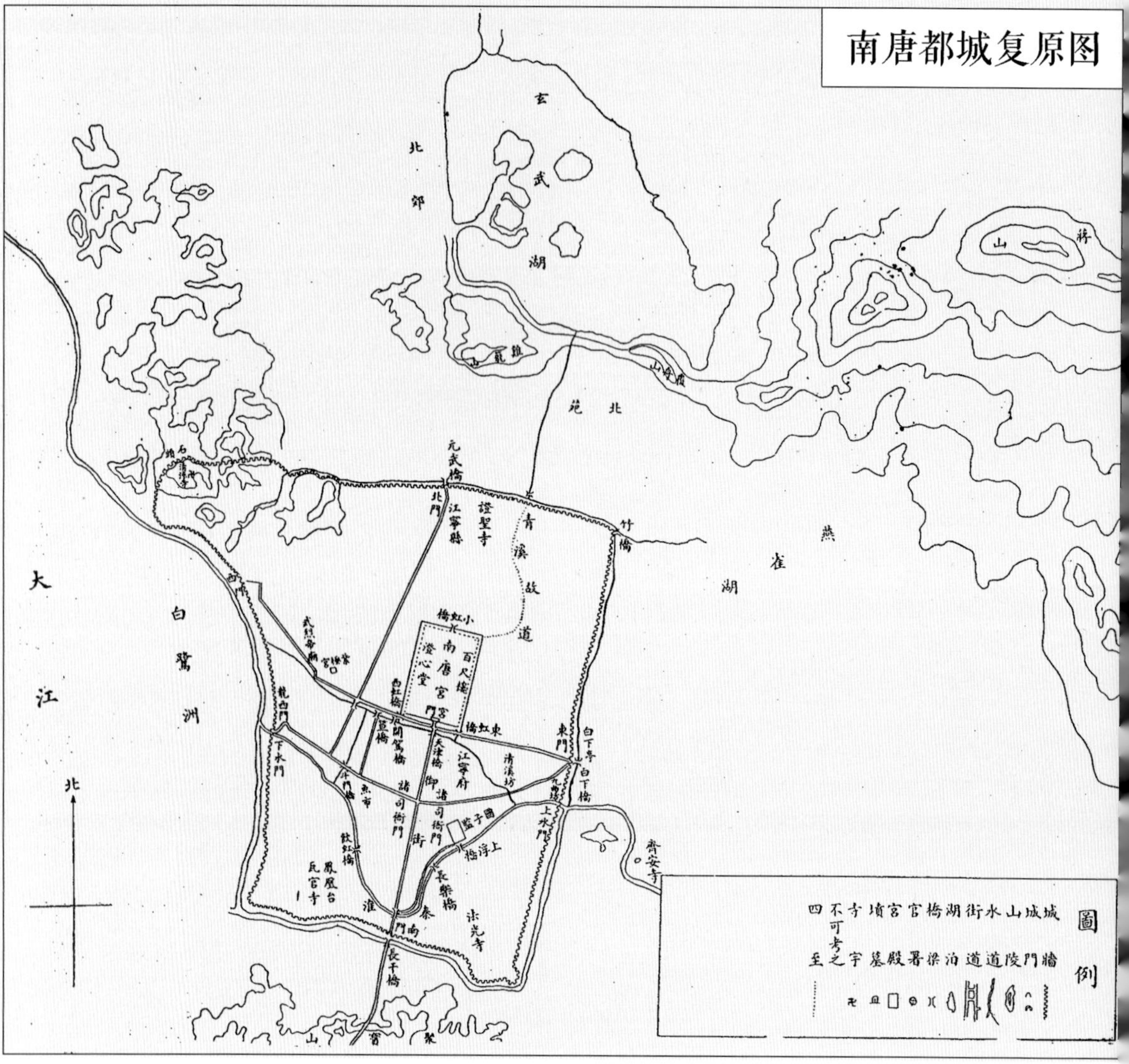

南唐都城复原图

南唐都城突破了六朝建康城的格局，将六朝建康宫城、东府城、西州城，以及秦淮河下游两岸的市场和居民区全部包罗在内，改变了建康城政治区、工商业区和居民区分离的状况。宫城位于都城的中部偏北，周长约2600米，有东、西、南三门，无北门。宫城南门至都城南门之间的御街两侧分布有中央官署。

南唐都城和宫城的建设奠定了明朝南京城的基础。明朝南京城的城西、城南部分基本上因袭了南唐时期的格局。南唐御街，即从今内桥到今中华门之间的中华路，成为南京城南的中轴线，延续至今仍未改变。

— 历史成就 —

【南唐词】

南唐词，是指以南唐二主李璟、李煜父子和宰相冯延巳为代表的词人词作。南唐词境界开阔，情致缠绵，有富贵典雅之致、忧患感伤之意、主观情性之美、疏朗清畅之调，以其独特魅力独领一代风骚。

小楼吹彻玉笙寒——李璟词

李璟（916—961），南唐中主，字伯玉，原名景通。升元七年（943），李璟继位，后因受到后周威胁，削去帝号，改称国主。李璟好读书，多才艺，具有较高文学艺术修养。其词感情真挚，风格清新，语言不事雕琢，对南唐词坛产生过一定影响。存词4首，其《浣溪沙》中的“小楼吹彻玉笙寒”是流芳千古的名句。

李璟

摊破浣溪沙 　　李　璟

菡萏香销翠叶残，西风愁起绿波间。还与韶光共憔悴，不堪看！　细雨梦回鸡塞远，小楼吹彻玉笙寒。多少泪珠无限恨！倚阑干。

恰似一江春水向东流——李煜词

李煜（937—978），南唐后主，擅长书画、音乐、诗文，尤工词。其词以亡国为界，分为前期与后期，风格迥异。前期词反映的大多是宫廷生活，风格柔靡。后期词多抒发亡国之痛，意境深远，感情真挚。李煜被称为“一代词帝”。他继承花间派词人传统，但在词的题材和意境方面有所突破。王国维说：“词至李后主而眼界拓大，感慨遂深，遂变伶工之词而为士大夫之词。”李煜传世词有30余首，代表作有《虞美人》《破阵子》等。

李煜

虞美人 　　李　煜

春花秋月何时了？往事知多少。小楼昨夜又东风，故国不堪回首月明中。　雕栏玉砌应犹在，只是朱颜改。问君能有几多愁？恰似一江春水向东流。

冯延巳

吹皱一池春水——冯延巳词

冯延巳（903—960），南唐词人，字正中，广陵（今江苏扬州）人，中主李璟时为翰林学士、户部侍郎等。冯延巳曾两度为相，两度被罢。他能诗善文，尤以词见长。其词文辞清丽，善于以景见情，有较高艺术成就。代表作《谒金门》中的“风乍起，吹皱一池春水”为千古名句。冯延巳是传世作品最多的南唐词人，其《阳春集》收词120首。

谒金门 **冯延巳**

风乍起，吹皱一池春水。闲引鸳鸯香径里，手挼红杏蕊。 斗鸭阑干独倚，碧玉搔头斜坠。终日望君君不至，举头闻鹊喜。

【南唐画】

南京最早画院——南唐画院

南唐是中国绘画史上的繁盛时期。南唐保大元年（943），中主李璟在金陵设立了翰林图画院，史称“南唐画院”，为南京最早的画院。画院中，著名画家顾闳中、周文矩、董源、王齐翰、卫贤、赵干等云集于此，组成了缤纷瑰丽的南唐画坛。南唐画院培养造就了一批画家，对宋代绘画艺术的发展起到一定作用。

稀世珍品——《韩熙载夜宴图》

《韩熙载夜宴图》，南唐顾闳中作。顾闳中（约910—980），后主时任画院待诏，工人物，善描摹神情意态。《韩熙载夜宴图》为设色绢本，纵28.7厘米，横335.5厘米，以手卷形式表现听乐、观舞、休息、清吹及宴散5段场景。表现技法精湛，人物栩栩如生，生动再现了南唐显贵韩熙载政治失意后纵情声色的宴乐生活，代表了五代时期人物画最高成就。该画现藏北京故宫博物院。

顾闳中《韩熙载夜宴图》

人物画杰作——《勘书图》

《勘书图》，南唐王齐翰作。王齐翰（生卒年不详），江宁人，后主李煜时为翰林待诏，工人物，笔法细致大方。《勘书图》为设色绢本，纵28.4厘米，横65.7厘米，因画中勘书人作挑耳状，亦名《挑耳图》。画中人物、屏风山水，笔墨细润清丽。上有宋徽宗墨题“勘书图，王齐翰妙笔”，由此定名。卷后有宋代苏轼、苏辙，以及明代董其昌等人题跋。该画现藏南京大学。

王齐翰《勘书图》

传世名画——《重屏会棋图》

《重屏会棋图》由南唐周文矩作。周文矩（生卒年不详），句容（今江苏句容）人，后主时任翰林待诏，工画人物，尤擅仕女，兼画楼观、山林、泉石和佛道宗教画。《重屏会棋图》描绘南唐中主李璟与其弟景遂、景达、景过会棋情景。人物容貌写实，个性迥异。衣纹细劲曲折，略带顿挫抖动。四人身后屏风上画白居易“偶眠”诗意，其间又有一扇山水小屏风，故画名曰“重屏”。现藏北京故宫博物院。

周文矩《重屏会棋图》

传世名画——《高士图》

《高士图》由南唐卫贤作。卫贤（生卒年不详），长安（今陕西西安）人，后主时为内廷供奉，初师尹继昭，后宗吴道子，集人物画家、界画家、山水画家于一身，被称作唐以来第一能手。《高士图》以人物为主题，纵135厘米，横52.5厘米，绢本，淡设色，画东汉梁鸿、孟光夫妇“相敬如宾，举案齐眉”之故事，全图山石浑厚，树木茂密，干笔点苔，皴染精到，结构严谨，具有较高艺术价值。现藏北京故宫博物院。

卫贤《高士图》

山水画流派——“董巨”画派

南唐山水画家首推董源和巨然，世称“董巨”。“董巨”画派是五代南方山水画的主要流派，在中国山水画史上影响深远。

董源（？—约962），字叔达，钟陵（今江西进贤）人，中主李璟朝时任北苑副史。他善画山水，开创了平淡天真的江南画派特有风格，成为南方山水画派之祖。代表作有《龙宿郊民图》《寒林重汀图》《溪岸图》等。

董源《溪岸图》

巨然《层峦丛树图》

巨然（生卒年不详），僧人，早年在江宁开元寺出家，南唐亡国后，随李煜来到汴京，"董巨"一派的画风也随之入宋。巨然师法董源，擅山水，对后代山水画有极大影响。传世之作有《秋山问道图》《万壑松风图》《层峦丛树图》等。

山水画名作——《江行初雪图》

《江行初雪图》由南唐赵干作。赵干（生卒年不详），江宁人，后主时为画院学生，善画山水林木，多作江南景物。《江行初雪图》卷，绢本，设色，纵25.9厘米，横376.5厘米，描绘叶落雪飘、北风呼啸时节江岸渔村渔民捕鱼之艰辛生活，用笔方硬劲挺，水纹纤细流利，笔法生动活泼，气韵苍润高古，人物形象生动。现藏台北故宫博物院。

赵干《江行初雪图》

花鸟画名作——《雪竹图》

南唐花鸟画家以徐熙最有代表性。徐熙（生卒年不详），江宁人。他独创"落墨"法，擅画花木水鸟、虫鱼蔬果，所画禽鸟，形骨清秀脱俗，其写花木，浓墨粗笔，稍施杂彩，人称"落墨花"，与后蜀黄筌的花鸟画为五代两大流派，时人评述"黄家富贵，徐熙野逸"。代表作《雪竹图》，现藏上海博物馆。

徐熙《雪竹图》

【宗教文化】

法眼宗问世

法眼宗是中国佛教禅宗的一个分支，创始人是南唐时期的文益禅师。文益（885—958），俗姓鲁，号无相，余杭（今浙江杭州）人。他7岁出家，20岁受戒，从希觉学律，后得桂琛禅师点化，在南京觉悟佛法，终成一代宗师。文益晚年受南唐烈祖李昪敬重，先后在南京报恩禅院、清凉寺开堂接众。他以般若中观不二法门的思辨义理为思想基础，结合禅宗禅理，创立法眼宗。后周显德五年（958）圆寂，享年74岁，葬江宁县无相塔，中主李璟赐谥号“大法眼禅师”。

文益禅师

法眼宗祖庭——清凉寺

清凉寺位于今鼓楼区清凉山上，始建于唐中和四年（884），杨吴顺义三年（923）大丞相徐温重建，名兴教寺。南唐时元宗李璟扩建为清凉大道场，石头山因而改称清凉山。北宋时改称清凉广惠禅寺。明洪武三十五年（1403），改额“清凉陟寺”，后清凉寺名沿用至今。清凉寺是南唐重要的宗教活动场所，文益禅师长期居住在寺内，所创法眼宗由此传至国外，清凉寺成为法眼宗祖庭。

清凉寺全景（明版画）

清凉古寺今貌

【金陵成语】

不堪回首　干卿何事　探囊取物　天上人间　解铃还须系铃人

卧榻之侧岂容他人鼾睡

不堪回首——语出南唐后主李煜词《虞美人》："小楼昨夜又东风，故国不堪回首月明中。"形容境遇或思想大变后对往昔的感慨

解铃还须系铃人——语出明代瞿汝稷《指月录》记载的南唐清凉寺法灯禅师妙答虎颈解铃故事。比喻谁惹出的问题，仍由谁去解决

南唐时期南京传世名著

书　名	编撰者	书　名	编撰者
《宗门十规论》	文　益（885—958）	《说文解字系传》	徐　锴（920—974）
《阳春集》	冯延巳（903—960）	《李煜词集》	李　煜（937—978）
《古今国典》	徐　铉（916—991）	《金华子》	刘崇远（生卒年不详）
《徐公文集》		《中朝故事》	尉迟偓（生卒年不详）
《稽神录》			

— 历史遗存 —

南唐二陵

南唐二陵位于今江宁区祖堂山西南麓，是南唐先主李昪和中主李璟的陵墓，为五代十国时期规模最大的帝王陵墓。李昪及其皇后宋氏的合葬陵居东，为钦陵。李璟及其皇后钟氏的合葬陵居西，为顺陵。二陵依山为陵，冈阜环抱，形势甚佳。1950年由南京博物院组织发掘。墓室内梁、柱、枋、斗栱上的彩画是国内现存最早的施于建筑物梁枋上的彩画遗迹，在建筑史和艺术史上都具有很高价值。墓中出土的玉哀册、男女宫中侍从俑和舞俑，以及各种动物俑，为南方唐宋墓中所罕见。1988年列为全国重点文物保护单位。

南唐二陵及祖堂山全景

钦陵

顺陵

南唐人首鱼身俑

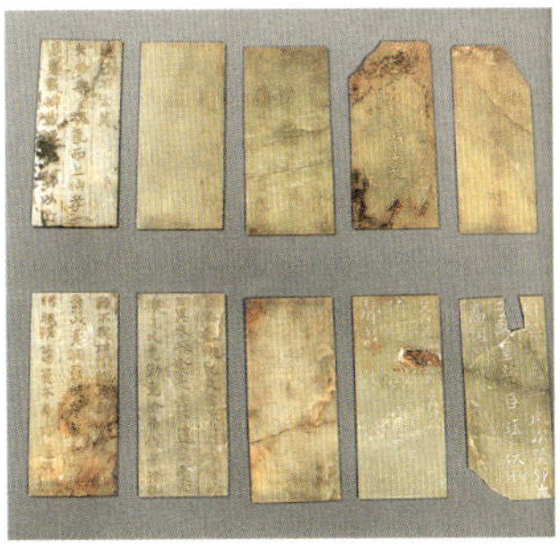

钦陵出土的玉哀册

钦陵出土的女陶俑

栖霞寺舍利塔

栖霞寺舍利塔位于南京栖霞寺东，始建于隋文帝仁寿元年（601）。舍利塔原为五层方形木塔，毁于唐武宗会昌灭佛期间，现存石塔系南唐时期重建。塔为密檐式，5级8面，分塔座、塔身和塔刹3部分，高18米，白色石灰岩石砌造。塔的整体结构紧凑，雕饰华美，为中国佛塔艺术的精品之作，是中国最大的舍利塔。1988年列为全国重点文物保护单位。

栖霞寺舍利塔

杨吴城濠

杨吴城濠遗址位于今南京主城区内，为杨吴时期重建金陵府城时，后来的南唐烈祖李昪开凿的护城河。扩建后的南唐金陵城，将今天的内秦淮河一段包入城内，沿城周开濠25里（1里约为552.96米），史称“杨吴城濠”。历经数代变迁，至今尚存的城濠北段，在珠江路承珍珠河、进香河来水，在小营附近折向南流，到通济门附近与内秦淮河相连接，即今北门桥—竺桥—逸仙桥—复成桥—大中桥段。

杨吴城濠今貌

南唐城墙遗址

南唐城墙遗址位于今秦淮区江宁路南端东侧。2001年，工作人员在城墙维修过程中，在武定门至雨花门之间的明代城墙东南转角内侧土岗上，发现大型实砌砖构墩台，东西长超过15米，南北宽近8米，残高1.6米，遗迹南侧部分墙体被叠压在明城墙下，经考古发掘确认为南唐城墙伏龟楼基址。伏龟楼建于南唐，是城墙的拐角，其作用一是军事防御，一是登高观景。伏龟楼在宋代被誉为“金陵第一胜境”。2006年南唐城墙遗址被列为南京市文物保护单位。

南唐都城伏龟楼遗址

北宋江宁·南宋建康

北宋江宁

建隆元年（960），赵匡胤在陈桥驿发动兵变，建立宋朝，定都开封，史称北宋。开宝九年（976），北宋灭南唐，改南唐江宁府为升州，以南唐旧宫为治所，辖上元、江宁、句容、溧水、溧阳5县。

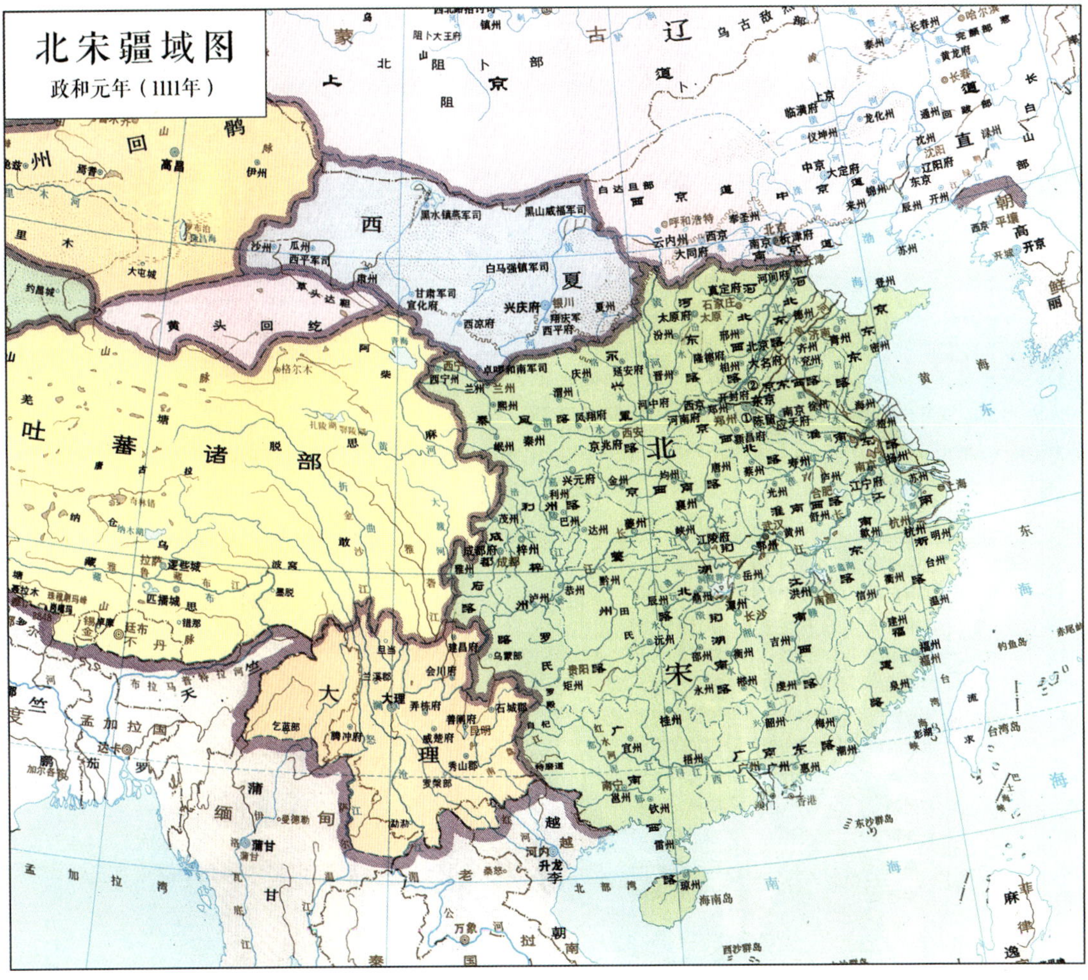

北宋疆域图（中国地图出版社《简明中国历史地图集》）

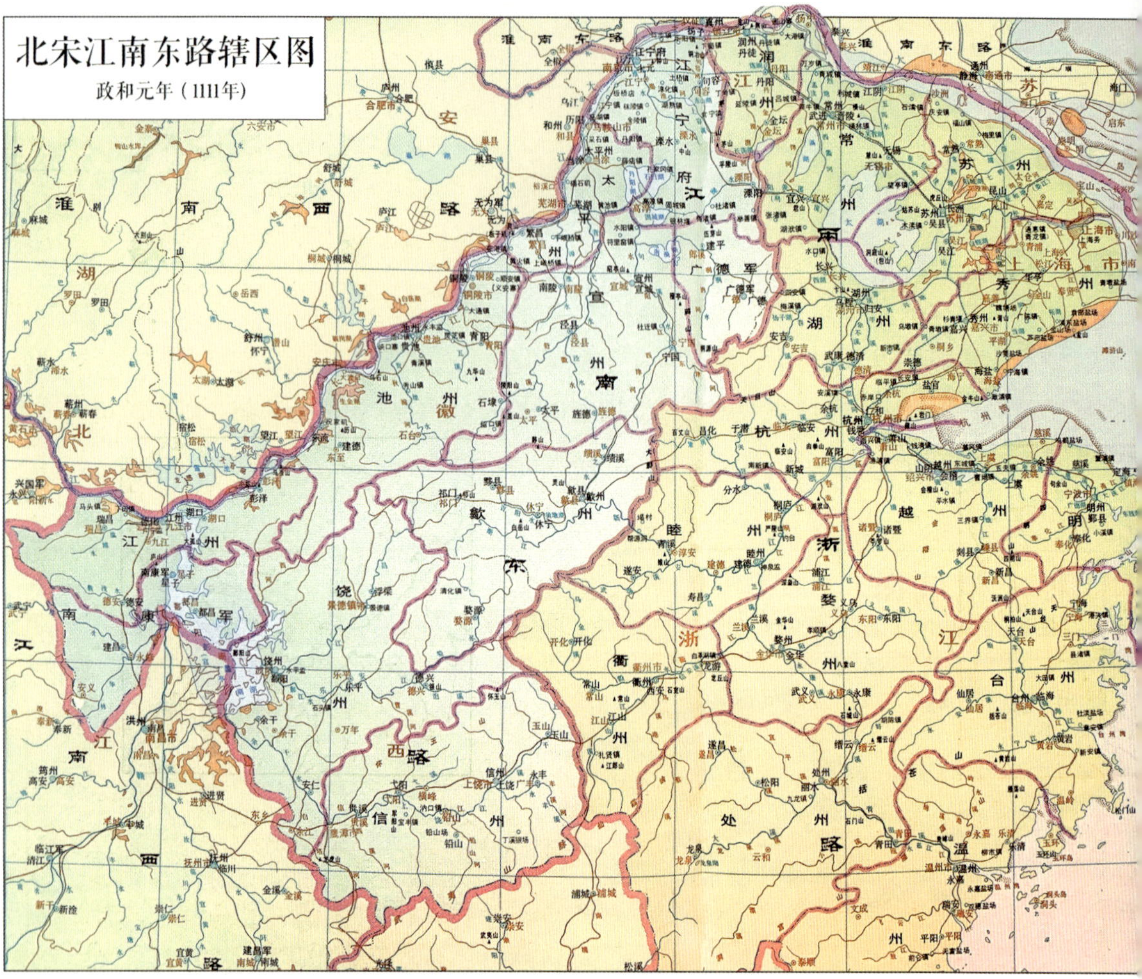

北宋江南东路辖区图（中国地图出版社《中国历史地图集》）

宋仁宗

天禧二年（1018），改升州为江宁府，封皇子赵祯为王，兼任江宁府尹。4年后，赵祯继位为帝，是为仁宗，以江宁为其“龙兴之地”。

宋代实行路州县三级管理体制，江宁府为江南东路的首府。江南东路管辖今江苏、安徽两地长江以南的1府、6州、2军、68县。

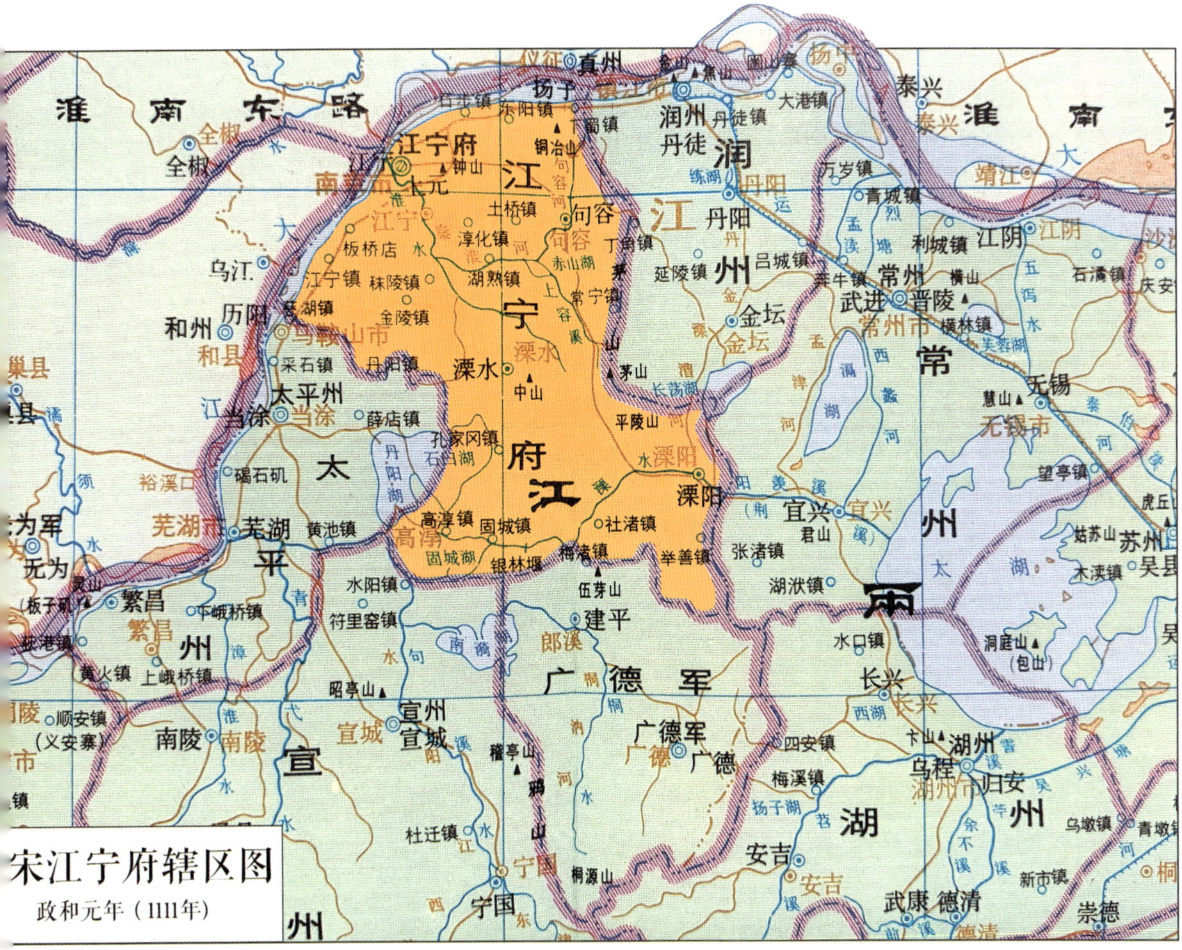

北宋江宁府辖区图

北宋时期，全国经济重心南移，江南地区的经济进入了繁荣时期。位居江南中心的南京，为江南重镇，是东南地区的政治、经济、文化中心，地位十分重要。著名政治家王安石曾以宰相之位三任江宁知府。著名“清官”包拯，曾于1056年任职江宁府尹4个月，后奉调入京任开封府尹。著名文学家周邦彦、苏轼、秦观等都曾到过南京。

【历史人物】

王安石

中国11世纪时的改革家——王安石

王安石（1021—1086），北宋政治家、文学家，字介甫，号半山，抚州临川（今江西抚州）人。他推行维新变法，被列宁称作“中国11世纪时的改革家”，三任江宁知府，两度辞相后又退居江宁，在江宁前后生活近20年，病逝后葬于钟山脚下。其住所半山园因坐落在江宁府城东门与钟山的正中间，故名。存世文集有《王文公文集》《临川先生文集》等，有关南京的诗词作品近300首，著名的有《泊船瓜洲》《桂枝香·金陵怀古》等。

泊船瓜洲　　王安石

京口瓜洲一水间，钟山只隔数重山。春风又绿江南岸，明月何时照我还？

桂枝香·金陵怀古　　王安石

登临送目，正故国晚秋，天气初肃。千里澄江似练，翠峰如簇。归帆去棹斜阳里，背西风、酒旗斜矗。彩舟云淡，星河鹭起，画图难足。　念往昔、繁华竞逐，叹门外楼头，悲恨相续。千古凭高对此，漫嗟荣辱。六朝旧事随流水，但寒烟、衰草凝绿。至今商女，时时犹唱，《后庭》遗曲。

苏轼

宋代文学巨匠——苏轼

苏轼（1037—1101），北宋文学家、书画家。字子瞻，又字和仲，号东坡居士，眉州眉山（今四川眉山）人。宋嘉祐年间进士。他曾任杭州通判、知州、礼部尚书等职，善诗文词书法，堪称全才。1084年，苏轼来到江宁，留下诗作《同王胜之游蒋山》和词作《渔家傲》等。

同王胜之游蒋山　　苏轼

到郡席不暖，居民空惘然。好山无十里，遗恨恐他年。欲款南朝寺，同登北郭船。朱门收画戟，绀宇出青莲。夹路苍髯古，迎人翠麓偏。龙腰蟠故国，鸟爪寄层巅。竹杪飞华屋，松根泫细泉。峰多巧障日，江远欲浮天。略彴横秋水，浮图插暮烟。归来踏人影，云细月娟娟。

渔家傲　　苏轼

金陵赏心亭送王胜之龙图。王守金陵，视事一日，移南郡。

千古龙蟠并虎踞，从公一吊兴亡处。渺渺斜风吹细雨，芳草渡，江南父老留公住。　公驾飞车凌彩雾，红鸾骖乘青鸾驭。却讶此洲名白鹭，非吾侣，翩然欲下还飞去。

婉约派一代词宗——秦观

秦观

秦观（1049—1100），北宋词人，与黄庭坚、张耒、晁补之合称“苏门四学士”，字少游，号淮海居士，扬州高邮人，元丰八年（1085）进士，曾任主簿、编修官等职，代表作有《鹊桥仙》《满庭芳》等。他曾多次出游江宁，作品有《还自汤泉十四韵》《木兰花慢》等。

木兰花慢　　秦观

过秦淮旷望，迥萧洒，绝纤尘。爱清景风蛩，吟鞭醉帽，时度疏林。秋来政情味淡，更一重烟水一重云。千古行人旧恨，尽应分付今人。　渔村，望断衡门。芦荻浦，雁先闻。对触目凄凉，红凋岸蓼，翠减汀蘋。凭高正千嶂黯，便无情到此也销魂。江月知人念远，上楼来照黄昏。

苏门四学士之一——张耒

张耒

张耒（1054—1114），北宋文学家，字文潜，号柯山，人称宛丘先生、张右史，楚州淮阴（今江苏淮安）人，熙宁年间进士，曾任临淮主簿、太常少卿等职，后受牵连数遭贬谪。他擅长诗词，为苏门四学士之一，诗学白居易、张籍，著有《张右史文集》。

怀金陵三首（其三） 张　耒

曾作金陵烂漫游，北归尘土变衣裘。

芰荷声里孤舟雨，卧入江南第一州。

周邦彦

婉约词之集大成者——周邦彦

周邦彦（1056—1121），北宋词人，字美成，号清真居士，钱塘（今浙江杭州）人，元祐八年（1093），任溧水县令，徽宗时官至提举大晟府。他在溧水任职期间，曾于县署后院建“姑射亭”，政务之余，常在亭中小憩，作词释怀，作品有《西河·金陵怀古》《满庭芳·夏日溧水无想山作》等。

西河·金陵怀古 周邦彦

佳丽地，南朝盛事谁记？山围故国绕清江，髻鬟对起；怒涛寂寞打孤城，风樯遥度天际。　断崖树、犹倒倚。莫愁艇子曾系。空余旧迹郁苍苍，雾沉半垒。夜深月过女墙来，伤心东望淮水。　遗酒旗戏鼓甚处市？想依稀、王谢邻里。燕子不知何世，入寻常、巷陌人家相对，如说兴亡斜阳里。

南宋建康

靖康二年（1127），金军攻占开封，掠去宋徽宗、宋钦宗二帝，史称“靖康之难”，北宋灭亡。同年五月，康王赵构在应天府（今河南商丘）即位，是为宋高宗。建炎三年（1129），宋高宗渡江来到江宁，改江宁府为建康府（仍辖上元、江宁、句容、溧水、溧阳5县），建造行宫，准备以建康为都，后定都临安（今浙江杭州），建康为行都（又称陪都），其地位仅次于国都临安。

南宋疆域图（中国地图出版社《简明中国历史地图集》）

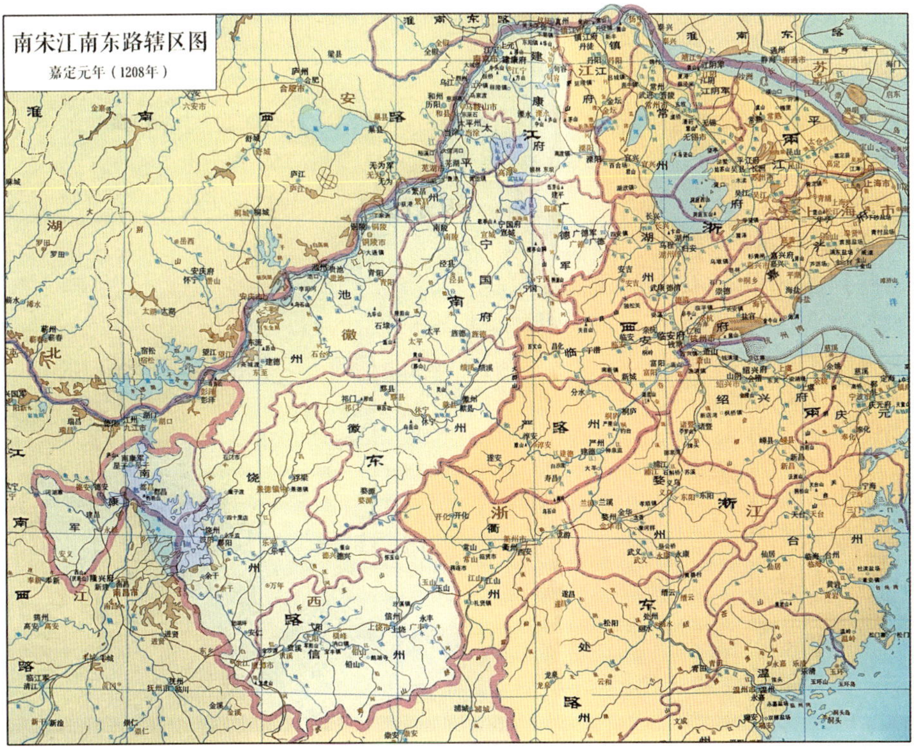

南宋江南东路辖区图（中国地图出版社《地图上的中国史》）

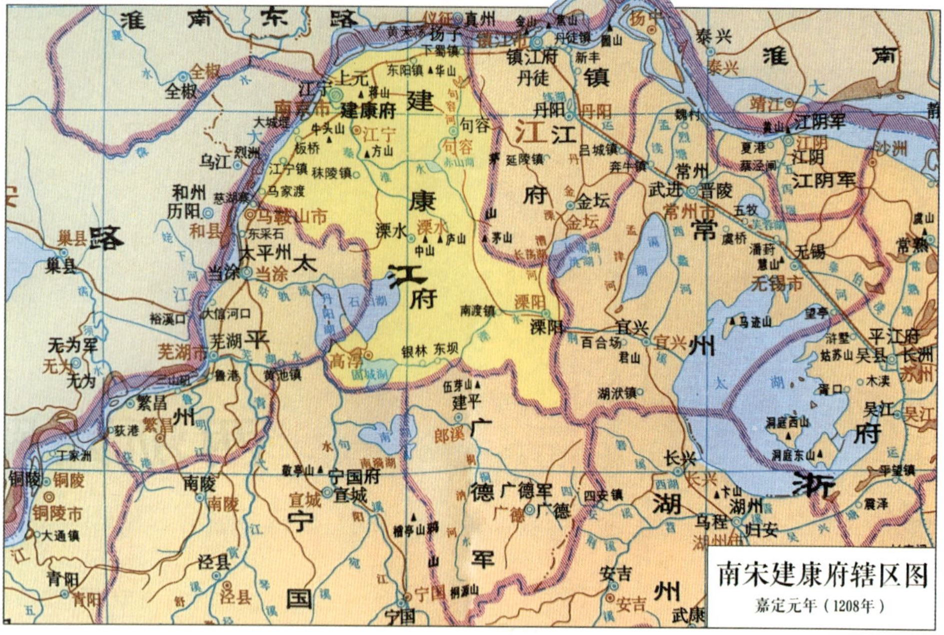

南宋建康府辖区图

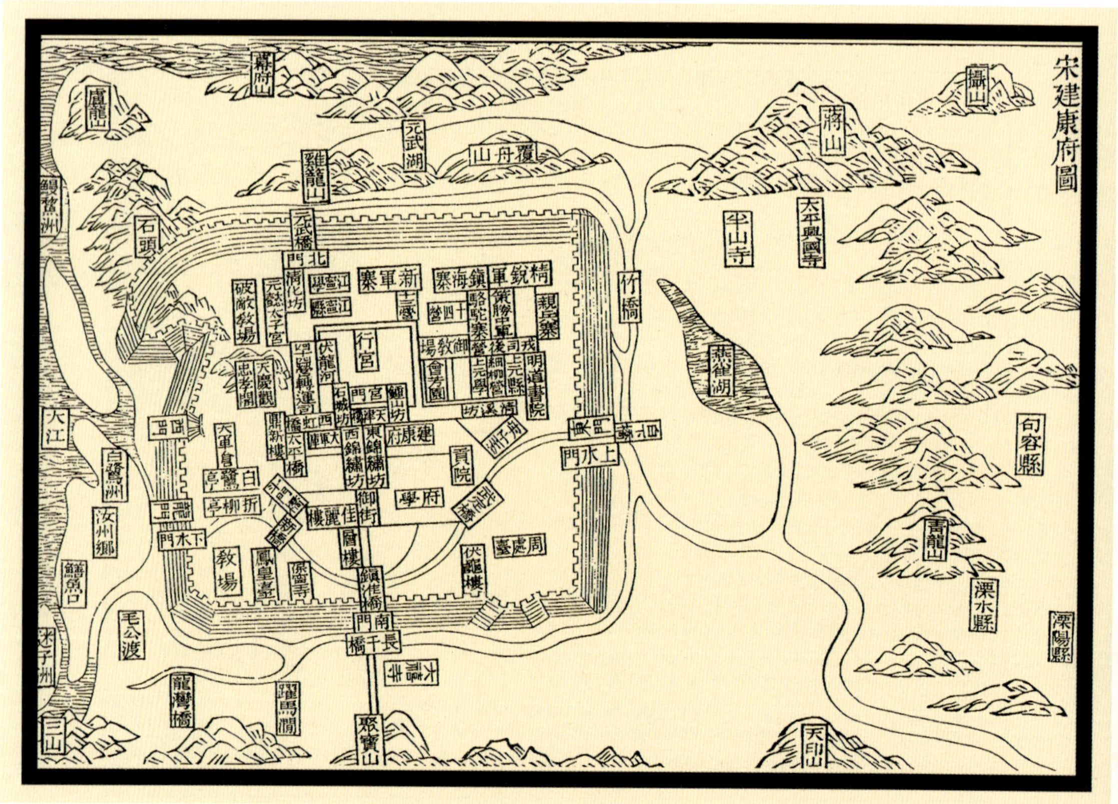

宋建康府图（明版画）

【牛首山大捷】

岳飞

公元1129年，宋王朝渡江来到江宁（今江苏南京），南下的金兵势不可当，建康城（今江苏南京）成为两军反复争夺的战略要地。公元1130年春，在南京沦陷半年后，宋军几大主力在建康附近集结，与金兵展开了决战。抗金名将岳飞（1103—1142）率“岳家军”在牛首山一带垒方石、设伏兵，将金军击溃，取得牛首山大捷。

牛首山今貌

牛首山位于建康府南郊，因山峰形似牛首而得名，其山势陡峭，地理形势险要，为兵家必争之地。牛首山大捷后，岳飞一举收复建康，金兵仓皇北渡。而韩世忠则率水军在镇江与建康之间的黄天荡江面加以拦截，金兀术仅以身免。建康城一役，南北军事力量的天平重新恢复到了一个平衡点，此后100多年，金兵再未萌生渡江之志。

【历史人物】

叶梦得

辛派词先驱——叶梦得

叶梦得（1077—1148），宋代词人，字少蕴，自号石林居士，吴县（今江苏苏州）人，出身文人世家，北宋绍圣四年（1097）进士，曾任翰林学士、户部尚书，南宋初期任江东安抚大使兼知建康府。他晚年隐居湖州弁山，有诗集《建康集》。

水调歌头　　叶梦得

九月望日，与客习射西园，余偶病不能射。

霜降碧天静，秋事促西风。寒声隐地初听，中夜入梧桐。起瞰高城回望，寥落关河千里，一醉与君同。叠鼓闹清晓，飞骑引雕弓。　岁将晚，客争笑，问衰翁：平生豪气安在？走马为谁雄？何似当筵虎士，挥手弦声响处，双雁落遥空。老矣真堪愧，回首望云中。

李清照

千古第一才女——李清照

李清照（1084—约1155），南宋女词人，婉约词派代表，自号易安居士，齐州章丘（今山东济南）人。金兵入据中原时，她追随丈夫赵明诚南下，于建炎二年（1128）抵达江宁，此后又辗转于浙江沿海及临安、婺州（今浙江金华）等地，数至建康，在江宁（建康）期间，留下不少诗作。后人辑有《李清照集》。

临江仙　　李清照

庭院深深深几许？云窗雾阁常扃。柳梢梅萼渐分明。春归秣陵树，人老建康城。　感月吟风多少事，如今老去无成。谁怜憔悴更凋零。试灯无意思，踏雪没心情。

陆游

南宋四大家之一——陆游

陆游（1125—1210），南宋诗人，与尤袤、杨万里、范成大并称“南宋四大家”，字务观，号放翁，越州山阴（今浙江绍兴）人，孝宗年间进士，官至宝章阁待制，晚年退居家乡。他一生曾数至建康，创作了众多诗文，著名的有《登赏心亭》《入蜀记》等。

登赏心亭　　陆　游

蜀栈秦关岁月遒，今年乘兴却东游。全家稳下黄牛峡，半醉来寻白鹭洲。黯黯江云瓜步雨，萧萧木叶石城秋。孤臣老抱忧时意，欲请迁都涕已流。

南宋四大家之一——范成大

范成大

范成大（1126—1193），南宋名臣、诗人，字致能，号石湖居士，平江吴县（今江苏苏州）人，淳熙八年（1181），出任建康知府。他诗作题材广泛，风趣幽隽，任职建康期间创作了《秦淮》《赏心亭再题》《望金陵行阙》等描写金陵的诗作。著有《石湖集》《吴船录》等。

望金陵行阙 **范成大**

圣代规模跨六朝，行宫台殿压金鳌。三山落日青鸾近，双阙清风紫凤高。
石虎蹲江蟠王气，玉麟涌地镇神皋。太平不用千寻锁，静听西城打夜涛。

南宋四大家之一——杨万里

杨万里

杨万里（1127—1206），南宋名臣、诗人，字廷秀，号诚斋，吉州吉水（今江西吉水）人，曾任国子博士、太常博士，吏部右侍郎等。绍熙元年（1190），他出任江东转运副使，署驻建康，为解决江东一带旱涝问题，组织筑堤修圩，开垦造田，得到时人广泛响应。其诗语言平易自然，构思新巧，时称“诚斋体”，有《诚斋集》。

登凤凰台 **杨万里**

千年百尺凤凰台，送尽潮回风不回。白鹭北头江草合，乌衣西面杏花开。
龙蟠虎踞山川在，古往今来鼓角哀。只有谪仙留句处，春风掌管拂蛛煤。

南宋豪放派词人——张孝祥

张孝祥

张孝祥（1132—1170），南宋词人，字安国，别号于湖居士，历阳乌江（今安徽和县）人，生于明州鄞县（今浙江宁波），绍兴二十四年（1154）状元，曾任中书舍人、直学士院等，隆兴元年（1163）任建康留守，英年早逝，葬今浦口区老山。他善诗文，尤工词，为“豪放派”代表作家，有《于湖居士文集》《于湖词》传世。

六州歌头　　张孝祥

长淮望断，关塞莽然平。征尘暗，霜风劲，悄边声。黯销凝。追想当年事，殆天数，非人力，洙泗上，弦歌地，亦膻腥。隔水毡乡，落日牛羊下，区脱纵横。看名王宵猎，骑火一川明。笳鼓悲鸣。遣人惊。　　念腰间箭，匣中剑，空埃蠹，竟何成！时易失，心徒壮，岁将零。渺神京。干羽方怀远，静烽燧，且休兵。冠盖使，纷驰骛，若为情。闻道中原遗老，常南望，翠葆霓旌。使行人到此，忠愤气填膺。有泪如倾！

辛弃疾

词中之龙——辛弃疾

辛弃疾（1140—1207），南宋豪放派词人，与苏轼并称“苏辛”，字幼安，号稼轩居士，历城（今山东济南）人，存词600多首。他一生力主抗金，多次任职建康，曾上《美芹十论》，建议迁都建康、停止向金朝纳贡。淳熙元年（1174），他至建康任江东安抚司参议官，作《游蒋山》《登建康赏心亭》等词作。

水龙吟·登建康赏心亭　　辛弃疾

楚天千里清秋，水随天去秋无际。遥岑远目，献愁供恨，玉簪螺髻。落日楼头，断鸿声里，江南游子。把吴钩看了，阑干拍遍，无人会，登临意。　　休说鲈鱼堪脍，尽西风，季鹰归未？求田问舍，怕应羞见，刘郎才气。可惜流年，忧愁风雨，树犹如此！倩何人、唤取红巾翠袖，揾英雄泪！

文天祥

宋末三杰之一——文天祥

文天祥（1236—1283），南宋大臣、文学家，字宋瑞，又字履善，号文山，吉州庐陵（今江西吉安）人，宝祐四年（1256）状元，官至右丞相，封信国公。祥兴二年（1279），他战败被俘，被元军押送大都（今北京），途经金陵时，写下了寄托亡国之恨的悲壮诗篇《金陵驿》，与陆秀夫、张世杰并称为“宋末三杰”。

金陵驿（其一）　　**文天祥**

草合离宫转夕晖，孤云飘泊复何依？山河风景元无异，城郭人民半已非。
满地芦花和我老，旧家燕子傍谁飞？从今别却江南路，化作啼鹃带血归。

宋代南京传世名著

书　名	编撰者	书　名	编撰者
《临川集》	王安石（1021—1086）	《南唐书》	陆　游（1125—1210）
《临川集拾遗》		《入蜀记》	
《二程集》	程　颢（1032—1085）	《石湖集》	范成大（1126—1193）
《清真居士集》	周邦彦（1056—1121）	《吴船录》	
《片玉集》		《杨万里集》	杨万里（1127—1206）
《南唐书》	马　令（生卒年不详）	《诚斋集》	
《礼记解》	叶梦得（1077—1148）	《于湖居士文集》	张孝祥（1132—1170）
《石林词》		《于湖词》	
《建康集》		《稼轩长短句》	辛弃疾（1140—1207）
《李清照集》	李清照（1084—约1155）	《景定建康志》	周应合（1213—1280）

【历史遗存】

定林寺塔

定林寺塔位于今江宁区方山西北麓，又叫方山斜塔，始建于南宋乾道九年（1173），塔高约14.50米，为七级八面仿木结构楼阁式砖塔。塔身向北倾斜5.5度，倾斜度超过意大利的比萨斜塔，被誉为“世界第一斜塔”。

定林寺塔

方山定林寺

保圣寺塔

保圣寺塔位于今高淳区淳溪街道，俗称四方宝塔，是南京地区现存最早的佛塔之一，高淳古城之标志，始建于东吴赤乌二年（239）。现存塔为南宋绍兴三年（1133）重建。塔造型为四面七级，为砖木结构楼阁式，总高33.5米。1982年，保圣寺塔被列为省级文物保护单位。

保圣寺塔

长乐桥

长乐桥位于今溧水区东屏镇长乐村二干河上，始建于宋代，明代万历年间重修，原为溧水古驿路上一座重要的桥梁。该桥南北走向，桥长36米、宽3.7米，为三孔石拱桥，现桥体保存完好，保留了许多宋代原件。2002年，长乐桥被列为省级文物保护单位。

长乐桥

三宿崖

三宿崖位于今鼓楼区静海寺后院内，又称“三宿岩”，因南宋抗金名臣虞允文在采石矶获得大捷后，还朝途中在此岩洞中泊舟三宿而得名。此岩为狮子山余脉，原在江边。由于长江河床不断北移，三宿岩便成了陆地上的一座“真假山”，明清时被誉为金陵四十八景之一。1982年，三宿崖被列为市级文物保护单位。

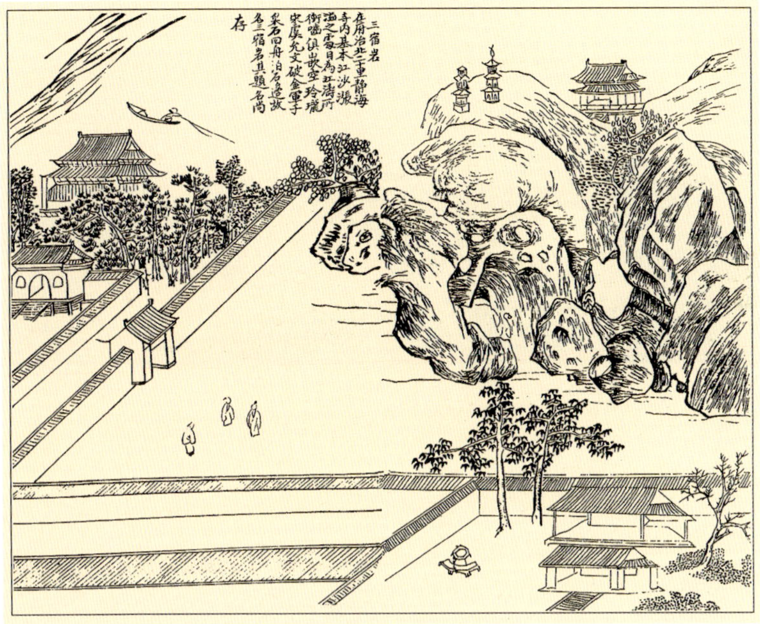

三宿岩（清版画）

三宿岩今貌

岳飞抗金故垒

岳飞抗金故垒位于今雨花台区、江宁区牛首山及韩府山山脊处，为南宋时期岳飞与金兵大战牛首山时用赤褐色石块垒成的围墙。故垒起自铁心桥秦淮河边的韩府山，至牛首山主峰，蜿蜒起伏，高低错落，底宽0.5米，高约1.5米，断续残存4200余米，1992年被列为南京市文物保护单位。

岳飞抗金故垒

元代集庆

至元八年（1271），忽必烈建立元朝，为中国历史上第一个由少数民族建立并统治全国的封建王朝。至元十二年（1275），元军占领建康，先后设建康宣抚司、建康路。天历二年（1329），元文宗诏令改建康路为集庆路，寓意“汇集喜庆”，辖上元、江宁、句容3县及溧水、溧阳2州。

元疆域图（中国地图出版社《简明中国历史地图集》）

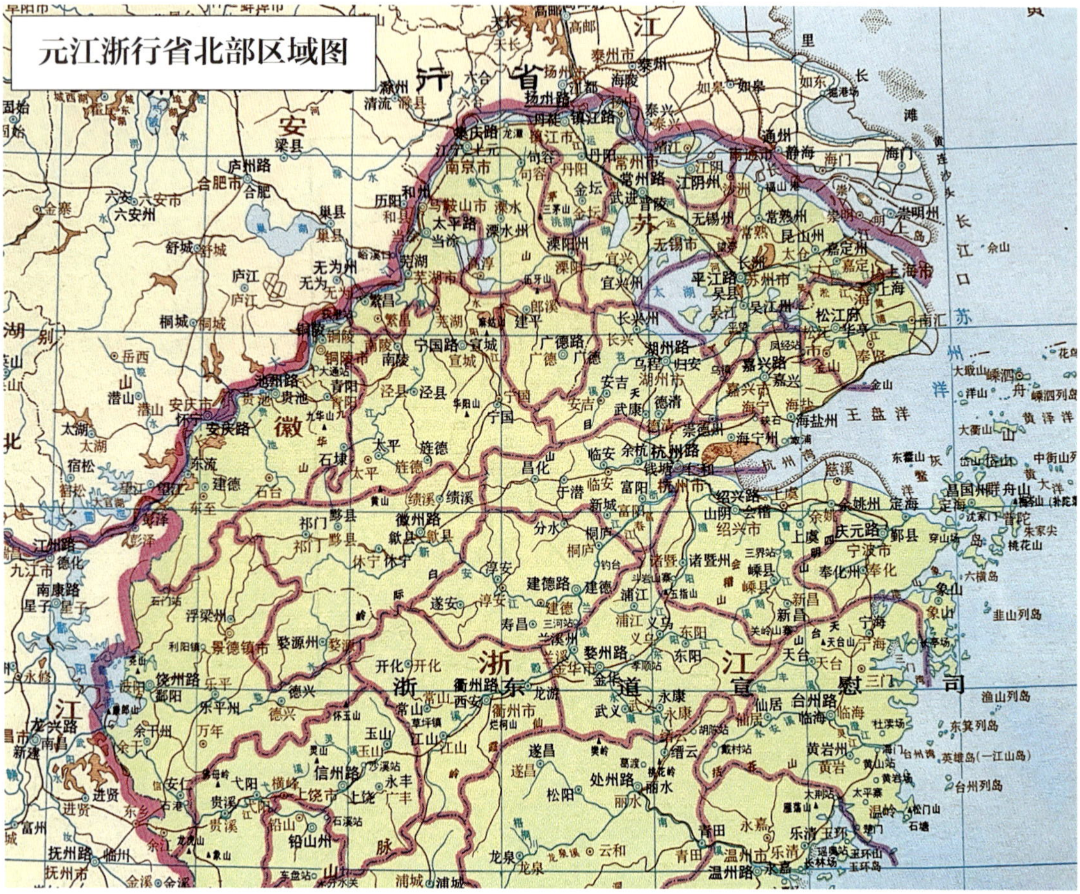

元江浙行省北部区域图（中国地图出版社《中国历史地图集》）

元文宗

集庆为当时元朝统治者控制江南地区的中心城市。元朝第8位皇帝元文宗孛儿只斤·图帖睦尔（1304—1332）即位前被封怀王，曾出居建康四年（1325—1328）。1328年元文宗即位后，建康路成为“龙兴之地”。次年，建康路改名为集庆路。

集庆路直接隶属于治所在集庆路的江南诸道行御史台。江南诸道行御史台统辖江浙、江西、湖广3行省，监辖10道450个县。

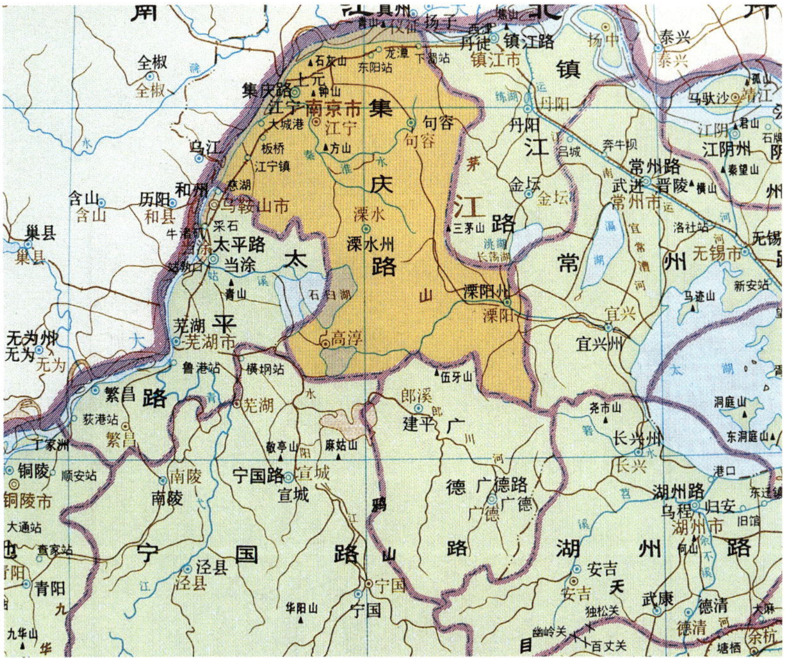

元集庆路辖区图

元集庆路图（明版画）

【历史人物】

元朝时期，戏剧家白朴、著名诗人萨都剌等曾在金陵活动过，并留下了脍炙人口的作品。

白朴

元曲四大家之一——白朴

白朴（1226—约1307），元戏曲家，与关汉卿、马致远、王实甫并称“元曲四大家”，字太素，号兰谷，汴梁（今河南开封）人。至元十七年（1280），他移居建康，放情山水，游历钟山、朱雀桥、白鹭洲、凤凰台等地，写下了许多脍炙人口的词作。其杂剧作品有《裴少俊墙头马上》《唐明皇秋夜梧桐雨》《董秀英花月东墙记》等。

沁园春　　白　朴

我望山形，虎踞龙盘，壮哉建康。忆黄旗紫盖，中兴东晋，雕阑玉砌，下逮南唐。步步金莲，朝朝琼树，宫殿吴时花草香。今何日，尚寺留萧姓，人做梅妆。　　长江，不管兴亡，漫流尽，英雄泪万行。问乌衣旧宅，谁家作主？白头老子，今日还乡。吊古愁浓，题诗人去，寂寞高楼无凤凰。斜阳外，正渔舟唱晚，一片鸣榔。

萨都剌

有元一代词人之冠——萨都剌

萨都剌（1272—？），元代诗人，字天锡，号直斋，回族，出生于雁门（今山西代县），人称“雁门才子”，泰定四年（1327）进士，次年出任京口录事司达鲁花赤。至顺三年（1332），他调任江南诸道行御史台侍御史，移居金陵，创作了脍炙人口的《满江红·金陵怀古》。

满江红·金陵怀古　　萨都剌

六代豪华，春去也、更无消息。空怅望、山川形胜，已非畴昔。王谢堂前双燕子，乌衣巷口曾相识。听夜深、寂寞打空城，春潮急。　　思往事，愁如织。怀故国，空陈迹。但荒烟衰草，乱鸦斜日。玉树歌残秋露冷，胭脂井坏寒螀泣。到如今，惟有蒋山青，秦淮碧。

金陵四十八景·石城霁雪（清人绘）

元代著名画家诗人——王冕

王冕

王冕（1287—1359），元代诗人、文学家、书画家，字元章，号煮石山农，浙江诸暨人，工诗善画，尤以墨梅知名。其画开写意新风，对明清画坛影响深远，著有《竹斋集》。他曾出游南京，留下《金陵怀古》《金陵行送余局官》等诗作。晚年，朱元璋请王冕为官，授以谘议参军，未就。《儒林外史》中关于王冕的故事也流传至今，脍炙人口。

金陵怀古

王　冕

坏墙幽径草青青，何处园林是旧京？海气或生山背雨，江潮不到石头城。
英雄消歇无人语，形势周遭夕照明。回首长干思无限，水风杨柳作秋声。

王冕《墨梅图》

元代南京传世名著

书　名	编撰者	书　名	编撰者
《天籁集》	白　朴 （1226—1307）	《雁门集》	萨都剌（1272—？）
《裴少俊墙头马上》			
《唐明皇秋夜梧桐雨》		《至正金陵新志》	张　铉（？—约 1350）

《裴少俊墙头马上》插图

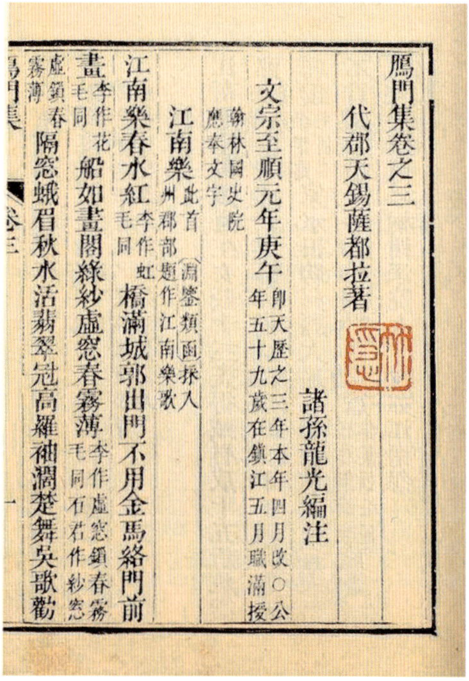

鴈門集卷之三
代郡天錫薩都拉著
諸孫龍光編注
文宗至順元年庚午 即天歷之三年本年四月改○公年五十九歲在鎮江五月職滿授
翰林國史院應奉文字
江南樂 此首〔淵鑒類函〕擇入州郡部題作江南樂歌
江南樂春水紅 李作虹 毛同 橋滿城郭出門不用金馬絡門前
畫 李作花 毛同 船如畫閣綠紗廬窗春霧薄 李作虛窗鎖春霧 毛同 石若作紗窗
虛鎖春霧薄 隔窗蛾眉秋水活蒻翠冠高羅袖濶楚舞臾歌勸

《雁门集》书影

恢宏一统　明

明（1368—1644），第一个以南京为首都的统一王朝。明洪武元年（1368），朱元璋在应天府（今南京）称帝，国号大明。设两京制，以应天府为南京，大梁（今开封）为北京。明初疆域东北到今日本海，西北至新疆，西南达云南，南到南沙群岛，东到台湾。永乐十九年（1421），明成祖朱棣迁都北京，南京成为留都，又称南都。崇祯十七年（1644），李自成攻破北京，明亡。明代历16帝276年，其中南京历3帝，为都城53年，留都223年。

明疆域图（中国地图出版社《简明中国历史地图集》）

明朝年表

帝　王	在位时间	年　号	都　城
太　祖　朱元璋	1368—1398	洪武	南京
惠　帝　朱允炆	1399—1402	建文	
成　祖　朱　棣	1403—1424	永乐	南京、北京
仁　宗　朱高炽	1425	洪熙	北京
宣　宗　朱瞻基	1426—1435	宣德	
英　宗　朱祁镇	1436—1449	正统	
代　宗　朱祁钰	1450—1456	景泰	
英　宗　朱祁镇	1457—1464	天顺	
宪　宗　朱见深	1465—1487	成化	
孝　宗　朱祐樘	1488—1505	弘治	
武　宗　朱厚照	1506—1521	正德	
世　宗　朱厚熜	1522—1566	嘉靖	
穆　宗　朱载垕	1567—1572	隆庆	
神　宗　朱翊钧	1573—1620	万历	
光　宗　朱常洛	1620	泰昌	
熹　宗　朱由校	1621—1627	天启	
思　宗　朱由检	1628—1644	崇祯	

— 明都南京 —

【政区建置】

元至正十六年（1356），朱元璋占领集庆路，改名为应天府，建江南中书省。至正二十四年（1364），朱元璋自称吴王。洪武元年（1368），朱元璋称帝，以应天府为南京，开封府为北京。洪武十一年（1378），废开封北京建置，改南京为京师。南京第一次成为一统中国的朝代首都。明代南京，或为京师，或为两京之一。

永乐元年（1403），朱棣即位后恢复两京制，仍以应天府为南京，以北平府为北京。永乐北迁后，设南北直隶，南京所辖称“南直隶”。南直隶，治应天府，辖应天、凤阳、淮安、扬州、徐州等14府4州，共96县，所辖范围包括今江苏、安徽、上海及周边其他省的部分地区。

应天府纵跨大江两岸，位居京府首要位置，领上元、江宁、句容、溧阳、溧水、高淳、江浦、六合8县，其中上元、江宁两县为京府附郭首县。

明南京（南直隶）辖区图（参照中国地图出版社《中国历史地图集》绘）

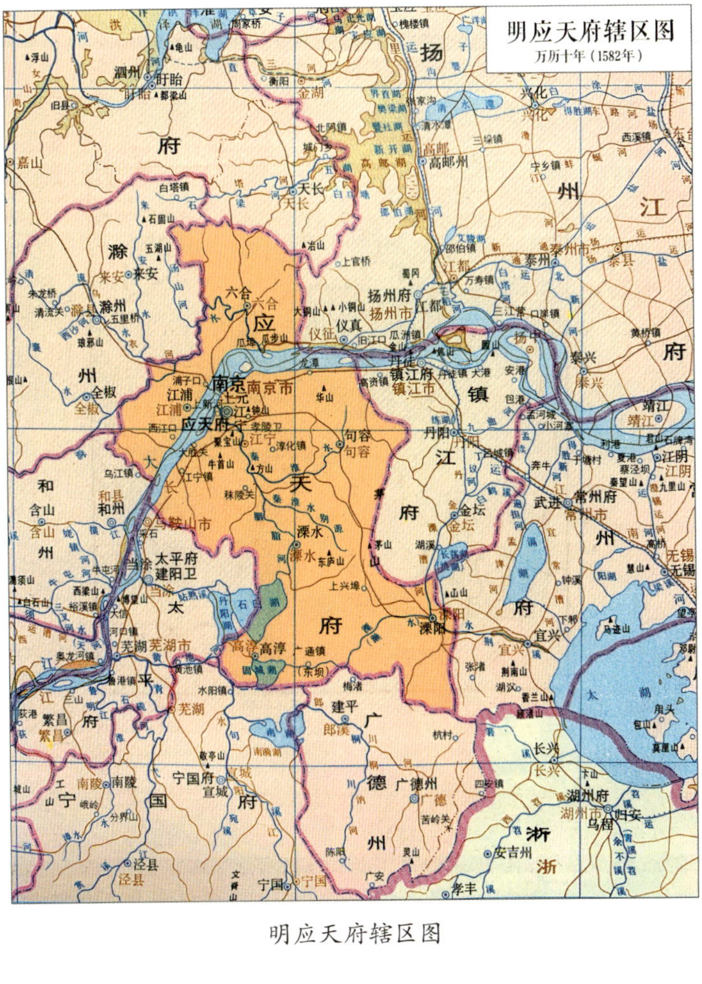

明应天府辖区图

【都城建设】

至正二十六年（1366），朱元璋在南京开始了长达28年（1366—1393）的筑城工程。明南京城由南唐旧城改造拓建而成，新建的皇宫区在旧城区以东。内城形制突破了传统的都城方城规制，南北修长，东西宽窄不一，依山傍水，凭险筑成。从里到外有宫城、皇城、京城、外郭四重城垣。今御道街为明南京城的中轴线，形成了东部皇宫区、北部军队驻防区、南部居民商市区三大功能区的城市布局。京城周长35.267公里，城内面积超过41平方公里，是南唐旧城的两倍半，成为当时的"世界第一大城"。

洪武二十三年（1390），为加强南京京城的防卫，明太祖朱元璋下令建造外郭城垣。外郭城墙本体以丘陵、垒土为主，在城门等地段加筑城砖，城周约60公里，开有18座城门，现均已不存，仅留地名沿用至今。

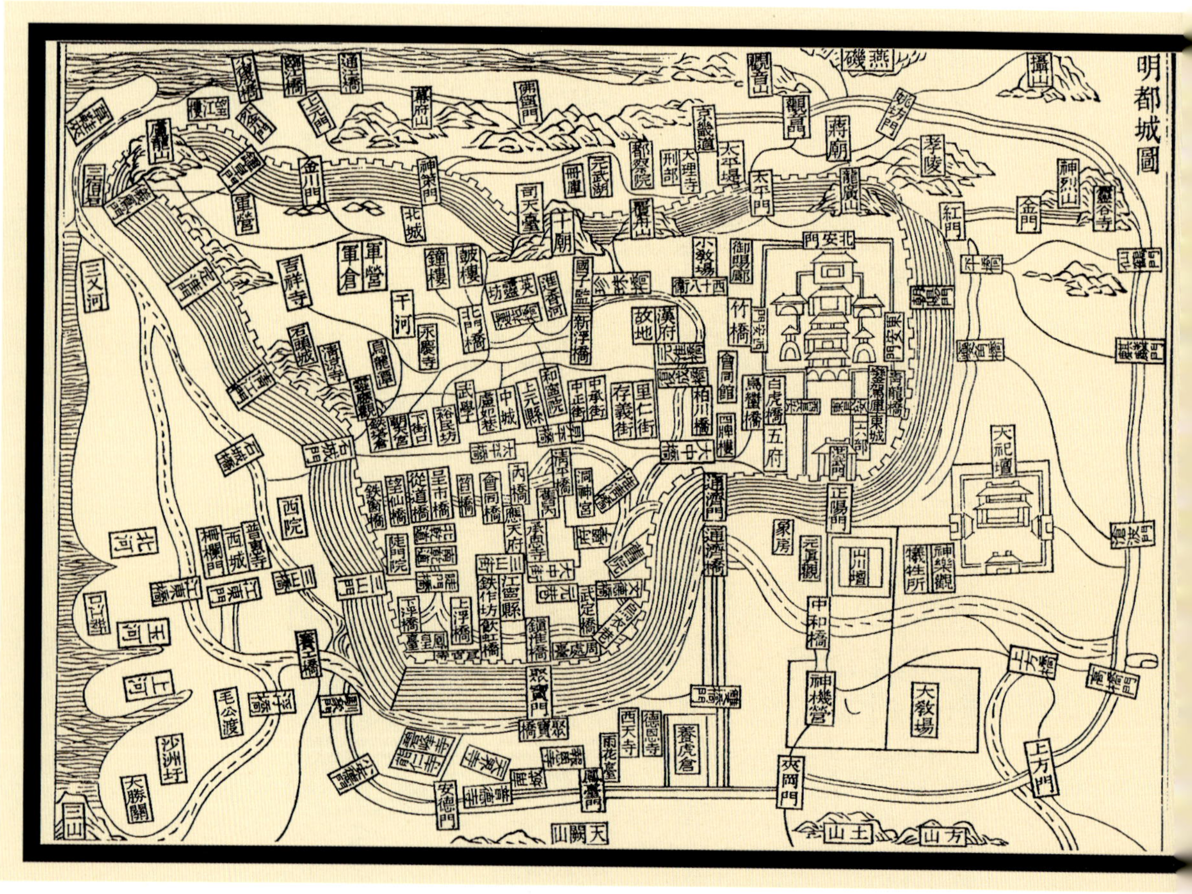

明都城图（明版画）

宫城城门6座：午门、西华门、东华门、玄武门、左掖门、右掖门。

皇城城门7座：洪武门、长安左门、长安右门、承天门、东安门、西安门、北安门。

京城城门13座：朝阳门（今中山门）、正阳门（光华门）、通济门、聚宝门（今中华门）、三山门（水西门）、石城门（今汉西门）、清凉门、定淮门、仪凤门（兴中门）、钟阜门、金川门、神策门（今和平门）、太平门。

外郭城门18座：江东门、驯象门、小安德门、大安德门、凤台门、双桥门、夹岗门、上坊门、高桥门、沧波门、麒麟门、仙鹤门、姚坊门、观音门、佛宁门、上元门、外金川门、石城关。

明都南京城平面示意图（永乐年间）

世界第一城垣——南京明城墙

现存南京明城墙是明朝南京京城城墙，全长35.267公里，其中今地面遗存部分（含恢复修建）25.091公里，为世界现存最长、规模最大的砖石城墙。明城墙原有城门13座，明代后新开城门13座。今存明代聚宝门、神策门、清凉门、石城门和重修复建的朝阳门、仪凤门、太平门。南京明城墙以独特的不规则城市布局在中国都城建设史上占有重要地位，1988年被列为全国重点文物保护单位，2012年作为“中国明清城墙”项目的牵头者被列入《中国世界文化遗产预备名单》。

朝阳门（今中山门）今貌

通济门旧影

东水关今貌

聚宝门（中华门）今貌

石城门遗址

清凉门今貌

神策门（和平门）今貌

南京城墙（解放门段）今貌

明代后京城增辟城门16座：草场门（1908年）、玄武门（1909年）、小北门（清末）、挹江门（1914年）、中华东门（1931年）、中华西门（1931年）、汉中门（1931年）、新民门（1931年）、中央门（1933年）、武定门（1933年）、雨花门（1936年）、解放门（1952年）、集庆门（1991年）、华严岗门（2007年）、长干门（2008年）、标营门（2009年）。

秦淮名胜——夫子庙

夫子庙是一组规模宏大的古建筑群，以文庙和学宫为主体，是供奉和祭祀孔子的地方，也是居东南各省之冠的文教建筑群。夫子庙始建于宋，位于秦淮河北岸的贡院街旁，为中国四大文庙之一。夫子庙以庙前的秦淮河为泮池池水。南岸的大照壁建于明万历年间，长110米，高10米，为全国照壁之最。北岸庙前有聚星亭、思乐亭；中轴线上建有棂星门、大成门、大成殿、明德堂、尊经阁等建筑。夫子庙古建筑群现已成为南京秦淮风光带的核心景区和蜚声中外的旅游胜地。

南京夫子庙 · 秦淮河

南京夫子庙 · 棂星门

— 历史事件 —

【北伐中原】

北伐中原是明军结束元朝统治、统一中原之战。元至正十六年（1356）攻克集庆后，朱元璋相继消灭江南汉帝陈友谅、吴王张士诚政权，统一了江南，为北上灭元创造了有利条件。至正二十七年（1367）十月，朱元璋发布檄文，提出“驱除胡虏，恢复中华”口号，命徐达为征虏大将军，常遇春为副将军，北伐中原。北伐军分路北进，势如破竹，平定山东、河南，攻克潼关。洪武元年（1368）八月，明军攻取大都，结束了元朝在全国的统治。

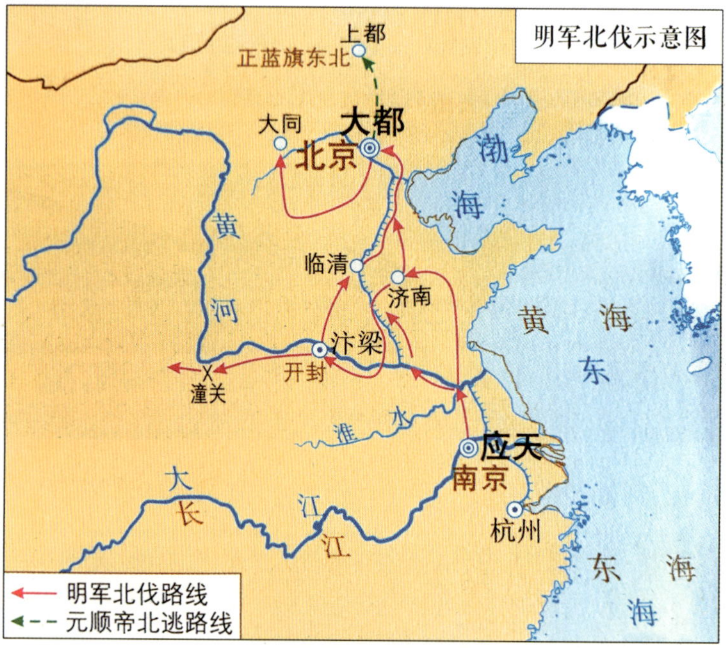

明军北伐示意图（山东省地图出版社《透过地图看中国历史》）

【靖难之役】

靖难之役是明朝朱棣夺取皇位之战。建文帝朱允炆即位后，为加强中央集权，采纳削藩建议，以消除拥有重兵的藩王对皇权的威胁，当准备削夺燕王朱棣的权力时，朱棣于建文元年（1399）以“清君侧”的名义在北平起兵“靖难”，随后挥师南下。建文四年（1402）六月，朱棣由金川门攻入京城南京，建文帝下落不明。同年，朱棣即位，是为明成祖。

传说为僧的建文帝

燕王朱棣由金川门攻入南京城，图为金川门旧影

【迁都北京】

朱棣即位后重设南北两京，应天府仍称南京，北平府为北京，改府名顺天府。永乐四年（1406），下诏兴建北京皇宫和城垣。永乐十八年（1420）十一月，北京新宫初成，成祖下诏迁都北京；永乐十九年正月，正式迁都北京，改北京为京师，南京为留都。南京设有与北京对应的完整的中央机构，只是机构名称前加“南京”二字。应天府仍为京府，直属南京六部。至明王朝灭亡，留都南京一直是中国南方的政治、经济、军事和文化中心。

明成祖朱棣

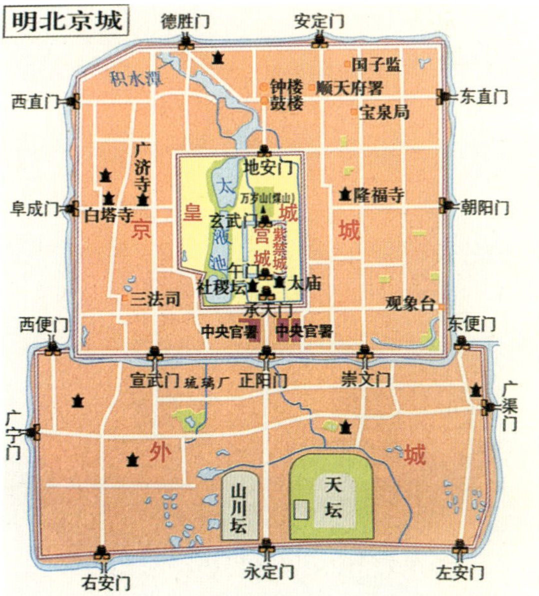

明北京城平面图

【郑和下西洋】

明朝建立以后，推行睦邻友好政策。永乐三年（1405）至宣德八年（1433），明朝统治者派遣郑和（1371—约1433）7次下西洋。郑和率船队从南京出发，经东南亚、印度洋，最远到达红海和非洲东海岸，访问亚、非近40个国家和地区。郑和下西洋前后28年，每次船队成员2万余人，最大的宝船长44丈4尺（约125米），可容千余人。郑和的航海壮举比哥伦布早半个多世纪，留下了世界现存最早的航海图。郑和下西洋促进了中国与亚、非国家和地区的经济文化交流。至今南洋各地还有许多郑和的传说和遗迹。

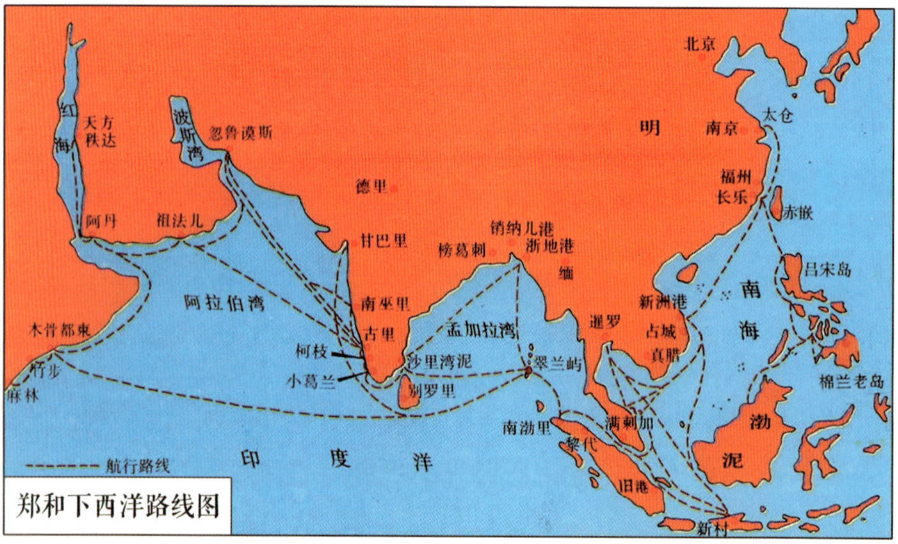

郑和下西洋路线图（山东省地图出版社《透过地图看中国历史》）

郑和宝船之模型

郑和下西洋浮雕

— 历史人物 —

大明太祖——朱元璋

朱元璋（1328—1398），明朝开国皇帝，原名重八，后改元璋，字国瑞，濠州（今安徽凤阳）人。朱元璋小时候放过牛，当过和尚，元末投奔郭子兴红巾军反抗元朝统治者。至正十六年（1356），朱元璋率兵攻占集庆路，至正二十八年（1368）在南京称帝，建立大明王朝。朱元璋胸怀韬略，深谋远虑，结束元朝统治，平定天下，关注民生，发展经济，重视教育，建树颇多，为中国最杰出君主之一，病逝后葬钟山孝陵。

朱元璋

开国文臣之首——宋濂

宋濂（1310—1381），明代政治家、文学家，字景濂，号潜溪，别号龙门子、玄真遁叟，浦江（今浙江义乌）人，自幼聪敏好学，号称“神童”。明初，他奉命主修《元史》，官至翰林院学士、知制诰，被朱元璋誉为“开国文臣之首”，后受胡惟庸党案牵连而被流放茂州，途中病卒。宋濂以散文创作闻名，推崇台阁文学，文风淳厚飘逸，被誉为“一代之宗”。

宋濂

明初诗文三大家之一——刘基

刘基（1311—1375），明代政治家、文学家，字伯温，浙江青田（今浙江文成）人，故称刘青田，亦称刘诚意。他22岁时中进士，通经史、精兵法，辅佐朱元璋，官至御史中丞兼太史令，为明王朝的建立和发展立下汗马功劳，朱元璋尊其为“吾之子房也”。死后被追赠太师，谥号“文成”。刘基诗文俱佳，与宋濂、高启并称为“明初诗文三大家”。

刘基

高启

明代诗人之冠——高启

高启（1336—1374），明代诗人，字季迪，号青丘子，长洲（今江苏苏州）人，擅诗文，与杨基、张羽、徐贲并称为“吴中四杰”。高启明初受诏入朝，授翰林院编修，纂修《元史》，复命教授诸王，后因苏州知府魏观案获罪被诛，著有《高太史大全集》《凫藻集》等。

方孝孺

明代第一大儒——方孝孺

方孝孺（1357—1402），明朝大臣，文学家、思想家，字希直，又字希古，号逊志，亦称“缑城先生”“正学先生”，台州宁海（今浙江象山）人，宋濂弟子，历任翰林侍讲、文学博士等。建文年间，方孝孺主持京试，推行新政，后因拒绝为篡位的明成祖朱棣草拟即位诏书被杀，株连十族，被杀者873人，死后葬于今南京雨花台，著有《逊志斋集》等。

解缙

《永乐大典》总纂——解缙

解缙（1369—1415），明朝大臣、学者，字大绅，一字缙绅，号春雨、喜易，江西吉水（今吉安）人，洪武年间进士，官至内阁首辅、右春坊大学士，后因立太子一事遭谗毁贬黜，最终下狱被杀。解缙被誉为明朝三大才子之一，他的文章雅劲奇古，诗豪宕丰赡，书法精绝，永乐年间曾奉命主持撰修《永乐大典》。

杰出小说家——吴承恩

吴承恩（约1500—1582），明代小说家，字汝忠，号射阳山人，淮安山阳（今江苏淮安）人。他自幼博览群书，作诗文下笔立成，多次到江南贡院参加科举考试，均落榜。嘉靖二十九年（1550），吴承恩成为岁贡生，迁居南京，在南京国子监读书10余年，晚年出任长兴县丞，不久愤而辞官，贫老以终。其所撰《西游记》为我国浪漫主义古典文学名著。

吴承恩

“海青天”——海瑞

海瑞（1514—1587），明朝官吏，字汝贤，号刚峰，海南琼山（今海南海口）人，严于律己，不畏权势，是我国古代历史上著名清官，人称“海青天”。他于万历十三年（1585）任南京吏部右侍郎，又晋南京都察院右都御史，两年后病死于南京，仅遗旧袍数件、俸金10余两。海瑞归葬之日，南京“白衣冠送者夹岸，哭而奠者百里不绝，家家绘像祭之”。著有《海忠介公文集》等。

海瑞

晚明著名学者——焦竑

焦竑（1540—1620），明朝著名学者、藏书家，字弱侯，号漪园，又号澹园，江宁（今南京）人，万历十七年（1589）状元，授翰林院修撰、皇长子侍读等职，后曾任南京司业。他一生博览群书、严谨治学，精于文史哲学，著作甚丰，有《澹园集》《焦氏笔乘》《焦氏类林》《国朝献徵录》《国史经籍志》等。

焦竑

汤显祖

东方莎士比亚——汤显祖

汤显祖（1550—约1617），明代戏剧家、文学家，字义仍，号若士、海若，别号清远道人，江西临川（今江西抚州）人。他于万历十一年（1583）考中进士，在南京历任太常寺博士、詹事府主簿、礼部祠祭司主事，万历十九年被贬，后弃官归里，潜心于戏剧创作。其剧作《牡丹亭》标志着明传奇发展的最高峰。

柳敬亭

说书艺人——柳敬亭

柳敬亭（1587—？），明末说书艺人，原姓曹，祖籍通州余西场（今江苏南通），生于泰州。他于15岁时只身来到泗州盱眙（今江苏盱眙），住柳树下，故改姓柳，取名逢春，号敬亭，学说书。天启年间，柳敬亭来到南京，在秦淮河文德桥畔设书场。他擅说《隋唐》《水浒》等书，声名远扬，被尊为“书绝”“南都第一”。

胡正言

书画家——胡正言

胡正言（约1580—1671），明末书画家、出版家，字曰从，号十竹，原籍安徽休宁，寄居南京鸡笼山侧，因家中庭院种竹10余株，故将居室名为“十竹斋”。他潜心研究彩色套印技术，首创“拱花”印刷方法，在印刷史上占有重要地位。其主持印刷的《十竹斋书画谱》和《十竹斋笺谱》成为印刷史上划时代的作品。

明末清初三大儒之一——顾炎武

顾炎武

顾炎武（1613—1682），明末清初思想家、学者，初名绛，字忠清，明亡后改名炎武，字宁人，号亭林，昆山（今江苏昆山）人。他青年时参加昆山抗清军，兵败后漫游南北，数至南京，七谒明孝陵。顾炎武晚年治经重考证，开清代朴学风气，学术思想影响深远，与黄宗羲、王夫之并称“明末清初三大儒”，著有《日知录》《天下郡国利病书》《历代宅京记》《建康古今记》等。

— 历史成就 —

【经济繁荣】

明初国力强盛，经洪武、建文、永乐三朝的恢复发展，社会经济繁荣，相继出现了洪武、永乐、仁宣三大盛世。明初南京总人口近百万，是当时中国规模最大、人口最多的都市，也是世界上最大的城市。成祖朱棣迁都北京后，留都南京一直是中国南方的政治、经济和文化中心。

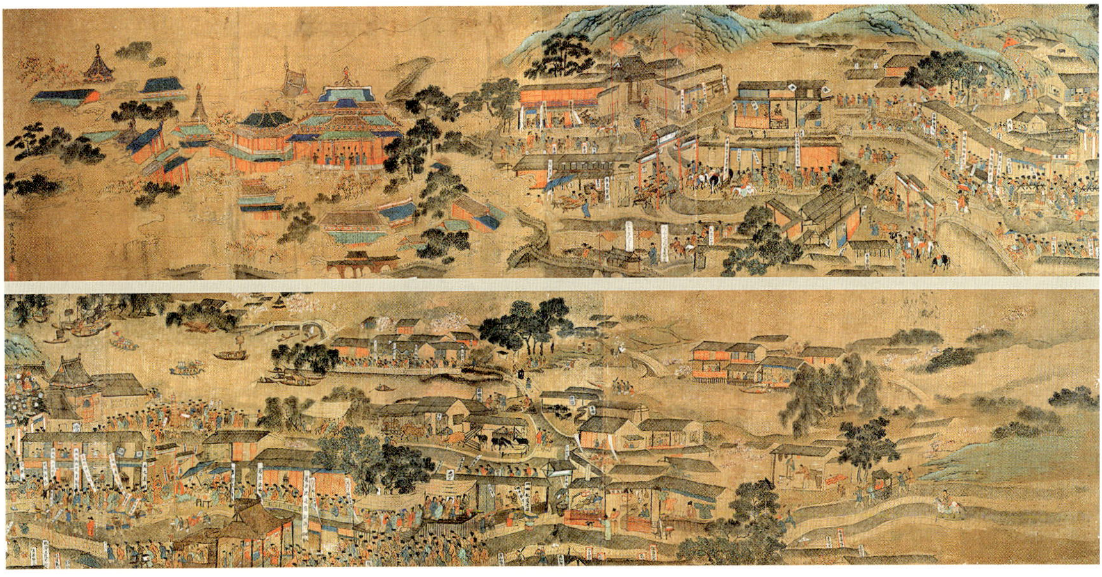

南都繁会图

明代宫廷美术作品《南都繁会图》生动描绘了明朝中后期南京秦淮河两岸的盛况，真实反映了明都南京的市井情形，堪称明朝的《清明上河图》。画卷中街市纵横、店铺林立、车马行人摩肩接踵，绘有109家店铺及其招幌匾牌，1000多个职业身份不同的人物。图卷首署“明人画南都繁会景物图卷”，尾署“实父仇英制”，现藏于中国国家博物馆。

【科教文枢】

最高学府——国子监

朱元璋定都南京后将尊经崇儒作为国策，洪武十四年（1381），下诏建国子学于鸡笼山下。次年落成后改名为京师国子监。南京国子监规模宏大，有校舍2000余间，为明代当时的最高学府，永乐年间有监生近万人，功臣贵族和边疆少数民族子弟可进监读书，还招收高丽、日本、暹罗（泰国）等外国留学生。

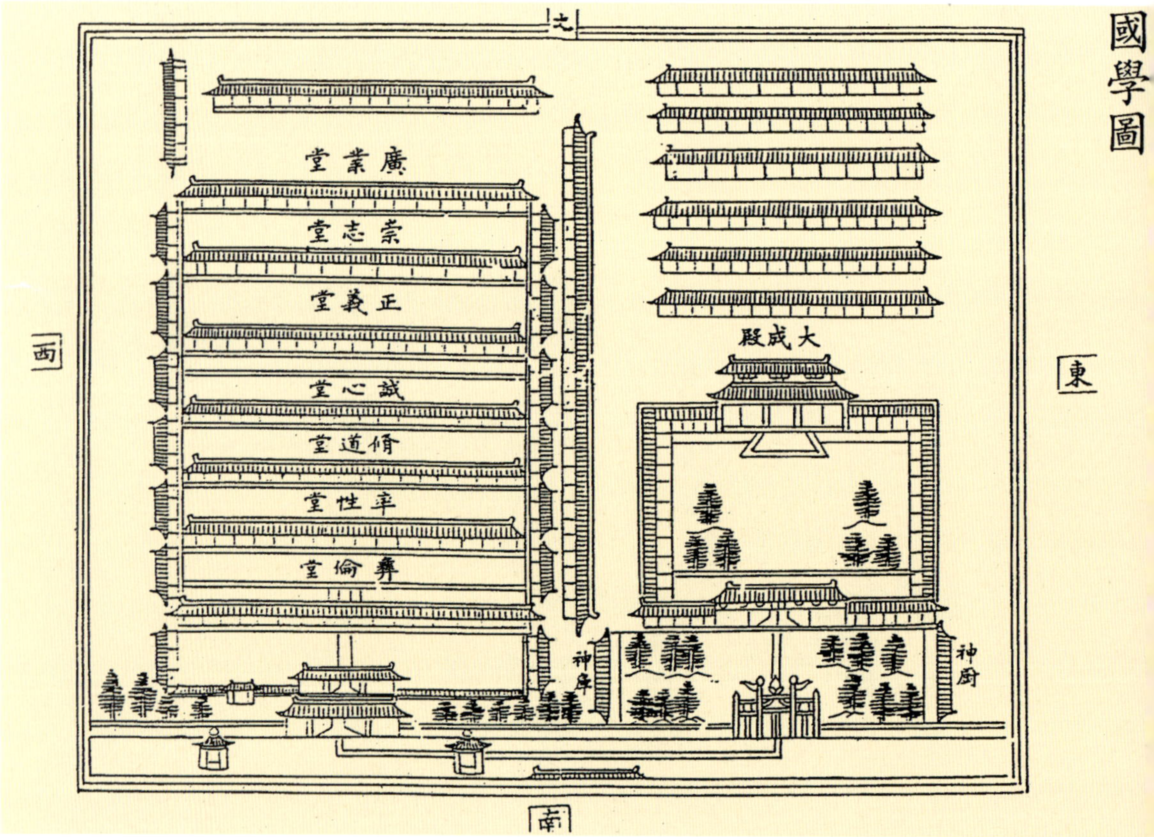

明朝国学图

最大科举考场——江南贡院

江南贡院，又称南京贡院，位于南京夫子庙秦淮河畔，是中国古代规模最大、影响最广的科举考场，始建于南宋乾道四年（1168），明初定都南京后为乡试与会试的考场。清初，今江苏、安徽两省称江南省，故这里一直沿用“江南贡院”之名。清同治年间，江南贡院拥有号舍20644间，为全国考场之冠。明清时期全国半数以上官员出自江南贡院，被誉为“中国古代官员的摇篮”。现存明远楼为明嘉靖十三年（1534）修建，是中国现存最古老的一座贡院考场建筑。

江南贡院旧影

江南贡院明远楼旧影

江南贡院明远楼今貌

国家天文台——钦天监

洪武十八年（1385），明政府在南京鸡笼山原有“观象台”的基础上，建立国家天文台，由钦天监管理，比世界闻名的英国格林尼治天文台早290年。利玛窦在南京曾造访钦天监，称那里的天文仪器“规模和设计的精美远远超过曾在欧洲看到的和知道的任何这类东西”。今保存在南京紫金山天文台的古代天文仪器——“浑仪”和“简仪”为明代中叶铸造。

北极阁观象台遗址今貌

【非物质文化遗产】

百戏之母——昆曲

昆曲《牡丹亭》

昆曲（又名昆剧）是中国百戏之母。发源于元朝末年的昆山地区，形成传播于明代南京。明太祖朱元璋将它引进宫廷，定为国剧，昆曲由此走向全国，成为中华之国粹。昆曲传入各地后，与各地方言和民间音乐相结合，衍变出众多流派。清乾隆年间，昆曲发展进入全盛时期。昆曲是中国乃至世界现存最古老的戏曲形态之一，2001年入选首批人类非物质文化遗产代表作名录。

名锦之首——南京云锦

云锦

南京云锦“始于元、而盛于明清”，为我国古代三大名锦之首，因其绚丽多姿、灿若云霞而得名。南京云锦有“库缎”“库锦”“妆花”等品种。其中“库锦”“库缎”等已经可以用现代机器织造，惟“妆花”类产品，其木机妆花手工织造技艺尚不能被现代机器替代。2009年，南京云锦织造技艺入选人类非物质文化遗产代表作名录。

南京云锦·金文《九骏图》

金陵神剪——南京剪纸

南京民间剪纸流行于明初，旧时主要有用于婚嫁喜庆的喜花、作刺绣花样的绣花和鞋花、挂在门楣上的门笺等。南京剪纸融北方剪纸的粗放和南方剪纸的细腻为一体，艺术形式非常优美，形成了独特的南京地域风格。2009年，中国剪纸（南京剪纸）入选人类非物质文化遗产代表作名录。

张方林《百鸟朝凤》

古琴艺术——金陵琴派

金陵琴派源于明代皇家乐官，是中国古琴界颇具代表性和影响力的重要流派。金陵琴派融南北琴风于一体，在节奏、指法和音乐意境等方面形成了自己独特的风格。2003年，古琴艺术（金陵琴派）入选人类非物质文化遗产代表作名录。2008年，入选国家级非物质文化遗产名录代表性项目。

古琴艺术

灯耀金陵——秦淮灯会

秦淮灯会的历史可追溯到六朝时期。明太祖朱元璋建都南京后，提倡元宵灯节活动，将每年元宵节张灯时间延长至十夜，使之成为中国历史上时间最长的灯节。20世纪后灯市逐渐南徙至夫子庙一带。秦淮灯会已成为历代南京民众辞旧迎新、祈求吉祥、传承文化的重要载体，2006年入选首批国家级非物质文化遗产代表性项目。

夫子庙灯会

第34届秦淮灯会

大璞不斫——金陵竹刻

金陵竹刻是中国竹雕艺术的重要艺术流派，形成于明代中期，与嘉定派竹雕合称中国竹雕艺术的双璧。金陵竹刻工艺独特，因形取势，古朴典雅，擅竹刻书法，具有突出的地域特征，2009年入选江苏省非物质文化遗产名录。

金陵竹刻《孔子问礼图》

中国名扇——金陵折扇

金陵折扇是南京地区传统手工艺品之一。折扇是一种用竹木做扇骨，韧纸或绫绢做扇面的能折叠的扇子，流行于北宋以后。至明代，南京成为制扇业的中心之一，使用折扇形成习俗，一直影响到清代。2009年，金陵折扇制作技艺入选江苏省非物质文化遗产名录。

金陵折扇

【传世名著】

最大的百科全书——《永乐大典》

《永乐大典》编纂于明永乐年间的明都南京，主编解缙、姚广孝，以国子监学生为主的3000多人负责缮写，永乐五年（1407）定稿。该书是中国百科全书式的文献集，共22937卷，11095册，约3.7亿字，汇集古今图书8000余种，显示了古代中华文化的光辉成就。英国《不列颠百科全书》称其为“世界有史以来最大的百科全书”。

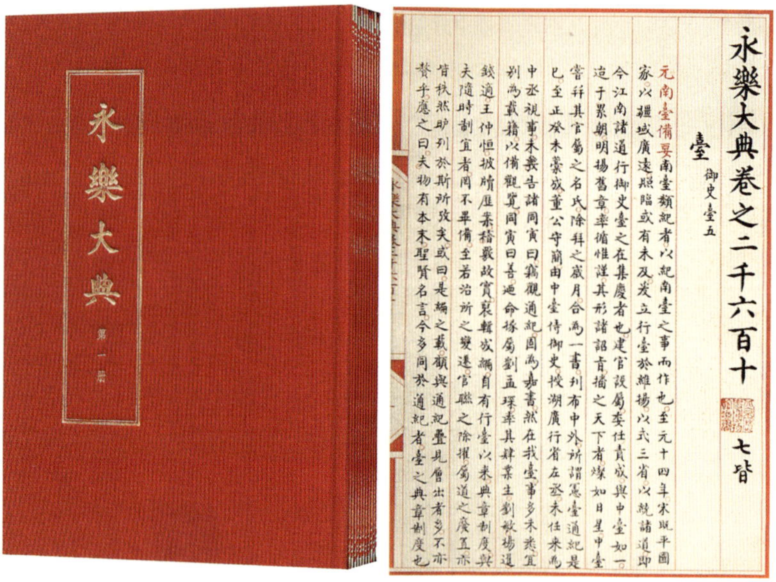

《永乐大典》书影

东方药学巨典——《本草纲目》

《本草纲目》金陵本

《本草纲目》是中国古代药学史上部头最大、内容最丰富的药学著作，万历二十四年（1596）在南京正式刊行，作者李时珍。全书共52卷、190多万字，载有药物1892种，收集医方11096个。2011年，金陵本《本草纲目》入选“世界记忆”名录。

南京最早最全的佛寺志——《金陵梵刹志》

《金陵梵刹志》书影

《金陵梵刹志》是一部明代南京佛寺通志，编撰者葛寅亮。全书53卷，于万历三十五年（1607）刊行，详细记载了明代南京诸寺的历史沿革、殿堂分布、房田公产、山水古迹、名僧事迹、寺租赋税、僧规制度等，是研究明代佛寺史、明史，以及南京佛教史重要的参考资料。

神魔小说的扛鼎之作——《封神演义》

《封神演义》，又名《封神榜》，作者许仲琳，号钟山逸叟，应天府（今江苏南京）人。现存最早的《封神演义》为明舒载阳刻本，有20卷100回，成书于明隆庆、万历年间。该书讲述周武王吊民伐罪、击败商纣王的故事，表现了对仁君贤主的拥护和赞颂，以及对无道昏君的不满和反抗。

《封神演义》插画

修身养性的智慧奇书——《菜根谭》

《菜根谭》书影

《菜根谭》是以阐述处世思想为主的格言式小品文集，作者为明代学者洪应明，万历三十年（1603）前后，他曾在秦淮河一带生活。该书采用语录体，糅合了儒家的中庸思想、道家的无为思想和佛家的出世思想，文辞优美，对仗工整，含义深远，耐人寻味，是一部修身养性的通俗读物。

阳明心学的正宗读本——《传习录》

《传习录》是王阳明的论学语录和书信集，王阳明是中国历史上为数不多的集立德、立功、立言“三不朽”于一身之人，晚年官至南京兵部尚书。该书集中体现了阳明心学的核心观点，是了解阳明心学的入门必读书。

中国古典四大名著之一——《西游记》

《西游记》是中国古典四大名著之一，中国古代第一部浪漫主义长篇神魔小说，作者吴承恩，讲述孙悟空、猪八戒、沙僧三人保护唐僧西行取经的故事。该书流传深远，四海闻名，篇中多南京方言，现存最早刊本由南京人作序，并在南京校订问世。

明代通俗小说的代表作——《警世通言》

《警世通言》是明代市民文学的代表作，中国古代著名的白话短篇小说集之一，与《喻世明言》《醒世恒言》并称“三言”，作者冯梦龙，成书于南京，初版完成于明天启四年（1624）。本书开创了中国文学的新领域，在中国文学史上有着重要地位。

古典短篇小说的经典代表——《拍案惊奇》

《拍案惊奇》和《二刻拍案惊奇》合称“二拍”，凌濛初居南京时编撰本书，于明崇祯年间编成刊行，与“三言”合称“三言二拍”。这一系列以“拟话本”形式，描写了众多引人入胜的故事。全书有的故事以揭露官府黑暗为主题，有的故事反映了追求财富和享乐的社会风气，也有反映爱情与婚姻主题故事。

《传习录》书影

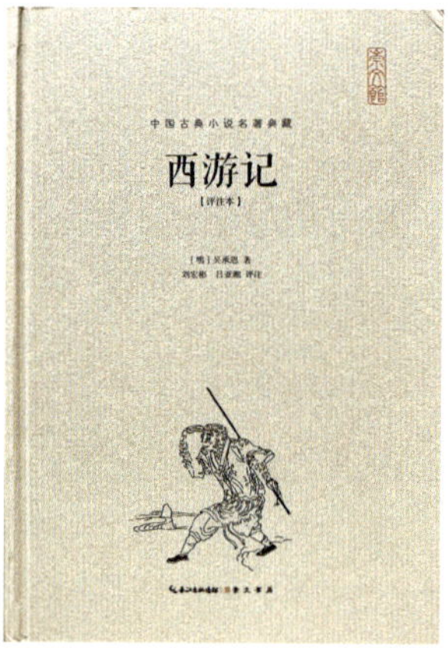

《西游记》书影

《警世通言》书影

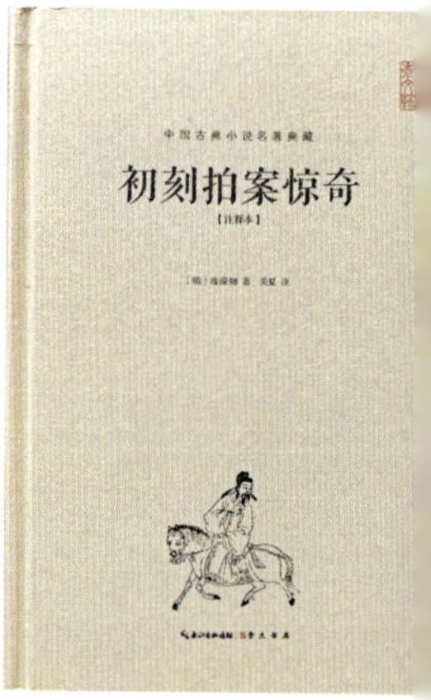

《拍案惊奇》书影

清供文化的高峰——《十竹斋书画谱》

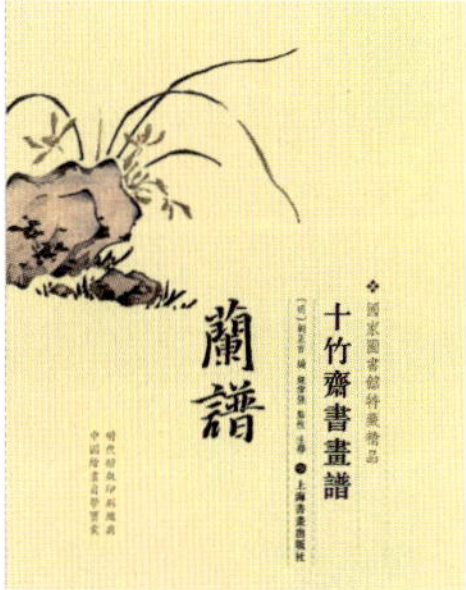

《十竹斋书画谱》

《十竹斋书画谱》是中国历史上展现晚明印刷技术及版画艺术的经典作品，由胡正言编印。该书在南京刊印，采用饾版水印、彩色水印等多种印刷技术，使中国古代的版画艺术和印刷技巧达到前所未有的高度。现存世的《十竹斋书画谱》原刊本凤毛麟角，是珍贵的文化遗产。

古代军事学名著——《武备志》

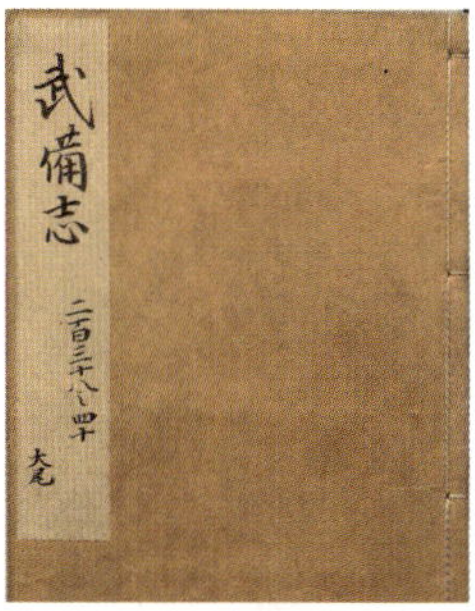

《武备志》书影

《武备志》是一部极有价值的中国古代军事学名著，作者茅元仪，天启元年（1621）在南京刻成。全书240卷，200余万字，图文并茂，存录有《郑和航海图》《杂家阵图阵法》等大批罕见资料，影响远达海外，在军事史上有着极高地位。

明代南京传世名著

书 名	编撰者	书 名	编撰者
《元史》	宋 濂（1310—1381）	《李氏藏书》	李 贽（1527—1602）
《宋学士全集》		《金陵梵刹志》	葛寅亮（？—约 1610）
《刘伯温集》	刘 基（1311—1375）	《澹园集》	焦 竑（1540—1620）
《百战奇略》		《养正图解》	
《郁离子》		《金陵琐事》	周 晖（1546— ？ ）
《凫藻集》	高 启（1336—1374）	《菜根谭》	洪应明（生卒年不详）
《逊志斋集》	方孝孺（1357—1402）	《仙佛奇踪》	
《水浒传》	施耐庵（约 1296—1370）	《牡丹亭》	汤显祖（1550—约 1617）
《永乐大典》	解 缙（1369—1415）	《邯郸记》	
《永乐南藏》	居 敬（？—约 1420）	《封神演义》	许仲琳（约 1560—1630）
《杨文敏集》	杨 荣（1372—1440）	《客座赘语》	顾起元（1565—1628）
《洪武京城图志》	明朝礼部	《珂雪斋集》	袁中道（1570—1623）
《金陵古今图考》	陈 沂（1469—1538）	《警世通言》	冯梦龙（1574—1646）
《传习录》	王阳明（1472—1529）	《拍案惊奇》	凌濛初（1580—1644）
《秋碧乐府》	陈 铎（约 1488—1521）	《十竹斋画谱》	胡正言（约 1580—1671）
《西游记》	吴承恩（约 1500—1582）	《武备志》	茅元仪（1594—1640）
《本草纲目》	李时珍（1518—1593）	《陶庵梦忆》	张 岱（1597—约 1689）
《列仙全传》	王世贞（1526—1590）	《历代宅京记》	顾炎武（1613—1682）
《艳异编》		《建康古今记》	

【诗文名作】

燕子矶　　朱元璋

燕子矶兮一秤砣，长虹作杆又如何？
天边弯月是挂钩，称我江山有几多！

蝶恋花·蒋山寺十月桃花　　刘　基

度朔移来天上种。绛蕊丹跗，王母亲曾弄。青女素娥为侍从，婵娟独擅三千宠。　　回首欢娱谁与共。荒草残烟，冷落秦淮洞。阆苑风高迷彩凤，断魂飞入韩凭梦。

金陵四十景·燕子矶（清版画）

金陵四十景·雨花台（清版画）

登金陵雨花台望大江　　高　启

大江来从万山中，山势尽与江流东。钟山如龙独西上，欲破巨浪乘长风。江山相雄不相让，形胜争夸天下壮。秦皇空此瘗黄金，佳气葱葱至今王。我怀郁塞何由开？酒酣走上城南台。坐觉苍茫万古意，远自荒烟落日之中来。石头城下涛声怒，武骑千群谁敢渡？黄旗入洛竟何祥？铁锁横江未为固。前三国，后六朝，草生宫阙何萧萧！英雄乘时务割据，几度战血流寒潮。我生幸逢圣人起南国，祸乱初平事休息。从今四海永为家，不用长江限南北！

阅江楼记（节选）　　宋　濂

金陵为帝王之州。自六朝迄于南唐，类皆偏据一方，无以应山川之王气。逮我皇帝，定鼎于兹，始足以当之。由是声教所暨，罔间朔南，存神穆清，与天同体，虽一豫一游，亦可为天下后世法。　　京城之西北有狮子山，自卢龙蜿蜒而来。长江如虹贯，蟠绕其下。上以其地雄胜，诏建楼于巅，与民同游观之乐。遂锡嘉名为“阅江”云。登览之顷，万象森列，千载之秘，一旦轩露。岂非天造地设，以俟夫一统之君，而开千万世之伟观者欤？当风日清美，法驾幸临，升其崇椒，凭阑遥瞩，必悠然而动遐思。见江汉之朝宗，诸侯之述职，城池之高深，关阨之严固，必曰：“此朕栉风沐雨、战胜攻取之所致也。中夏之广，益思有以保之。”见波涛之浩荡，风帆之上下，番舶接迹而来庭，蛮琛联肩而入贡，必曰：“此朕德绥威服，覃及外内之所及也。四陲之远，益思有以柔之。”见两岸之间、四郊之上，耕人有炙肤皲足之烦，农女有捋桑行馌之勤，必曰：“此朕拔诸水火，而登于衽席者也。万方之民，益思有以安之。”触类而思，不一而足。臣知斯楼之建，皇上所以发舒精神，因物兴感，无不寓其致治之思，奚止阅夫长江而已哉？

金陵四十景·狮子山（清版画）

狮子山今貌

建于2001年的阅江楼结束了六百年来“有记无楼”的历史，被誉为“江南第一楼”

【宗教文化】

明朝统治者推行多元化的宗教政策，南京佛教再度兴盛，成为全国佛学中心。明代大兴寺塔，南京寺庙总数超过600处，其中大报恩寺、天界寺、灵谷寺为金陵三大佛寺。

金陵第一刹——大报恩寺

大报恩寺位于南京城南古长干里，原为北宋长干寺（后更名天禧寺）旧址。元末明初，天禧寺两度遭火毁坏。明永乐十年（1412），明成祖以纪念明太祖和马皇后为名，敕工部依照皇宫大内的建筑规制重建寺院，赐额为“大报恩寺”。大报恩寺建造工程历时17年，规模宏大，为全国最大佛寺。被誉为“天下第一塔”的大报恩寺琉璃宝塔，9层8面，高达78米，是明清两代南京城最负盛名的标志性建筑，被列为“世界中古七大奇迹”之一。咸丰六年（1856），大报恩寺和琉璃宝塔毁于太平天国战火。2015年，大报恩寺遗址公园建成开放。

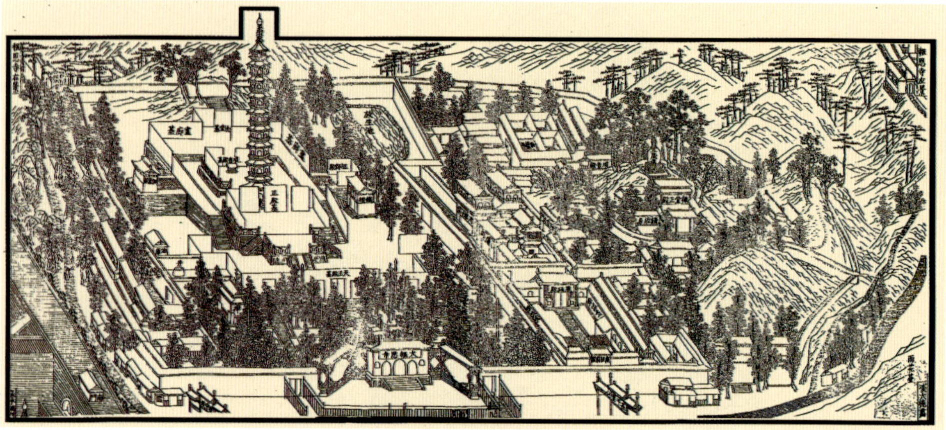

大报恩寺（明版画）

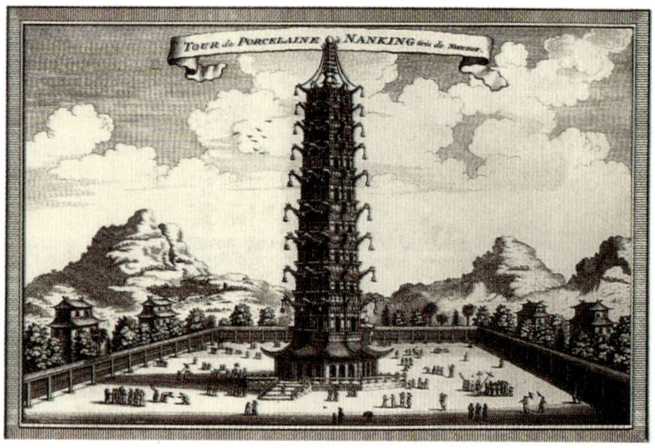

17 世纪荷兰人绘制的大报恩寺琉璃宝塔

灵谷深松——灵谷寺

灵谷寺位于紫金山东南麓，原称蒋山寺，在今明孝陵处，始建于南朝梁天监年间，是梁武帝为安葬名僧宝志而建立的寺院，后因兴建明孝陵而迁至今址。寺建于明初，占地500亩，规模宏大，松木参天，景色宜人，明太祖朱元璋赐额“灵谷禅寺”。寺院于清顺治年间毁于火，康乾时期重建，太平天国时再度毁于战火，同治年间重修。1928年，因建北伐阵亡将士公墓，灵谷寺迁移至东侧的龙王庙。

灵谷寺（明版画）

灵谷寺今貌

佛教圣地——鸡鸣寺

鸡鸣寺位于今玄武区鸡笼山东麓山阜上，是南京最古老的梵刹之一。南朝时期，梁武帝在鸡鸣埭兴建同泰寺，为当时江南佛教中心。五代杨吴时在同泰寺故址建台城千佛院。南唐时先后更名净居寺、圆寂寺。明洪武年间，太祖朱元璋命人在同泰寺故址附近重建寺院，题额为“鸡鸣寺”，位列金陵三大佛寺之后。1983年，古鸡鸣寺重修。

鸡鸣寺（明版画）

古鸡鸣寺今貌

四海平静——静海寺

静海寺位于今鼓楼区狮子山下，明永乐九年（1411）成祖朱棣为褒奖郑和航海壮举而敕建，赐额“静海寺”，取意“四海平静，天下太平”。静海寺占地约两万平方米，为金陵名刹。清道光二十二年（1842），清政府被迫于静海寺与英军议约，并于下关江面“康华丽号”战舰上签订了中国历史上第一个不平等条约《南京条约》。历经灾难与战火后，中华人民共和国成立时静海寺仅剩偏殿数间。1987年在旧址复建。

静海寺（明版画）

静海寺今貌

古林寺旧影

天下第一戒坛——古林寺

古林寺位于今鼓楼区古平岗南，原名观音庵，为南朝名僧宝志所建，南宋时改名为古林庵。明万历十二年（1584），大和尚古心（1540—1615）住在古林庵研习佛法，改庵为寺。清代时，古林寺与香林寺、毗卢寺并称“金陵三大寺”，被奉为“中兴戒律第一祖庭”，后屡遭兵火损毁。现寺已不存，原寺址西侧一隅已改为古林公园，园内至今保留着高僧墓塔构件。

利玛窦与基督教传入

基督教最早于唐代传入中国，在长安等地传播。明朝中后期，第一个来到南京的天主教传教士是意大利人利玛窦（1552—1610）。利玛窦通过“西方僧侣”的身份和“汉语著述”的方式传播天主教教义与西方科技文化，带来了自鸣钟、三棱镜、《山海舆地图》等，把地圆说、经纬度制图法、地球五带及五大洲等近代西方地理学概念引入中国，为中西文化交流做出了重要贡献。利玛窦建造了南京的第一个天主教堂，即今南京石鼓路教堂之前身。

利玛窦

石鼓路天主教堂今貌

伊斯兰教传播

伊斯兰教传入中国始于唐代，元代以后逐渐开始与中国文化融合。明代时称伊斯兰教为“回回教”。明初，随着穆斯林人口的增加，伊斯兰文化在南京也得到广泛传播。明代南京是汉文伊斯兰教译著活动的发源地和前期中心。明朝政府于聚宝山（今雨花台）设立的“回回钦天台”就是吸收阿拉伯人的天文学成就建成的。

净觉寺今貌

位于今秦淮区升州路28号的净觉寺为南京最早的清真寺，始建于洪武二十一年（1388），宣德五年（1430）遭火灾被毁，此时恰逢郑和准备第七次下西洋的前夕，明宣宗特准郑和的奏请，拨款重建净觉寺。清代，净觉寺又遭毁坏。现存建筑系清光绪年间重建。

— 历史遗存 —

明清皇家第一陵——明孝陵

明孝陵是明代开国皇帝朱元璋与皇后马氏的合葬墓，位于钟山南麓独龙阜玩珠峰，占地面积达170余万平方米，分为导引区、碑楼区、神道石刻区、陵宫主体建筑区4个部分。明孝陵设计理念独特，弯曲的神道区别于过去帝陵的直线式神道。“前朝后寝”式的帝陵制度，影响了明清两代帝陵制度和风格。1961年明孝陵被列为全国重点文物保护单位。2003年，明孝陵被联合国教科文组织列入世界文化遗产名录。

明孝陵方城明楼今貌

明孝陵神道石像路今貌

宏伟的砖石建筑——无梁殿

无梁殿位于紫金山南麓灵谷景区内，是我国历史最悠久、规模最大的砖砌拱券结构殿宇，建于洪武十四年（1381），原为灵谷寺内供奉无量寿佛的无量殿。该殿形制高大，全用砖砌，不用寸钉片木，故又称“无梁殿”。1931年，国民政府将无梁殿改建为国民革命军阵亡将士公墓祭堂。2001年，国民革命阵亡将士公墓被列为全国重点文物保护单位。

无梁殿今貌

托葬中华——渤泥国王墓

渤泥国王墓位于今雨花台区乌龟山南麓，是15世纪初渤泥（今文莱）国王麻那惹加那的墓，为中国现存仅有的两处外国国王墓之一。明永乐六年（1408），渤泥国国王携王室、陪臣150多人来中国进行友好访问，同年10月病故于南京。明成祖朱棣遵其“托葬中华”的遗愿，以礼葬王侯的仪式安葬。2001年此处被列为全国重点文物保护单位。

2019年，渤泥国王墓区改建为渤泥国王纪念园

古渤泥国王墓

世界第一宫殿——明故宫遗址

南京明故宫为明初三朝皇宫，使用时间长达54年之久，是北京故宫的蓝本。明故宫始建于至正二十六年（1366），占地面积101.25万平方米，由皇城与宫城两部分组成，是中世纪世界最大的宫殿。现存遗迹位于今中山东路南北两侧，主要有午门、奉天门、东华门、西华门、西安门、宫殿等遗址。2006年明故宫遗址被列为全国重点文物保护单位。

午门遗址

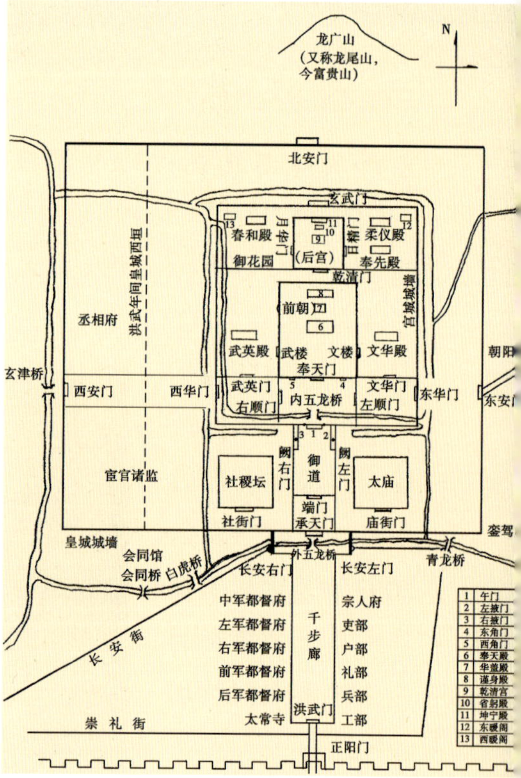

明朝皇城复原图

东华门遗址

西安门遗址

金陵第一园——瞻园

瞻园位于今秦淮区夫子庙秦淮风光带核心区，始建于明朝初年，为明开国元勋中山王徐达府邸之西圃。清代此处曾为江南省左布政使署。乾隆帝南巡时曾驻跸此园，御题“瞻园”匾额。太平天国时瞻园为东王府。园内面积约2万平方米，是南京现存历史最久的一座园林，与无锡寄畅园、苏州拙政园和留园并称为“江南四大名园”。2006年瞻园被列为全国重点文物保护单位。

瞻园今貌

最大的皇家造船厂——龙江船厂遗址

龙江船厂遗址位于今鼓楼区漓江路57号。龙江船厂于明洪武初年开厂造船，是中世纪世界上规模最大的皇家造船厂，占地10万平方米，开作塘（船坞）7条，永乐年间郑和下西洋所用船只多建造于此。现仅存古船坞遗址3处。2005年，宝船厂遗址公园建成开放。2006年龙江船厂遗址被列为全国重点文物保护单位。

龙江船厂遗址今貌

天下第一碑——阳山碑材

阳山碑材位于今江宁区汤山街道阳山西南麓，又称孝陵碑材，是明成祖朱棣为颂扬其父明太祖朱元璋功德而开凿的巨型神功圣德碑石材，后因体积庞大无法启运而弃之未用。现存碑座、碑额、碑身3块碑材，若按碑式垒起，高度可达75米，总重3.1万吨，堪称绝世碑材。2013年阳山碑材被列为全国重点文物保护单位。

阳山碑材

古代拱桥之杰作——七桥瓮

七桥瓮位于今秦淮区光华门外，建于明正统五年（1440），是拱卫京城的门户。此桥共有7个桥孔，全长99.84米，宽13米，为南京地区现存规模最大的砖石构造拱桥，堪称中国古代拱桥中的杰作，也是中国惟一一个用“瓮”来命名的古桥。2013年七桥瓮被列为全国重点文物保护单位。

七桥瓮今貌

九拱古石桥——蒲塘桥

蒲塘桥位于今溧水区洪蓝街道蒲塘社区，建成于明正德七年（1512），清乾隆年间重修。该桥为9孔石拱桥，跨蒲塘河，长91.3米，净宽5.7 米，桥下有8个带分水尖的桥墩，石桥栏有72根石柱等距排列，为溧水区现存最大的古桥。2013年蒲塘桥被列为全国重点文物保护单位。

蒲塘桥今貌

百寺之首——大报恩寺遗址

大报恩寺遗址是中国规格最高、规模最大、保存最完整的寺庙遗址。2008年，从大报恩寺前身的长干寺地宫出土了震惊世界独一无二的“佛顶真骨”，以及“感应舍利”“七宝阿育王塔”等一大批世界级文物与圣物。2013年此处被列为全国重点文物保护单位。2015年，大报恩寺遗址公园建成开放。

2015 年建成开放的大报恩寺遗址公园

大报恩寺琉璃塔构件

阿育王塔

佛顶骨舍利

明鼓清碑——南京鼓楼

南京鼓楼位于南京明城墙内南京古城中央的鼓楼岗上，始建于明洪武十五年（1382），是旧时南京城的报时中心和明朝京师的象征，清初因战火城楼被毁，只留下城台。康熙二十三年（1684）康熙南巡时曾登临四望，后树碑建楼，更名“碑楼”，故有“明鼓清碑”之称。2019年此处被列为全国重点文物保护单位。

南京鼓楼今貌

鼓楼康熙御碑

江南小三峡——胭脂河·天生桥

胭脂河位于溧水区城西约4公里处，是朱元璋定都南京后为沟通江浙漕运而开凿的一条人工运河，南通石臼湖，北连秦淮河，全长7.5公里。沿岸奇峰倒挂，怪石高悬，素有“江南小三峡”之美誉。胭脂河上，有一巨石凌空而架，横跨两岸峭壁上，为当年开掘时巧妙设计的“天生桥”。桥长34米，宽9米，厚8.9米，高35米。运河上留石为桥，为中外罕见。1995年此处被列为江苏省文物保护单位。

天生桥今貌

胭脂河今貌

金陵第二夫子庙——高淳老街

高淳老街位于今高淳区淳溪街道，又称淳溪老街，始建于明代，是江苏省保存最为完整的明清古建筑群之一。高淳老街经过明清两代500多年的不断建设，形成了一条长800多米、宽5米左右的商业街，现存店铺314间，古朴典雅，造型别致，既具皖南徽派风貌，又有鲜明的地方传统风格，被誉为“古建筑的艺术宝库”。2002年高淳老街被列为江苏省文物保护单位。

高淳老街

清代江宁

清代南京为江宁府。清顺治初，改明南直隶为江南省，改明应天府为江宁府。江宁府仍辖上元、江宁、句容、溧阳、溧水、高淳、江浦、六合8县。江南省治设在江宁府，管辖范围相当于今天的江苏省、上海市和安徽省，为当时全国最富裕的省份。同时，在江宁设两江总督署，管辖江南、江西两省，改明皇城为驻防城，由江宁将军驻守。

清疆域图（中国地图出版社《简明中国历史地图集》）

清代江南省辖区图（参照中国地图出版社《中国历史地图集》绘制）

顺治十八年（1661），江南省分为江苏、安徽两省，南京为安徽省府驻地。乾隆二十五年（1760），江苏省府由苏州迁至南京，安徽省府由南京迁至安庆。“江苏”取江宁、苏州二府首字而得名，管辖范围大致与现在相同。两江总督，官居一品，辖江苏、安徽、江西三省。

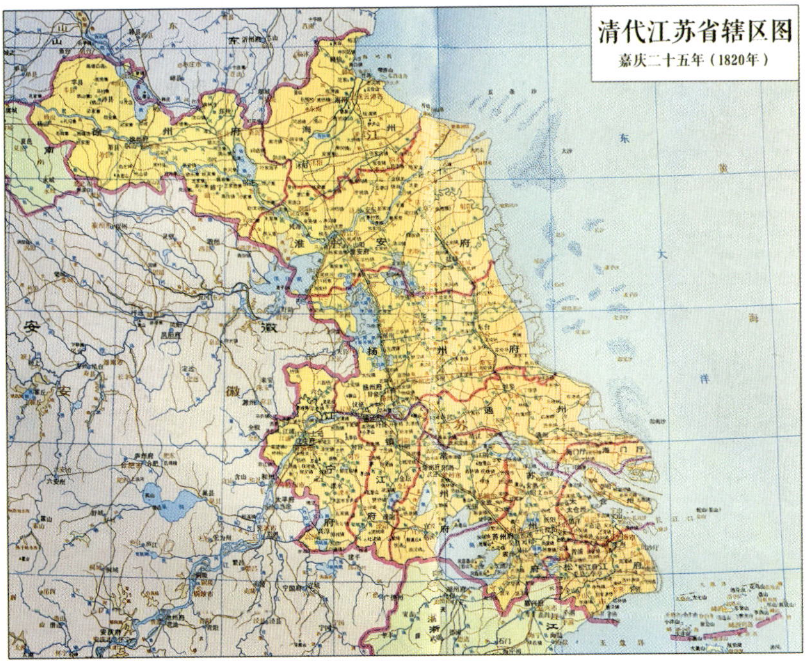

清代江苏省辖区图（中国地图出版社《中国历史地图集》）

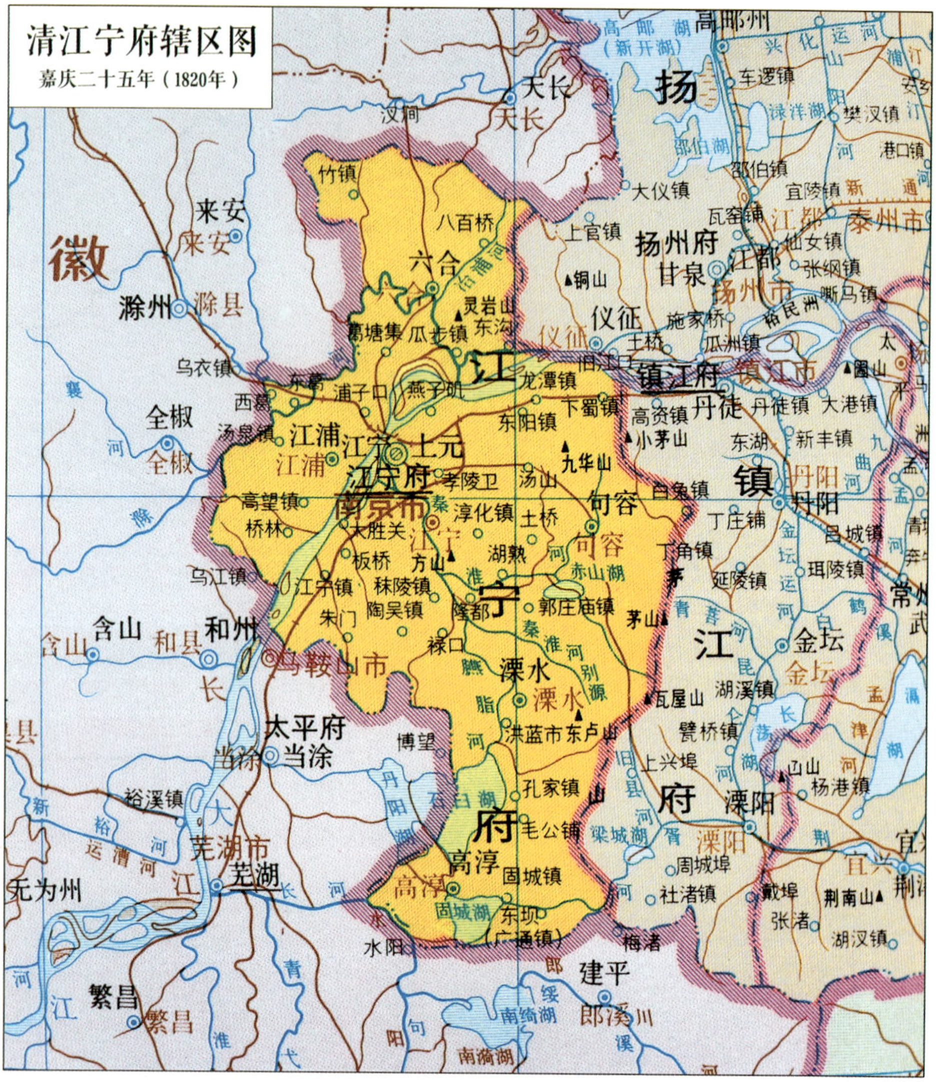

清江宁府辖区图

清代南京地位特殊，为东南重镇。康熙、乾隆两帝分别6次南巡，均驻跸江宁。近代史上震惊中外的两大事件也发生在南京：一是道光二十二年（1842），中国历史上第一个不平等条约——中英《南京条约》在南京签订；二是咸丰三年（1853），太平天国起义军占领江宁，改为天京，作为都城。

道光二十二年（1842），中国在与英国的鸦片战争中战败。8月29日，清政府代表在泊于南京（时称江宁）下关江面的英军旗舰“康华丽号”上与英国签署《南京条约》。《南京条约》的签订，使中国的社会性质发生根本性变化，标志着中国近代史的开端。

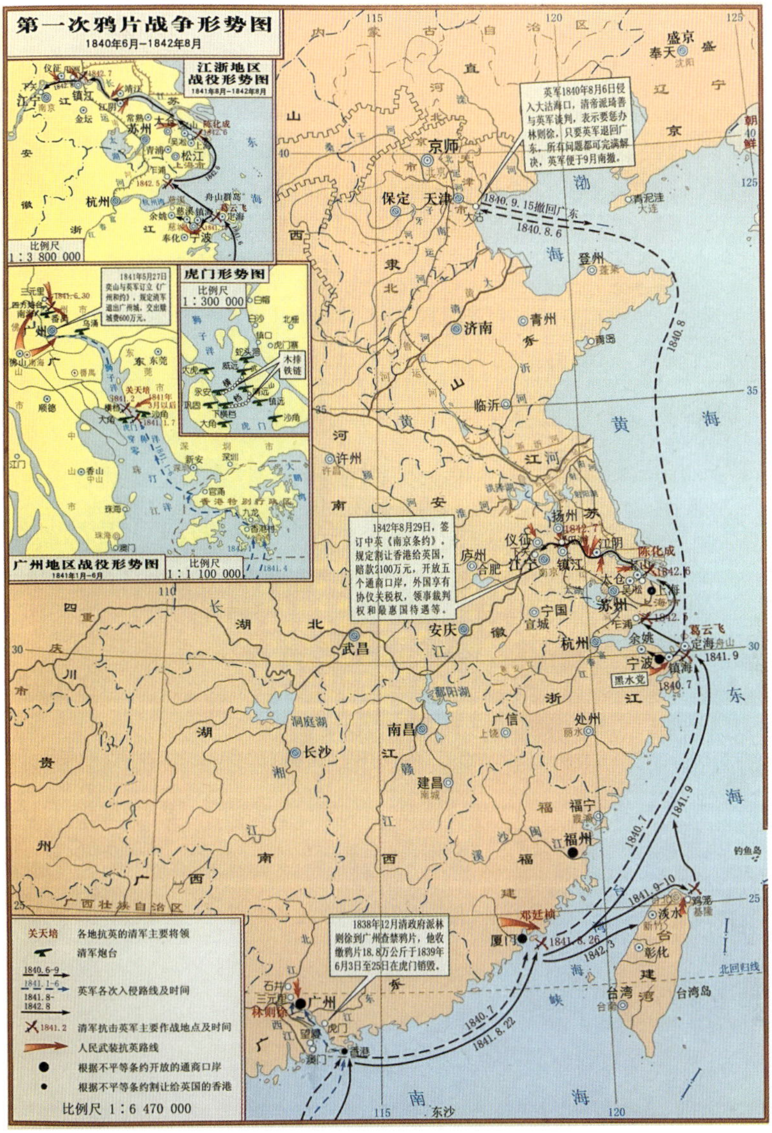

第一次鸦片战争形势图（山东省地图出版社《透过地图看历史》）

《南京条约》在英军旗舰“康华丽号”上签署

【历史人物】

李渔

中国戏剧理论始祖——李渔

李渔（1611—1680），明末清初文学家、戏剧家、美学家，初名仙侣，后改名渔，字谪凡，号笠翁，浙江金华兰溪人。康熙元年（1662）李渔移居金陵，置业芥子园，在南京生活近20年。他一生著述丰富，著有《笠翁传奇十种》《无声戏》《十二楼》《闲情偶寄》等，建立了较为完善的戏剧理论体系，被后世誉为“中国戏剧理论始祖”“世界喜剧大师”。

龚贤

金陵八家之首——龚贤

龚贤（1618—1689），字半千，号野遗，江苏昆山人。他少时寓居金陵，明末参加复社，后流落北方。康熙四年（1665），龚贤回到江宁，在清凉山下筑“半亩园”居住，以卖画授徒为生。他是明清之际中国画坛最杰出的绘画大师之一，与同时活跃于金陵的画家樊圻、高岑、邹喆、吴宏、叶欣、胡慥、谢荪等并称为“金陵八家”，代表作有《清凉环翠图》《摄山栖霞图》等。

龚贤《清凉环翠图》局部

龚贤《摄山栖霞图》局部

清初四僧之一——石涛

石涛

石涛（1642—1707），清代著名画家，明宗室靖江王朱赞仪十世孙，原姓朱，名若极，小字阿长，广西桂林人。明亡后，他出家为僧，法名原济，字石涛，号大涤子、苦瓜和尚等。石涛与弘仁、髡残、朱耷合称“清初四僧”，康熙年间寄居江宁近8年。其作画构图新奇，代表作有《山水画册》《细雨虬松图》《柳岸清秋》《水阁抚琴》等。

石涛《细雨虬松图》局部

石涛《狂壑晴岚图》

桐城派散文创始人——方苞

方苞

方苞（1668—1749），清代文学家，字灵皋，亦字凤九，晚年号望溪，亦号南山牧叟，祖籍江南桐城（今安徽桐城），生于江宁六合，后迁居金陵。他是康熙四十五年（1706）进士，经举荐入值南书房，官至内阁学士、礼部侍郎。方苞晚年居江宁乌龙潭侧（今南京龙蟠里14号），专心著书，为桐城派散文创始人，病逝后葬于今南京六合。

清代文学巨匠——吴敬梓

吴敬梓

吴敬梓（1701—1754），清代文学家，字敏轩，一字文木，号粒民，安徽全椒人，因家中有“文木山房”，晚年自称“文木老人”。他33岁时移居南京秦淮河畔，故又称“秦淮寓客”。吴敬梓屡次科举不中，著有长篇讽刺小说《儒林外史》，为清代最伟大的小说家之一。乾隆十九年（1754），他客死扬州，归葬金陵清凉山。

吴敬梓纪念馆

中国古典文学集大成者——曹雪芹

曹雪芹

曹雪芹（约1715—1763），名霑，字梦阮，号雪芹，又号芹溪、芹圃，祖籍辽阳（今辽宁辽阳），生于江宁。其曾祖父、祖父、父亲三代四人任江宁织造。曹雪芹早年在南京亲历了一段锦衣纨绔、富贵风流的生活，13岁时，因家族获罪被抄家，随家人迁北京。曹雪芹素性放达，爱好广泛，以坚韧不拔的毅力，历经多年艰辛，于晚年创作出极具思想性、艺术性的伟大作品——《红楼梦》。

苍山随园老人——袁枚

袁枚

袁枚（1716—1797），清代杰出诗人，字子才，号简斋，晚年自号随园老人、苍山居士，钱塘（今浙江杭州）人，与赵翼、蒋士铨合称“乾隆三大家”。他是乾隆四年（1739）进士，曾任溧水、江浦、沭阳、江宁等地知县，33岁时辞官养母，在江宁小仓山下购筑“随园”，以论诗著述为乐。其倡导的“性灵说”诗论影响巨大，著有《随园诗话》《子不语》《随园食单》等30余种。

中国古文第一人——姚鼐

姚鼐

姚鼐（1731—1815），清代著名散文家，字姬传，一字梦谷，室名惜抱轩，世称惜抱先生，安庆桐城（今安徽桐城）人，与方苞、刘大櫆并称为“桐城三祖”。姚鼐曾任礼部主事、四库全书纂修官，年40辞官南归，致力教育，两度主持南京钟山书院，达22年之久，嘉庆二十年（1815）卒于钟山书院，其作品有《惜抱轩全集》等，所编《古文辞类纂》流传极广。

邓廷桢

近代民族英雄——邓廷桢

邓廷桢（1776—1846），清代官吏，民族英雄，字维周，又字嶰筠，晚号妙吉祥室老人，江宁（今江苏南京）人。嘉庆六年（1801）进士，官至云贵、闽浙、两广总督。他与林则徐协力查禁鸦片，击退英舰挑衅和入侵，因遭诬陷，与林则徐同时被革职，充军伊犁，晚年释还，迁至陕西巡抚。道光二十六年（1846）邓廷桢卒于西安任所，归葬江宁。邓廷桢墓位于今栖霞区仙林灵山，1982年列为江苏省文物保护单位。

魏源

晚清启蒙思想家——魏源

魏源（1794—1857），清代思想家、政治家、文学家，名远达，字默深、墨生、汉士，号良图，湖南邵阳人。道光十二年（1832），魏源移居南京乌龙潭边，撰成名著《海国图志》，道光二十五年（1845）中进士，官至高邮知州，晚年弃官归隐。他倡导学习西方先进科学技术，提出“师夷长技以制夷”的主张，开启了了解世界、向西方学习的新潮流。

魏源故居

晚清四大名臣之首——曾国藩

曾国藩（1811—1872），中国近代政治家、文学家，初名子城，字伯涵，号涤生，湖南湘乡县人，宗圣曾子七十世孙，道光十八年（1838）进士。他一生修身律己，以德求官，在官场上获得巨大成功，曾两次领任两江总督，官至直隶总督、武英殿大学士，同治十一年（1872）病卒于南京。曾国藩继承桐城派而自立风格，创立晚清古文流派“湘乡派”，著有《求阙斋文集》《诗集》《家训》等。

曾国藩

近代中国佛教复兴之父——杨仁山

杨仁山（1837—1911），清朝末年著名佛教居士，中国近代佛教复兴运动的奠基人，名文会，仁山为其字，安徽池州石埭人，出身官宦世家。同治五年（1866），杨仁山移居南京，创立金陵刻经处，光绪三十四年（1908）建立祇洹精舍，促成了中国佛教的复兴。宣统三年（1911），他逝世于南京，葬于金陵刻经处院内。有《杨仁山居士遗著》12卷留世。

杨仁山

近现代教育的奠基人——李瑞清

李瑞清（1867—1920），清末民初诗人、教育家、书画家，字仲麟，号梅庵、梅痴，晚号清道人、玉梅花庵主，江西抚州人。他是光绪二十一年（1895）进士，光绪三十二年至宣统三年（1906—1911）任两江师范学堂监督（即校长）。其学识人品及办学理念，对两江师范学堂影响深远。辛亥革命后，李瑞清离开南京赴沪，鬻书画为生，1920年病逝于上海，归葬南京牛首山。

李瑞清

【南京书院】

书院集教育、学术、藏书等功能于一体，是我国古代社会独具特色的文化教育模式，萌芽于唐末，鼎盛于宋元，普及于明清，改制于清末。清代南京，书院数量众多，是全国书院最发达的地区之一，反映了南京悠久的文化教育传统。

惜阴书院旧址

崇正书院今貌

文正书院（宁海中学的前身）

清代南京书院简况

院名	创办时间	创办人	山长/院长	地址	历史沿革及后来去向
钟山书院	1724年	两江总督查弼纳	宋衡 杨绳武 姚鼐	今秦淮区太平南路白下会堂附近	清代江宁府最大的官办书院。1724年由两江总督查弼纳创办，雍正帝题名“钟山书院”。首任山长宋衡，著名学者姚鼐两度主持钟山书院。太平天国时毁于战乱，1865年两江总督曾国藩重建。1903年废科举后改为江南高等学堂。
惜阴书院	1853年	两江总督陶澍	薛时雨	今鼓楼区清凉山下龙蟠里9号	院名“惜阴”取自东晋陶侃名句“大禹圣人，犹惜寸阴，吾辈当惜分阴”。名儒薛时雨为书院山长。1853年书院遭兵灾。1864年，曾国藩任两江总督时重建恢复。光绪年间，惜阴书院旧址成为我国最早的公共图书馆——江南图书馆，后为南京图书馆特藏部。
崇正书院	1562年	督学御史耿定向	耿定向	今鼓楼区清凉山公园内	明嘉靖年间时任督学御史耿定向所建，取文天祥“天地有正气”之句，定名“崇正”。明代状元焦竑出自该书院。清咸丰年间书院毁于战火。同治年间，僧人可曾募资重建，改名小九华寺。“文革”时寺院被毁。20世纪80年代，南京市政府拨款重修，恢复崇正书院原名。
文正书院	1890年	江宁布政使许振祎	黄体芳 张謇	今秦淮区长白街以东八府塘	南京宁海中学的前身。1890年由时任江宁布政使的许振祎创立。清末状元张謇曾任书院山长。1902年书院改为江宁府学堂，系南京官办中学之始，后易名为江宁府中学堂。1912年改为江苏省立南京中学校。
尊经书院	1805年	江宁布政使康基田	黄镕 薛时雨	今秦淮区夫子庙尊经阁	1805年，尊经阁焚毁。布政使康基田捐资重建，设尊经书院。因地偏狭，道光年间寄在惜阴书院之中。1869年，薛时雨为山长，评定文章，不拘一格，惟佳为主，对学子影响极大。光绪年间废科举后停办。
凤池书院	1767年	江苏巡抚陈桂生	陈俨亭 张裕钊	今秦淮区夫子庙秦淮河南岸琵琶巷小区	始建于1767年。嘉庆年间，江苏巡抚陈桂生捐款筑承训楼。道光年间改建于旧王府之东。太平天国时被拆毁。1868年重修后，两江总督曾国藩聘湖北学者张裕钊主讲凤池书院，培养了大批人才，近代著名实业家张謇出自该院。
文昌书院	1660年	国子监助教许令典	朱谟 白梦鼎	今玄武区成贤街明国子监文昌阁旧址	始建于明万历年间。1660年，学博（即教谕）朱谟与学生白梦鼎等重修，建坊申请，匾额书“文昌书院”，为读书和讲学之所。清嘉庆时废。“文昌桥”亦从文昌阁、文昌书院得名。
虹桥书院	1682年	两江总督于成龙		今秦淮区洪武路与小火瓦巷附近	1682年，两江总督于成龙所建，原址在南京卢妃巷。征召安徽、江西、江苏等地名士前来读书就学，称盛一时。清嘉庆时废。

【传世名著】

《桃花扇》

《桃花扇》是清代著名传奇剧本，作者孔尚任。故事背景在明末南京。剧本通过侯方域和李香君悲欢离合的爱情故事，表现了明末时期复杂的权奸之争，以及南明最终覆亡的历史。该剧凄婉伤感、缠绵动人，内容用词考究，与洪升的《长生殿》并称为清代戏曲“双璧”。

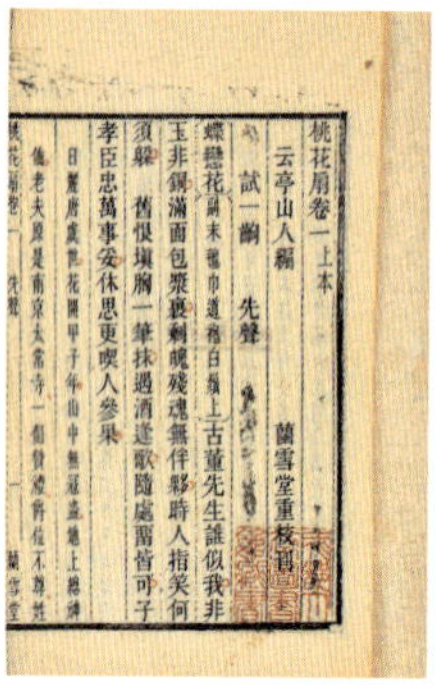
桃花扇卷一上本
云亭山人編　蘭雪堂重校梓
試一齣　先聲
蝶戀花　古董先生誰似我非
玉非銅滿面包漿裹剩魄殘魂無伴夥時人指笑何
須躲　舊恨填胸一筆抹遇酒逢歌隨處留皆可子
孝臣忠萬事妥休思更喫人參果
日麗唐虞世花開甲子年山中無寇盜地上總神
僊老夫原是南京太常寺一個贊禮爵位不尊姓

《桃花扇》书影

《桃花扇》插图

《芥子园画谱》

《芥子园画谱》是一部中国传统绘画的课本，作者王概。该书成书于南京，是风行时间最久、范围最广的古代中国画启蒙教材，内容涵盖山水、人物、花草、虫禽，系统明了，浅显生动，为世人学画必备之书。近现代的一些画坛名家如黄宾虹、齐白石、潘天寿、傅抱石等，都把《芥子园画谱》作为进修的范本。

《芥子园画谱》图版

《儒林外史》

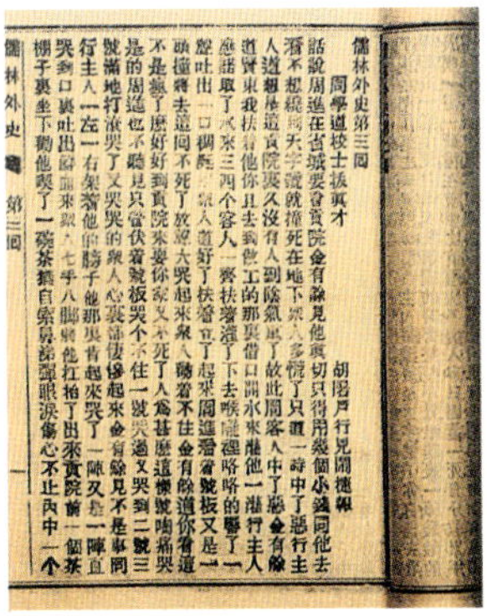

《儒林外史》书影

《儒林外史》是中国古代讽刺文学的典范，作者吴敬梓，成书于南京。全书约40万字，描写了近200个人物。该书假托明代，描绘了康乾时期科举制度下读书人的进仕和生活，对科举制度下封建文人群像的成功塑造，对吃人的科举、礼教和腐败世态的生动描绘，使小说成为中国文学史上批判现实主义的代表作。

《红楼梦》

《红楼梦》 是中国古典章回小说的巅峰之作，中国古代四大名著之一，作者曹雪芹。此书是一部具有高度思想性和艺术性的伟大作品，作者通过讲述家族兴衰的故事，对封建腐朽的科举制度、等级制度等进行思考。书中景物人事，在南京均有其原型可寻。

《红楼梦》插图（清人绘）

《随园食单》

《随园食单》书影

《随园食单》是清代一部非常重要的饮食名著，作者袁枚。该书写于南京随园，作者以文言随笔的形式，细腻地描摹了乾隆年间江浙地区的饮食状况与烹饪技术，详细记述了中国14世纪至18世纪流行的326种南北菜肴饭点及美酒名茶，被公认为厨者的经典，并被译介至英、法、日等国。

《笠翁传奇十种》

《笠翁传奇十种》书影

《笠翁传奇十种》是中国喜剧史上的经典之作，作者李渔，成书于南京。该书是作者惟一留存的自刻戏曲集，很早就传入西方。其金陵刻本附有版画，在书史上也占有重要地位。此书剧作情节曲折，语言浅近易懂，在士大夫及普通百姓中均颇受欢迎。

《海国图志》

《海国图志》是中国近代史上第一部较为详尽、系统地介绍世界历史、地理、文化的著作，作者魏源。全书介绍了西方的自然科学技术和近代资本主义民主政治制度，提出了“师夷长技以制夷”的主张，给当时封闭的国人带来全新的近代世界观念。

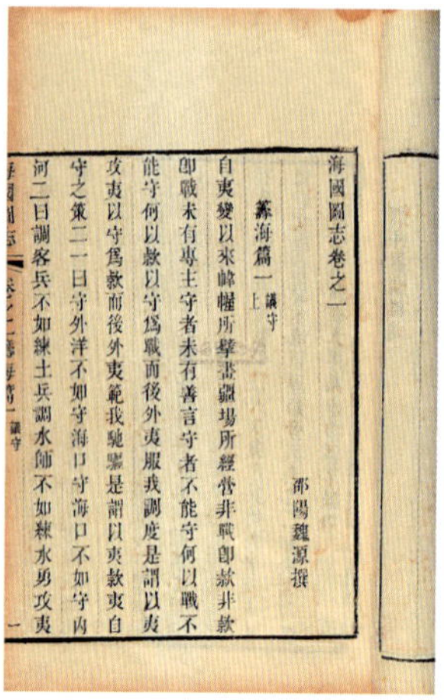
海國圖志卷之一
籌海篇一 議守上
邵陽魏源撰
自夷變以來幃幄所擘畫疆場所經營非戰即款非款
即戰未有專主守者未有善言守者不能守何以戰不
能守何以款以守爲戰而後外夷服我調度是謂以夷
攻夷以守爲款而後外夷範我馳騁是謂以夷款夷自
守之策二一曰守外洋不如守海口守海口不如守內
河二曰調客兵不如練土兵調水師不如練水勇攻夷

《海国图志》书影

《海国图志》插图

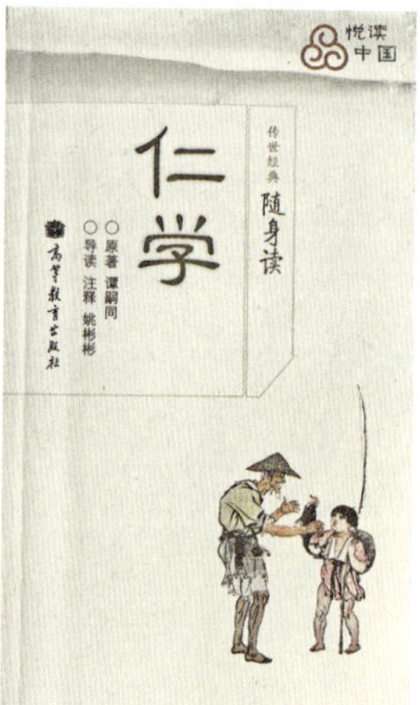

《仁学》书影

《仁学》

《仁学》是一部将哲学、宗教、科学治为一炉，自成一体的学术著作，作者谭嗣同，中国近代政治家、思想家。《仁学》光绪二十三年（1897）成书于南京，全书5万余字，融贯了作者对儒释耶三教的自得之见，参以百家博杂之学，以反对清朝的专制统治，集中体现了作者的政治和学术思想，对后来中国的思想文化影响巨大。

清代南京传世名著

书　名	编撰者	书　名	编撰者
《戆叟诗钞》	纪映钟（1609—1680）	《小仓山房集》	袁　枚（1716—1797）
《闲情偶寄》	李　渔（1611—1680）	《惜抱轩诗文集》	姚　鼐（1731—1815）
《笠翁传奇十种》		《古文辞类纂》	
《笠翁对韵》		《双砚斋笔记》	邓廷桢（1776—1846）
《带经堂集》	王士禛（1634—1711）	《秣陵集》	陈文述（1771—1843）
《芥子园画谱》	王　概（1644—1710）	《因寄轩文初集》	管　同（1780—1831）
《桃花扇》	孔尚任（1648—1718）	《柏枧山房诗文集》	梅曾亮（1786—1856）
《姑妄言》	曹去晶（1665—1735）	《海国图志》	魏　源（1794—1857）
《方苞集》	方　苞（1668—1749）	《圣武记》	
《天方至圣实录》	刘　智（约1660—1730）	《魏源集》	
《儒林外史》	吴敬梓（1701—1754）	《白下琐言》	甘　熙（1798—1853）
《唐诗三百首》	孙　洙（1711—1778）	《金陵琐志九种》	陈作霖（1837—1920）
《红楼梦》	曹雪芹（1715—1763）	《南唐二主词笺》	刘继增（1843—1905）
《随园食单》	袁　枚（1716—1797）	《散原精舍诗文集》	陈三立（1853—1937）
《随园诗话》		《仁学》	谭嗣同（1865—1898）
《子不语》		《金陵杂志》	徐寿卿（生卒年不详）

【康熙南巡图】

《康熙南巡图》，清代宫廷绘画作品，绢本，重设色，共12卷，每卷纵67.8厘米，横1555—2612.5厘米不等。主要作者有王翚、杨晋，康熙三十年（1691）绘，历时3年完成。画面宏大，人物逾万，形形色色，牛马牲畜过千，姿态各异，充分展示了康熙二十八（1689）康熙第二次南巡时的盛况。第10、11卷为康熙南巡江宁境内情景，现藏于北京故宫博物院。

康熙南巡·江宁三山街

康熙南巡·江宁通济门

康熙南巡·江宁秦淮河

康熙南巡·江宁校场

康熙南巡·江宁玄武湖

康熙南巡·江宁大报恩寺

【江宁织造府】

江宁织造府位于今南京城中大行宫地区，为清代专门制造御用和官用缎匹的官办织局，丝绸产品只供皇帝和亲王大臣使用。清康熙皇帝6次下江南，有5次住在江宁织造府内。“大行宫”的称呼是因康熙和乾隆两任皇帝在此住过而得名。据史料记载，曹雪芹于康熙五十四年（1715）诞生在江宁织造府内。2012年，江宁织造府重建，内设曹雪芹故居陈列馆、红楼梦文学馆和云锦博物馆等。

江宁织造府

【南洋劝业会】

南洋劝业会是晚清政府在江宁举办的全国首次大型博览会，也是中国历史上首次以官方名义举办的国际性博览会，由时任两江总督兼南洋大臣端方发起，旨在奖劝农工，振兴实业，故名为“南洋劝业会”，清宣统二年（1910）6月5日开幕。主会场设在今鼓楼区的湖南路、丁家桥、三牌楼一带，占地700余亩（时1亩约为666.7平方米）。参展展品及商品达100万件，品种包括工艺、农业、机械、通运、教育、卫生、美术、武备、侨商产品等。展览持续近半年，吸引了中外参观者30多万人，成交额数千万银元，对中国近代工业的发展起到了积极作用。

南洋劝业会旧影

南京工业大学丁家桥校区内的劝业会阳蓬遗存

【两江师范学堂】

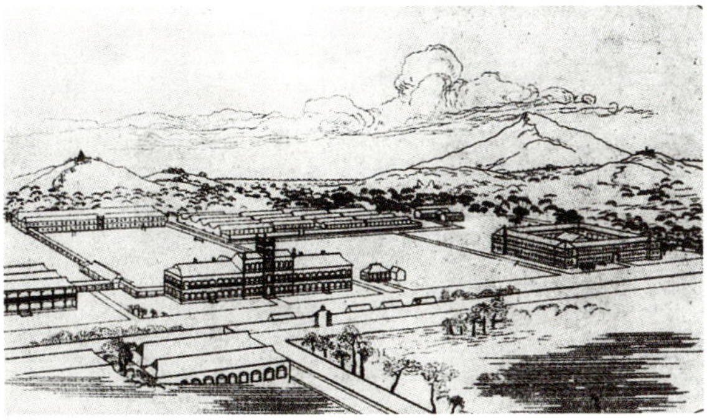

两江师范学堂全图（手绘版）

两江师范学堂是中国近代最早设立的师范学校之一，光绪二十八年（1902）由清末两江总督张之洞创建。校址设在江宁城内北极阁南，初名三江师范学堂，光绪三十二年（1906）易名两江师范学堂。宣统三年（1911）辛亥革命爆发后停办。1914年于原址设立南京高等师范学校，后经过国立东南大学、国立第四中山大学、国立江苏大学、国立中央大学、国立南京大学等历史时期，于1950年改名为南京大学。1952年全国院系整合后，衍生为今天的南京大学、东南大学、南京师范大学、南京农业大学、南京工业大学等12所高校。

【江南图书馆】

江南图书馆旧址

江南图书馆是中国最早的公共图书馆，由清末两江总督端方于光绪三十三年（1907）奏请清廷在原惜阴书院旧址创办（现址为鼓楼区龙蟠里9号）。他同时奏请朝廷筹款将杭州“八千卷楼”藏书全部收购。宣统二年（1910）9月开馆，定名江南图书馆。翰林院编修、藏书家缪荃孙为首任总办（即馆长）。1913年后，江南图书馆先后易名为江苏省立图书馆、江苏省立第一图书馆、国立中央大学国学图书馆、江苏省立国学图书馆。1952年，江苏省立国学图书馆并入国立南京图书馆。

【历史遗存】

甘熙宅第

甘熙宅第位于今秦淮区南捕厅15、17、19号和大板巷42、46号，始建于清嘉庆年间，俗称“九十九间半”，是南京现有面积最大、保存最完整的私人民宅，与明孝陵、明城墙并称为南京明清三大景观。宅第规模庞大、等级森严，各类用房的位置、装修、面积、造型都具有统一的等级规定，讲究子孙满堂、数代同堂，反映了金陵大家士绅阶层的文化品位和伦理观念。2006年甘熙宅第被列为全国重点文物保护单位。

甘熙宅第

金陵第一胜迹——朝天宫

朝天宫位于今秦淮区水西门内莫愁路东侧冶山，是江南地区现存建筑等级最高、规模最大、保存最为完整的清代文庙建筑群。朝天宫之名由明太祖朱元璋下诏御赐，取“朝拜上天”“朝见天子”之意，是明代皇室贵族焚香祈福的道场和文武百官演习朝拜天子礼仪的场所。清初此处为道观，咸丰年间毁于太平天国战火。现有建筑为清同治年间文庙遗存，现为南京市博物馆所在地，2013年列为全国重点文物保护单位。

朝天宫今貌

金陵机器制造局旧址

金陵机器制造局旧址位于今秦淮区中华门外。同治四年（1865），署理两江总督李鸿章将他在苏州创建的洋炮局搬到南京，扩建为金陵机器制造局，为南京第一座近代机械化工厂和中国四大兵工厂之一，素有“中国民族军事工业摇篮”之誉，1929年改称金陵兵工厂。1949年，解放军接管工厂后命名为军械总厂。1952年后，该厂先后更名为国营三〇七厂、国营晨光机器厂、南京晨光机器厂等。如今，金陵机器制造局旧址已变身为“1865创意产业园”，2013年列为全国重点文物保护单位。

金陵机器制造局旧址

金陵机器制造局旧影

浦口火车站旧址

浦口火车站旧址位于今浦口区津浦路30号附近。浦口火车站始建于光绪三十四年（1908），是津浦铁路的南端终点。1914年，车站竣工交付使用，成为连接河北、山东、安徽、江苏等11省的交通枢纽。浦口火车站占地面积20万平方米，为老式英式建筑，三层砖木结构，建有米黄色外墙，红色大屋顶，是中国惟一保存民国特色的火车站，2013年列为全国重点文物保护单位。

浦口火车站旧址

杨柳村古建筑群

杨柳村古建筑群位于今江宁区湖熟街道杨柳村，始建于明万历年间，清康熙、乾隆年间改建。400多年前，朱氏一支定居杨柳村（时名阳刘村），渐成大族，村中近半数建筑为朱氏所建。古建筑群坐北朝南，背靠马场山，前临杨柳湖，占地面积11200平方米，原有宅院36个，现存较完整的有17个，共366间房屋。杨柳村古建筑群为南京地区现存规模最大的明清民宅遗存，2013年列为全国重点文物保护单位。

杨柳村

金陵刻经处

金陵刻经处位于今秦淮区淮海路35号，始建于同治五年（1866），由著名学者杨仁山居士创办，是我国第一个融经籍收藏、雕刻、印刷、流通和研究于一体的佛经出版机构。金陵刻经处原为杨仁山自建私宅，现存主要建筑有深柳堂、祇洹精舍、经版楼、杨仁山居士墓塔等，藏有经版12万余片。2013年列为全国重点文物保护单位。2009年，中国雕版印刷技艺被列入人类非物质文化遗产代表作名录。

金陵刻经处

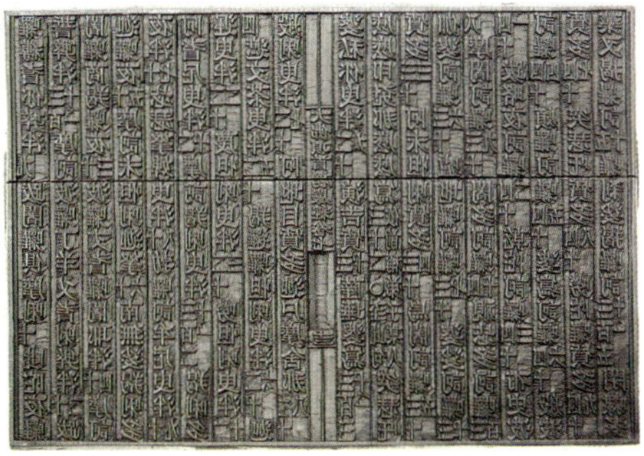

金陵刻经处藏《楞严经》经版

马林医院旧址

马林医院旧址位于今鼓楼区中山路321号，是光绪十八年（1892）美国基督教会在此创办的基督医院，首任院长为马林，故俗称马林医院，是南京历史上第一座西式医院。主要建筑至今尚存，为美国殖民时期建筑风格。1914年，马林医院更名为金陵大学鼓楼医院。1951年南京市军管会接管该院，改名为南京市鼓楼医院，2019年列为全国重点文物保护单位。

马林医院旧址

老门东历史文化街区

老门东历史文化街区北起长乐路，南抵明城墙，东起江宁路，西到中华门城堡段的内秦淮河，因地处南京城垣南门（即中华门）以东，故称“门东”。老门东自古就是江南商贾云集、人文荟萃、世家大族居住之地。早在三国时期，此处就有民居聚落出现，明清时成为重要的商贸和手工业的集散地，清末以后逐渐成为以居住功能为主的区域，体现了南京老城南传统民居的风貌。现此处已成为国家5A级旅游景区南京夫子庙秦淮风光带的组成部分。

老门东历史文化街区

天京风雨　太平天国

太平天国（1851—1864），晚清时在南京建都的农民起义政权。咸丰元年（1851），洪秀全在广西金田起义后，建号太平天国。咸丰三年（1853），太平军攻占江宁城（今南京），定为都城，改称天京。太平天国鼎盛时期，势力波及18省。同治三年（1864），天京陷落。清政府恢复原来的统治机构，南京仍为江宁府治，两江总督衙署仍设在南京。太平天国历2天王，14年，其中在南京12年。

太平天国形势略图（山东省地图出版社《透过地图看中国历史》）

太平天国年表

帝　王	在位时间	都　城
天　王　洪秀全	1851—1864	天京
幼天王　洪天贵福	1864	

— 国都天京 —

【政区建置】

太平天国定都天京后，改清江宁府为江宁郡，辖尚元（原上元）、江宁、句容、溧水、高淳、江浦、六合7县。太平天国曾划分全国为21省，其中，在今江苏省境内有过江南、天京、天浦、苏福4个新建省。江宁郡初期属江南省，后改属新设的天京省。咸丰八年（1858），江北江（天）浦县及浦口镇划归新设的天浦省。

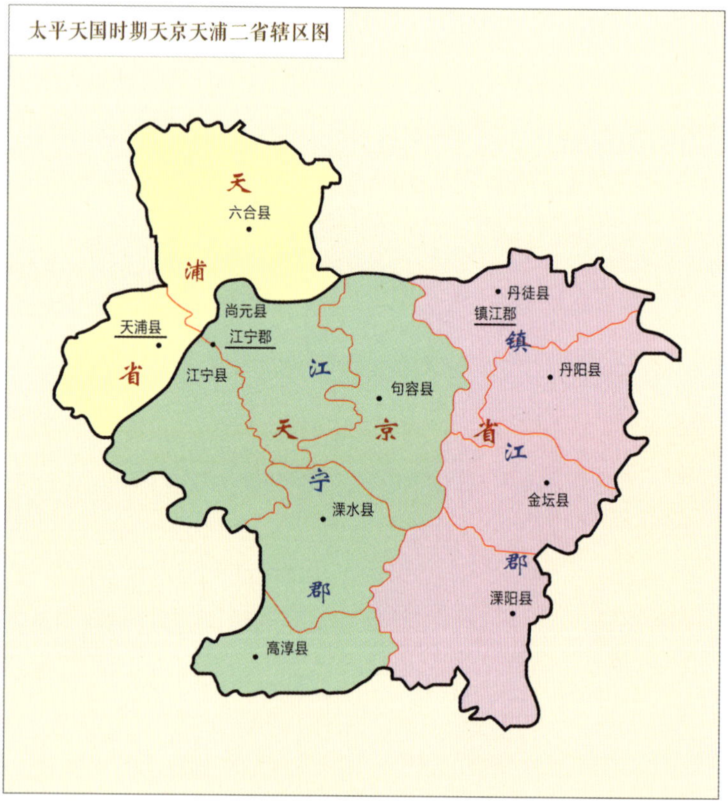

太平天国时期天京、天浦二省辖区图

【都城建设】

太平天国定都天京后，洪秀全在两江总督署原址上大兴土木，建造天王府。天朝宫殿分内外两重，外曰太阳城，内曰金龙城。太阳城由北至南分布着东、西外朝房、御沟、五龙桥、天父台等建筑。天朝宫殿的宏伟壮丽，让人叹为观止。同治三年（1864），天京沦陷。清军在天京城内大肆抢劫，放火焚毁了天朝宫殿。南京明代重要建筑如大报恩寺塔、明故宫等均毁于太平天国战火。

太平天国天王府

天朝宫殿复原模型

天京太平军江防炮台

天京诸王府衙馆分布图

— 历史事件 —

【天京事变】

太平天国建都天京后，领导集团内部发生了严重的内讧——天京事变。东王杨秀清“自恃功高，一切专擅”，要挟洪秀全封其“万岁”。洪秀全下密诏给韦昌辉、石达开回京“清君侧”。韦昌辉率军回天京后，将杨秀清及其2万余名部属全部杀害。洪秀全又下诏将韦昌辉及随从两百余人处死。为了牵制石达开，洪秀全封自己长兄、次兄为安王、福王。咸丰七年（1857）6月，石达开负气率10多万将士出走，同治二年（1863）陷入清军包围，全部被剿灭。天京事变后，太平天国开始由盛转衰。

西方人笔下的洪秀全

西方人笔下的太平军将领与士兵

— 历史人物 —

太平天国天王——洪秀全

洪秀全（1814—1864），太平天国运动领袖，原名火秀，族名仁坤，广东嘉应州（今广东梅州）人，生于广东花县（今广州花都区）福源水村。道光年间，他屡应科举不中，遂吸取早期基督教义中的平等思想，

洪秀全

天王玉玺

创立拜上帝会，主张建立远古“天下为公”盛世。咸丰元年（1851），洪秀全领导发动金田起义，建国号太平天国，称天王，咸丰三年（1853）定都江宁，改名天京。同治三年（1864）洪秀全在天京病逝。太平天国在洪秀全死后不久覆亡。

军师干王政治家——洪仁玕

洪仁玕

洪仁玕（1822—1864），小名谦益，号吉甫，广东花县（今广州花都区）人，洪秀全族弟，早年曾参与创立拜上帝会。咸丰九年（1859）洪仁玕抵天京，获封为军师、干王，一度总理朝政。同治三年（1864）天京沦陷后，他从浙江湖州护送幼天王至江西，在石城被捕，后就义于南昌。洪仁玕是太平天国领导层中对西方见识较广的一位，撰写的《资政新篇》是具有发展资本主义主张的政治纲领。

第一位女状元——傅善祥

傅善祥（1833—1856），中国历史上第一位女状元，南京人。太平军定都天京不久后开设“女试”，傅善祥考中鼎甲第一名，被选入东王府，后迁升为“恩赏丞相”。傅善祥制定了解放妇女的政策，提倡“男女平等”，还劝说杨秀清严禁部属破坏文物，有“武有洪宣娇，文有傅善祥”之说。

傅善祥

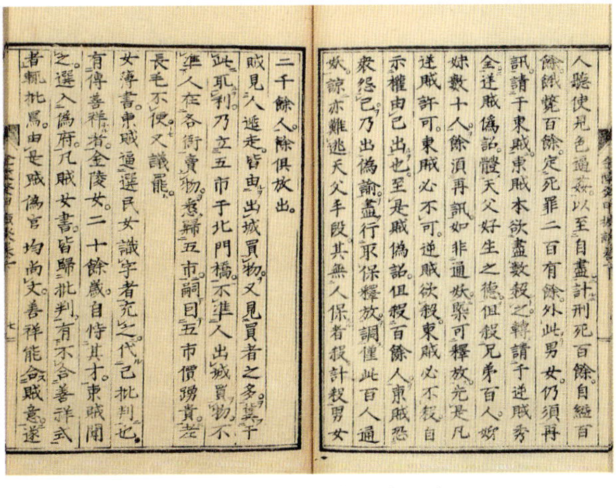

人聽使死色通姦以至自盡計刑死百餘自縊百
餘餓斃百餘定死罪二百有餘外此男女仍須再
訊請于東賊東賊本欲盡數殺之轉請于逆賊秀
全逆賊偽詔體天父好生之德但殺兄弟百人姊
妹數十人餘須再訊如非通妖槩可釋放先是凡
逆賊許可東賊必不可逆賊欲殺東賊必不殺自
示權由己出也至是賊偽詔但殺百餘人東賊恐
衆怨已乃出偽諭盡行取保釋放調僅此百人通
妖諒亦難逃天父手段其無人保者殺計殺男女

二千餘人餘俱放出
賊見人逃走皆由出城買物又見買者之多莫于
此恥判乃立五市于北門橋不準人出城買物不
準人在各街賣物悉歸五市嗣曰五市價踴貴差
長毛不使又議罷
女簿書東賊通選民女識字者充之代已批判也
有傅善祥者金陵女二十餘歲自恃其才東賊聞
之選入偽府凡賊女書皆歸批判有不合善祥式
者輒批罵由是賊偽官均尚文善祥能合賊意遂

时人谢介鹤所记傅善祥事

— 历史成就 —

反封建的政治纲领——《天朝田亩制度》

光绪九年（1853）11月，太平天国颁布以解决土地问题为中心的《天朝田亩制度》。其主要内容是按人口平均分配土地；对农民的劳动所得，除口粮外，其余上交国库；还规定了兵农合一、行政和司法合一的原则。其目的是建立一个“无处不均匀，无人不饱暖”的理想社会。

《天朝田亩制度》书影

太平天国钱币

发展资本主义的纲领——《资政新篇》

咸丰九年（1859）洪仁玕到天京后被封为干王，总理朝纲。针对太平天国弊政，他撰写了《资政新篇》，效法西方实行改革。《资政新篇》是中国第一个从理论上明确提出发展资本主义的先进纲领。其核心是效法西方对中国进行“革故鼎新”，学习西方先进的政治制度和科学技术，主张平等的外交等。

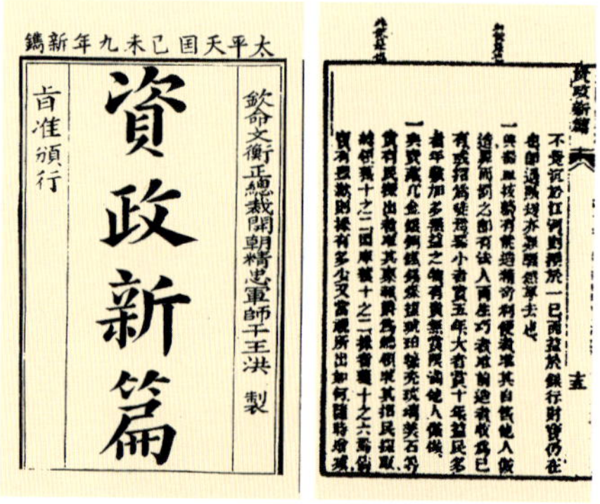

《资政新篇》书影

“反襟”——衣冠制度

太平天国制定了相当完备的衣冠制度，对清朝满族服饰进行了颠覆，在中国服饰史上占据一席之地。他们用丝绒编成绦子，紧扎发根后，将发挽髻，“以巾蒙首，不戴小帽，衣无领，无马蹄袖”。普通妇女穿长袍，样式以圆领为主，衣长过膝，并将衣襟开在左边，与满族相反，“反襟”即取“反清”之意。

太平天国妇女

太平天国时期窄袖女服

太平天国时期宽袖女服

太平天国服饰

革新传统——婚葬礼仪

太平天国根据其宗教信仰对传统婚俗进行了革新，采用西方礼拜堂婚礼仪式。对中国传统丧葬礼仪也进行了更新。一是死亡观念的更新。太平天国统治者认为：“死为升天，享受天堂极乐，为莫大喜事，禁哭泣。”二是反对修斋建醮。太平天国规定“父母死，禁不得招魂设醮”。三是反对墓葬风水之说。四是禁用棺木。

中国历史上最早的结婚证书：合挥

雅俗共赏——壁画艺术

太平天国建都天京后，壁画作为府第衙馆的装饰，盛行一时，“门扇墙壁，无一不画”。其壁画特点：一是不绘人物，二是具有通俗性和群众性，三是有浓厚的封建等级倾向。在壁画创作上，采取民间画工与专业画士相结合的方式，打破了士大夫长期垄断画坛的局面。壁画艺术风格既细腻，又粗犷，雅俗共赏。其中在南京堂子街发现的《江防望楼图》是描绘太平军保卫天京的现实主义杰作。1988年，堂子街太平天国壁画被列为全国重点文物保护单位。

堂子街壁画《江防望楼图》

堂子街壁画《孔雀牡丹图》

堂子街壁画《江天亭立图》

堂子街壁画《双鹿灵芝图》

— 历史遗存 —

天王府

天王府是太平天国王宫遗址，即现在的南京总统府旧址，位于今玄武区长江路292号，明朝初年曾是汉王府。清代为江南总督署、两江总督署。咸丰三年（1853）太平军定都南京后，洪秀全在此兴建了规模宏大的太平天国天朝宫殿——天王府。同治三年（1864）清军攻破南京后焚毁宫殿建筑，仅存中心建筑“金龙殿”与西花园（熙园）等。同治九年（1870）重建两江总督署。1912年1月，孙中山在南京就任临时大总统，以此作为临时大总统办公处。1927年南京国民政府成立后移驻此处办公，1948年改称总统府。1982年，太平天国天王府遗址被列为全国重点文物保护单位。

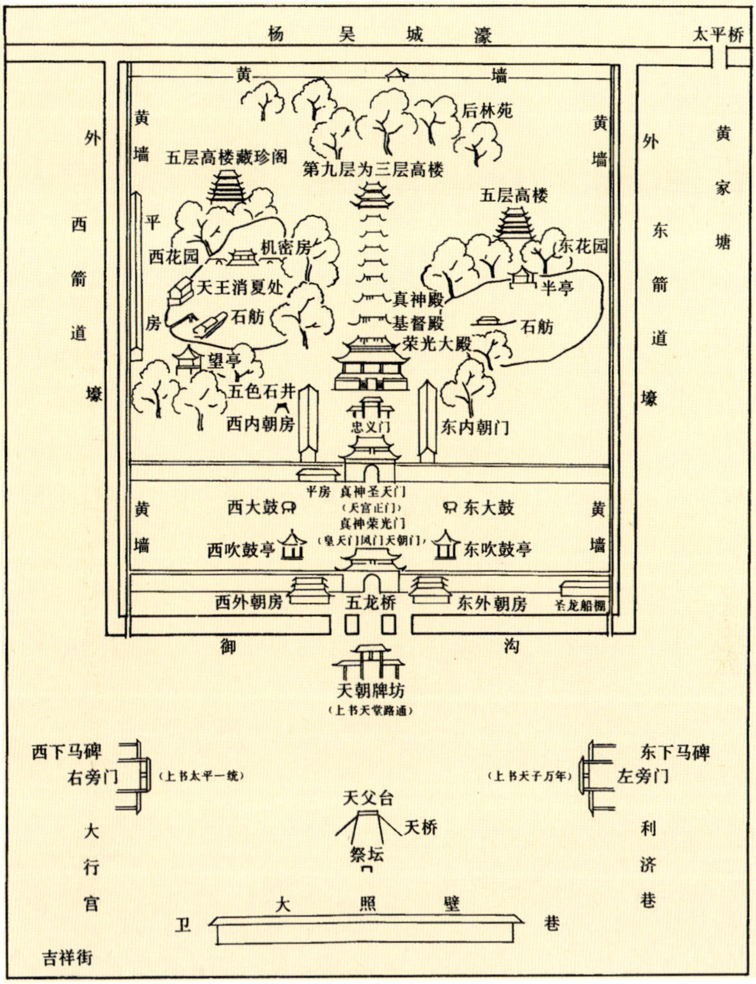

天王府平面示意图

西花园遗址今貌

近代转型 中华民国

1912年1月1日，孙中山在南京建立中华民国临时政府，宣誓就任临时大总统，结束了中国2000多年的封建帝制，建立了资产阶级的民主共和国。4月2日，临时政府迁都北京，民国政权为北洋政府所控制。1927年，北伐军占领南京后，国民党在南京改组成立新的中华民国国民政府。1949年4月，人民解放军占领南京，宣告国民党在大陆统治的终结。

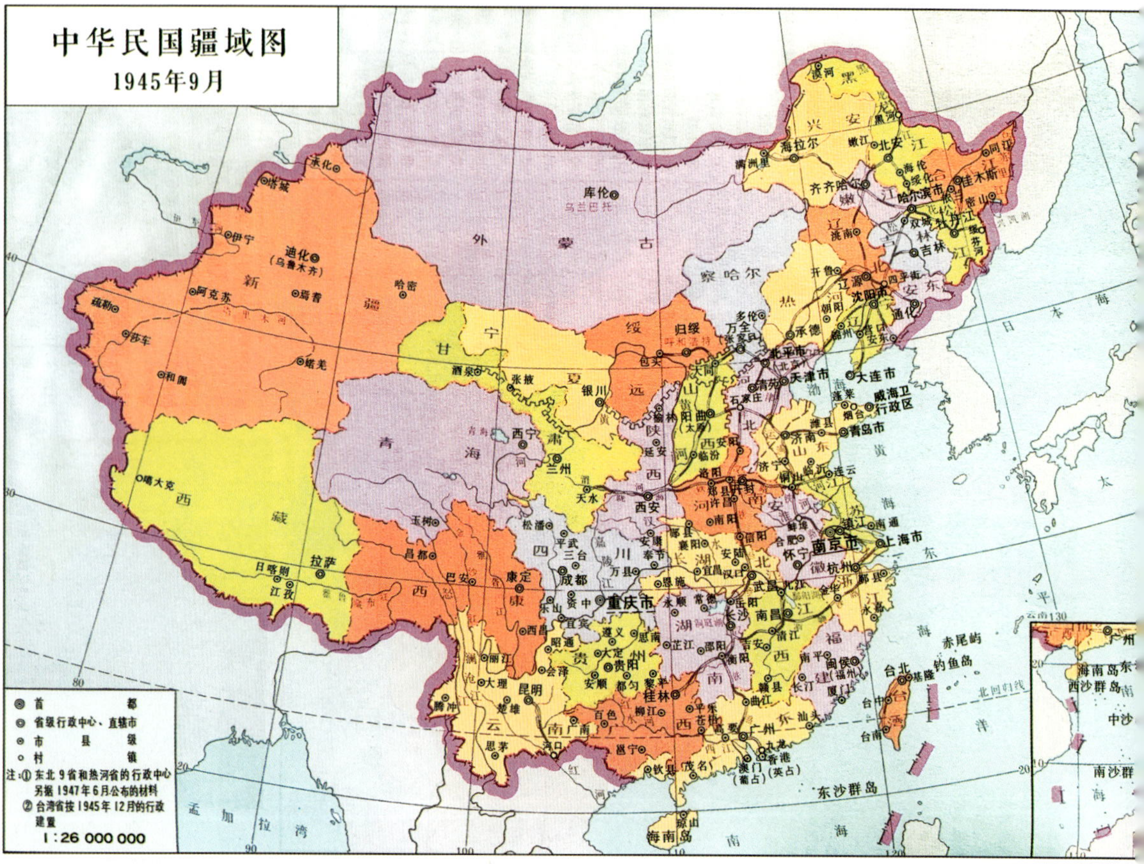

中华民国疆域图（中国地图出版社《中国现代史地图集》）

— 国都南京 —

【政区建置】

1912年1月临时政府成立后，废上元、江宁两县改设南京府，以南京为民国国都。南京府直隶于临时政府内务部。江苏省都督府则由江宁再移吴县（今苏州）。原江宁府所辖句容、溧水、高淳、六合、江浦5县，划由江苏省直接管辖。同年4月，孙中山辞去临时大总统职务，国都遂迁北京。1913年12月，撤销南京府改置江宁县，属江苏省，江宁复为江苏省省会。

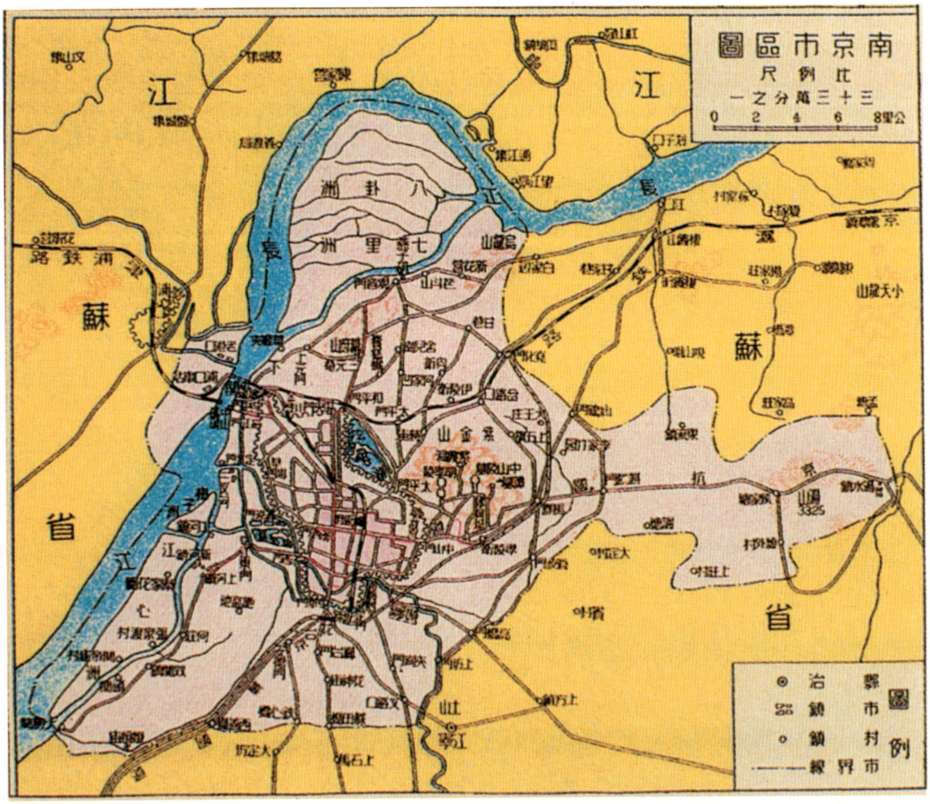

民国时期南京市区图

1914年5月，全国地方行政区划改为省、道、县3级。江苏省划分为金陵、沪海、苏常、淮扬、徐海5道。金陵道治于江宁，辖江宁、句容、溧水、高淳、六合、江浦、丹徒、丹阳、溧阳、金坛、扬中11县。

1927年4月，南京国民政府成立，改江宁为南京，废金陵道，定都南京。南京为特别市，直隶于国民政府。1929年2月，江苏省省会移至镇江。

民国时期，南京市辖区的划定有过数次调整。1929年，全市划分为12个自治区，其中城区及下关划为7个区，浦口、燕子矶、孝陵卫、安德门、上新河各划为一区。1934年，全市改划为11个区，其中8个城区（含浦口区域），3个乡区（燕子矶、孝陵、上新河）。抗日战争胜利后，南京市又先后增设安德门、汤山、八卦洲、江心洲4个区，共15个区。

南京作为中华民国法定首都历时22年。1949年4月23日，南京解放。

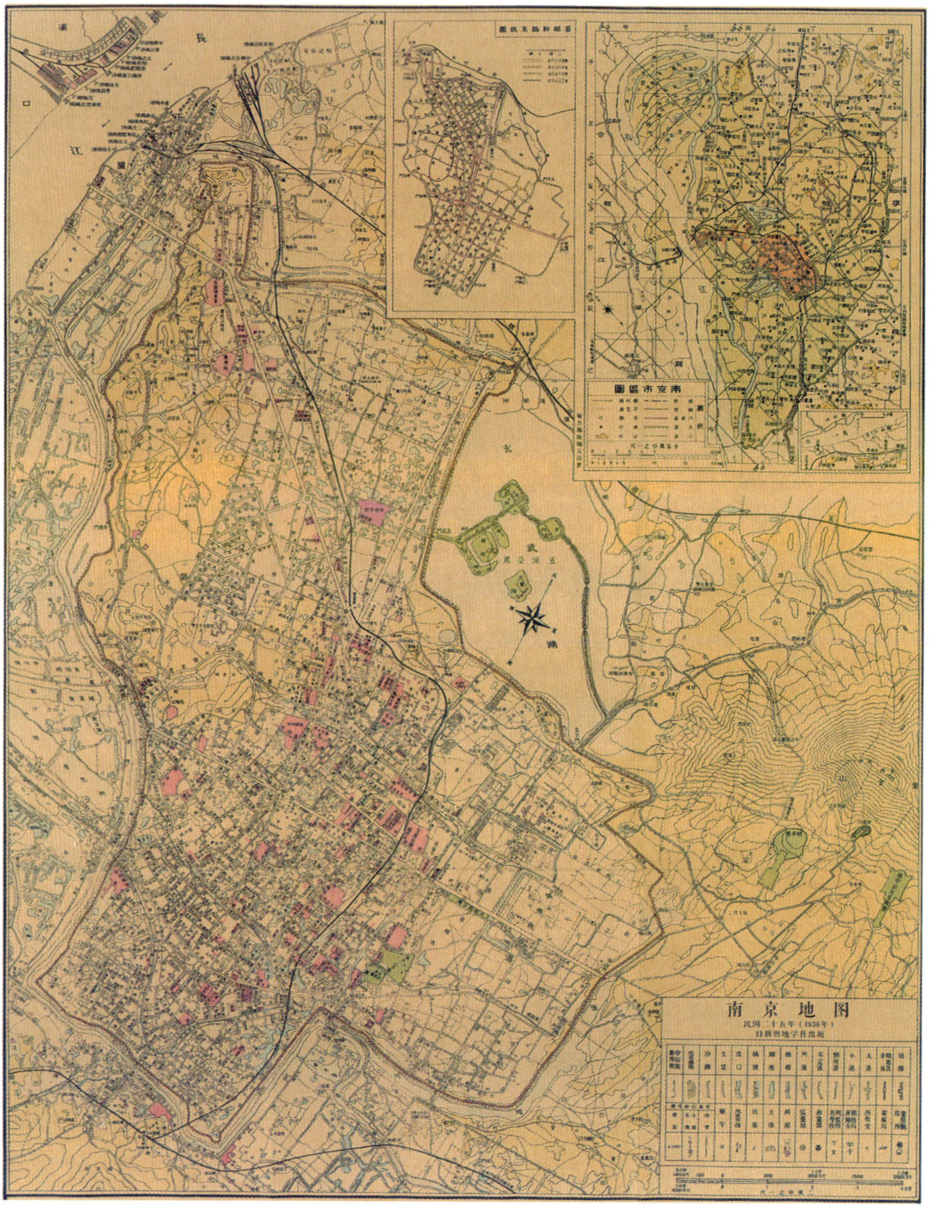

1936年南京地图

【都城建设】

民国时期，经过1927—1937年持续10年的建设，南京的城市面貌有了较大改观，初步具备了现代城市的规模，奠定了现代南京城市的基本格局。

最早的城市规划——《首都计划》

1927年4月，国民政府定都南京后，着手对南京进行全面改造建设。1928年1月，国民政府专门成立了首都建设委员会，下设国都设计技术专员办事处，负责制定《首都计划》，聘美国建筑师墨菲、古力治为顾问。1929年12月，《首都计划》正式公布，内容包括人口预测、功能分区、道路系统、建筑形式、市政工程、城市管理等方面。《首都计划》是中国历史上第一部按照国际标准制订的城市规划，开创了中国现代城市规划实践的先河。

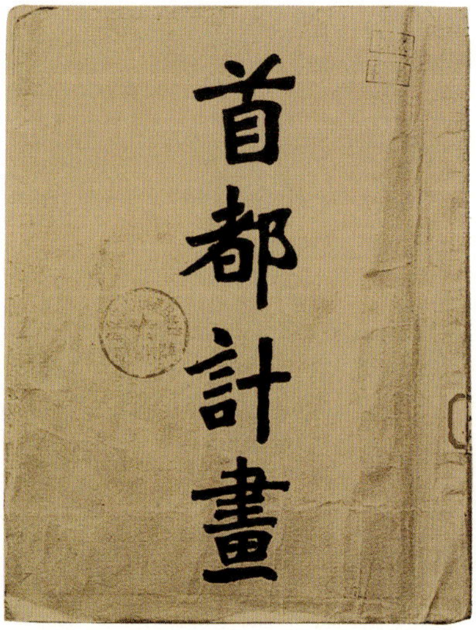

《首都计划》书影

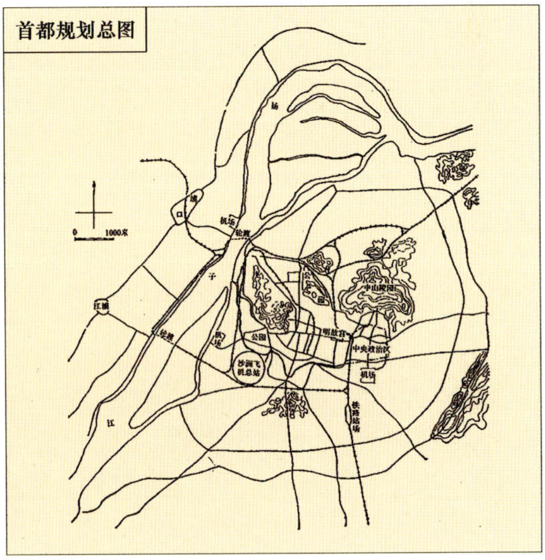

首都规划总图

城市道路框架形成——兴建中山大道

中山大道，又名迎榇大道，是民国时期首都道路建设的标志性工程，也是南京修建的第一条柏油马路。中山大道北起下关江边，东到中山门，全长约12公里。包括中山北路、中山路、中山东路3段，设计宽度为40米。1928年8月动工，第一期工程于1929年5月底竣工。它专为迎接孙中山先生灵柩奉安中山陵而建，因此全线工程各路段及配套工程，均冠以“中山”之名，以作为永久性的纪念。

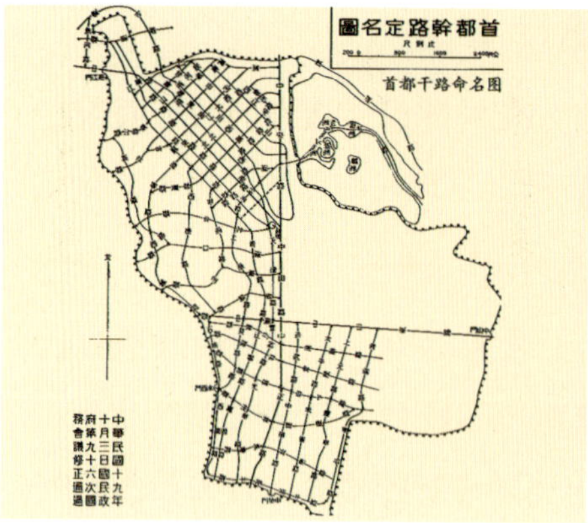

首都干路定名图（1930）

中山大道旧影

公共建筑的兴建

按照《首都计划》的划分，紫金山南麓为中央政治区，傅厚岗一带为市级行政区，长江两岸为工业区，主干道两侧和明故宫、新街口一带为商业区，鼓楼一带为文教区，山西路一带为新住宅区。由于经费的不足及抗战的爆发，规划中的许多建筑项目，如中央政治区、市级行政区未能按计划实施。然而在新建的干道两侧，陆续修建了行政、立法、司法、监察、考试五院，以及内政、外交、财政、军政、实业、交通、铁道等15个部门的办公楼。

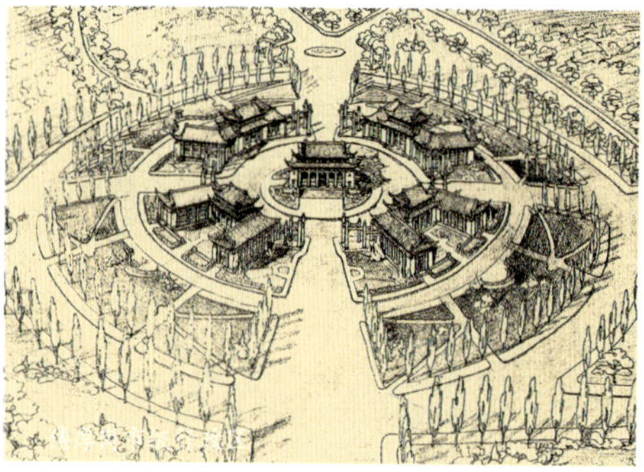

傅厚岗市级行政区规划图

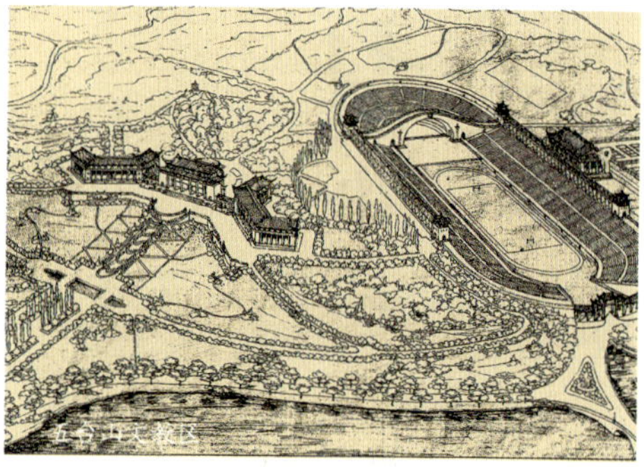

五台山文教区规划图

新住宅示范区——颐和路公馆区

颐和路公馆区位于鼓楼区江苏路、宁海路、北京西路、西康路和宁夏路之间，是20世纪30年代国民政府提供给政府官员居住的高级住宅区，是按照《首都计划》实施的最大住宅示范区，自1933年陆续建成287处独立式花园住宅，现存225处。区内道路皆以中国名胜定名，建筑以西式为主，几乎成了各国住房样式的展览馆。

颐和路公馆区今貌

颐和路今貌

颐和路公馆区中有蒋纬国、马歇尔、陈诚、顾祝同、汤恩伯、阎锡山、马鸿逵、汪精卫、薛岳、周至柔等名人公馆18处和加拿大、墨西哥、巴西、葡萄牙、印度、巴基斯坦、菲律宾等国使（领）馆8处。这些名人故居和使（领）馆的院落和建筑各有特色，刻录下了历史的变迁。

— 历史事件 —

亚洲第一个资产阶级民主共和国——中华民国建立

1911年10月10日，武昌起义爆发，史称“辛亥革命”。次日，湖北革命军成立以“中华民国”冠名的军政府。12月3日，宣布独立的各省代表将南京定为临时政府所在地。12月29日，宣布独立的17省代表在南京选举孙中山为中华民国临时大总统。1912年1月1日，孙中山在南京宣誓就职，宣告中华民国正式成立。

孙中山就职临时大总统

第一部资产阶级共和国宪法——《中华民国临时约法》

《中华民国临时约法》，简称《临时约法》，是中华民国临时参议院制定的中国第一部具有资产阶级共和国宪法性质的文件。1912年3月8日，《临时约法》由南京临时参议院通过。该法按照民主共和与三权分立的原则，规定立法权属于参议院；临时大总统行使职权时，须由国务员副署；法院有独立的审判权；人民享有人身、财产、言论、通信、居住和宗教信仰的自由。

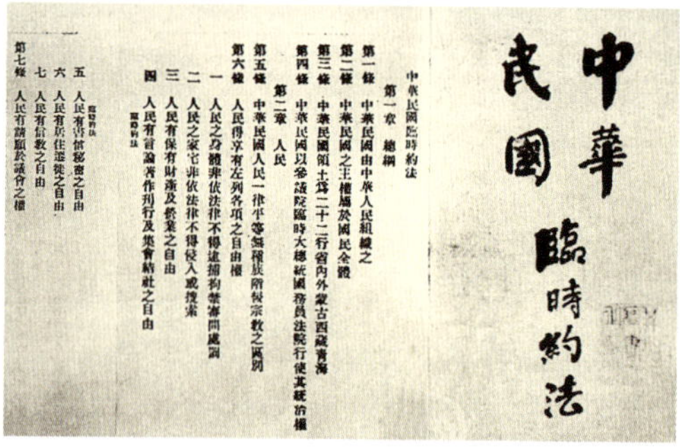
中華民國臨時約法

中華民國臨時約法
第一章 總綱
第一條 中華民國由中華人民組織之
第二條 中華民國之主權屬於國民全體
第三條 中華民國領土為二十二行省內外蒙古西藏青海
第四條 中華民國以參議院臨時大總統國務員法院行使其統治權
第二章 人民
第五條 中華民國人民一律平等無種族階級宗教之區別
第六條 人民得享有左列各項之自由權
一 人民之身體非依法律不得逮捕拘禁審問處罰
二 人民之家宅非依法律不得侵入或搜索
三 人民有保有財產及營業之自由
四 人民有言論著作刊行及集會結社之自由
五 人民有書信秘密之自由
六 人民有居住遷徙之自由
七 人民有信教之自由
第七條 人民有請願於議會之權

《中华民国临时约法》书影

惨绝人寰——侵华日军南京大屠杀

南京大屠杀是抗战期间侵华日军屠杀中国人民的严重暴行之一，是震惊世界的特大惨案。1937年12月13日，日军攻占南京后，进行了长达6周、惨绝人寰的大规模屠杀。据1946年2月中国南京军事法庭查证：日军集体大屠杀28案、19万人，零散屠杀858案、15万人。中国军民被枪杀和活埋者30多万人。全城发生2万起强奸事件。全市三分之一的建筑物和财产被日军纵火烧毁。

南京大屠杀遇难同胞纪念馆广场纪念碑

南京大屠杀

胜利之城——南京受降

1945年8月15日，日本天皇裕仁正式宣告日本无条件投降。蒋介石派中国陆军总司令何应钦，代表中国战区最高统帅在南京接受侵华日军投降。9月9日上午9时，何应钦在南京黄埔路中央军校大礼堂主持受降典礼。侵华日军派遣军总司令冈村宁次代表日本政府在投降书上签字。仪式结束后，何应钦发表广播演说：“中国战区日军投降签字，已于本日上午9时，在南京顺利完成。这是中国历史上最有意义的一个日子，这是八年抗战艰苦奋斗的结果。”

南京受降仪式

冈村宁次在降书上签字

中国战区南京受降仪式会场外景

中国革命第二战线——“五二〇”运动

“五二〇”运动，是指1947年5月从南京始发，而后扩展到全国60多个城市的“反饥饿、反内战、反迫害”的爱国民主运动。5月20日，南京、上海、苏州、杭州等地16所大专以上学校5000余名学生从中央大学出发，举行“挽救教育危机联合大游行”，前往总统府示威。游行队伍遭到国民党当局血腥镇压，重伤19人、轻伤104人，酿成“五二〇”血案。“五二〇”运动迅速扩展到全国，几十万学生罢课，近10万学生参加游行。毛泽东高度评价“五二〇”运动，认为这场“伟大的正义的学生运动”形成了中国人民革命的“第二条战线”。

“五二〇”南京学生反饥饿、反内战游行

南京学生举行示威游行

— 历史成就 —

【孙中山政治思想】

三民主义

孙中山倡导的中国民主革命纲领由民族主义、民权主义和民生主义构成，简称“三民主义”。民权主义是三民主义的核心。新民主主义革命时期，孙中山确立“联俄、联共、扶助农工”的三大政策，把旧三民主义发展为新三民主义，成为第一次国共合作的政治思想基础。

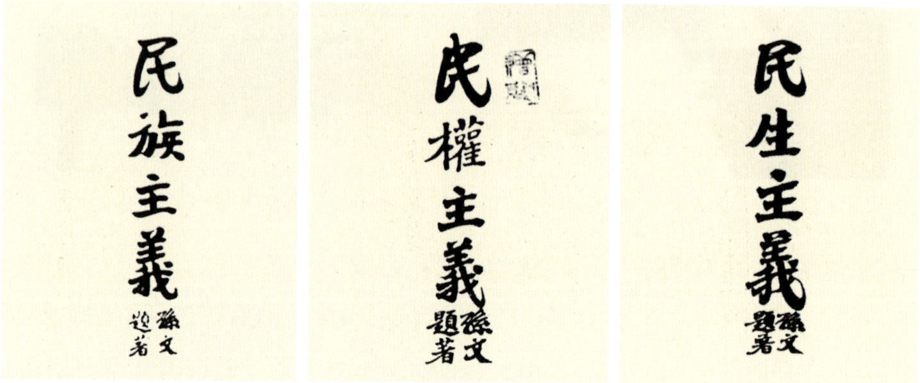

“三民主义”书影

博爱思想

孙中山把“博爱”“天下为公”“世界大同”等视为终生理想。据统计，孙中山关于“博爱”的题词有64件。孙中山说，通过普及博爱思想，使“地尽五洲，时历万世，蒸蒸芸芸，莫不披其泽惠”，使其成为“人类之福音”。博爱思想是孙中山政治学说的重要内容，是其留给全人类的宝贵精神财富。

天下为公

博爱

【近代工商业】

中国第一家官办电厂——首都电厂

民国首都电厂旧址位于今鼓楼区江边路西侧长江岸边，开中国官办公用电气事业之先河，其前身为清末宣统元年（1909）建立的金陵电灯官厂及1920年建成的南京电灯厂下关发电所。1928年，国民政府将南京电灯厂本厂与下关发电所合并，更名为“建设委员会首都电厂”。首都电厂为民国时期的“全国模范电厂”。2014年，整修改造后的民国首都电厂旧址公园免费开放。

首都电厂旧址今貌

中国最早的化肥厂——永利铔厂

民国时期，著名民族实业家范旭东在南京创办中国最早的化肥厂——永利化学工业公司南京铔厂（即硫酸铔厂）。1937年2月，永利铔厂生产出中国制造的第一批硫酸铔成品，远销国内及东南亚一带，打破了英、德两国垄断中国化肥市场的局面，奠定了中国化工业的基础。

永利铔厂旧影

承建中山陵——中国水泥股份有限公司

1921年，姚锡舟等人在南京龙潭镇建立中国水泥股份有限公司（中国水泥厂前身）。孙中山逝世后，姚锡舟承建中山陵第一部工程——祭堂和陵墓的建设，工程全部采用该厂生产的“泰山牌”水泥。

中国水泥厂旧影

南京第一家综合商场——中央商场

为抵制洋货，推销国货，促进市场流通，发展民族工业，1934年冬，由国民党要员张静江、曾养甫、李石曾等32人发起，筹资在市中心新街口建筑中央商场。1936年1月12日，中央商场举行了隆重的开业典礼。中央商场经营吃、穿、用各类商品3000多种，是当时南京开业最早、规模最大的综合商场。

中央商场旧影

【新式教育】

南京临时政府成立后，设立教育部，颁发《普通教育暂行办法》等，全面改革旧的教育体制。20世纪20年代，南京实行初等、中等、高等三阶段教育的新学制，旧式书院改成近代学校。民国初年，南京高等师范学校、河海工程专门学校和中国第一所女子大学——金陵女子大学先后在南京建立。1920年以后，国立东南大学、国立中央政治大学和金陵大学、晓庄师范学校等在南京相继建立。南京成为民国时期高等院校最为集中的城市。

民国时期南京高等院校简况（1948）

校名	创办时间	校长	校址	历史沿革及后来去向
国立中央大学	1921 年	郭秉文 张乃燕 罗家伦 蒋中正 周鸿经	南京四牌楼（今东南大学四牌楼校区）	民国时期中国最高学府。源于 1902 年的三江师范学堂，1921 年以南京高等师范学校为基础建立国立东南大学。1927 年易名为国立第四中山大学。1928 年 2 月改名江苏大学，同年 5 月定名国立中央大学。1949 年 8 月改名为国立南京大学。
国立中央政治大学	1927 年	蒋中正 顾毓琇	南京建邺路	前身为 1927 年在南京成立的中国国民党中央党务学校。1929 年改组为中央政治学校。1946 年，国民党中央政治学校和中央干部学校合并组成国立中央政治大学。1949 年迁重庆，后在台湾省建校。
国立音乐院	1940 年	杨仲子 吴伯超	南京西康路古林寺	1940 年建立于重庆。1946 年迁南京西康路古林寺。1951 年迁天津，与鲁迅艺术学院音乐工作团等合并成立中央音乐院。1955 年迁北京。
国立戏剧专科学校	1935 年	余上沅	南京双龙巷	1935 年创建于南京，中国第一所戏剧专科学校，初名国立戏剧学校。1940 年更名为国立戏剧专科学校。中华人民共和国成立后迁北京，并入中央戏剧学院。
国立药学专科学校	1936 年	孟目的 管光地	南京丁家桥（今中国药科大学童家巷校区）	1936 年创建于南京，中国最早独立设置的药学高等学府。1950 年更名华东药学专科学校。1952 年重组成立华东药学院。1956 年更名为南京药学院。1986 年，与筹建中的南京中药学院合并成立中国药科大学。
国立边疆学校	1941 年	王衍康 孔庆宗	南京光华门外石门坎	前身为附设于中央政治学校的蒙藏及华侨特别班。1941 年 8 月改为国立边疆学校。中华人民共和国成立后并入北京中央民族学院。
国立社会教育学院	1941 年	陈礼江	南京栖霞山	1941 年 8 月成立于四川璧山。1946 年迁至南京栖霞山。1950 年与江苏省立教育学院合并成立苏南文化教育学院。

（续表）

校　名	创办时间	校　长	校　址	历史沿革及后来去向
国立东方语文专科学校	1942年	王文萱 罗良铸	南京三牌楼紫竹林	1942年成立于云南大理。1945年迁重庆。1946年迁南京三牌楼紫竹林。中华人民共和国成立后并入北京大学。
私立金陵大学	1910年	包　文 陈裕光	南京汉口路（今南京大学鼓楼校区）	1910年，美国教会合并汇文书院、宏育书院成立金陵大学堂，1915年更名金陵大学。1951年，与金陵女子文理学院合并为公立金陵大学。1952年，撤销金陵大学建制，其主体并入新组建的南京大学。
私立金陵女子文理学院	1915年	德本康 吴贻芳	南京宁海路（今南京师范大学随园校区）	中国第一所女子大学。前身为英美教会筹备成立于1915年的金陵女子大学。1930年更名为金陵女子文理学院。1951年与金陵大学合并为公立金陵大学。次年，主体并入南京大学，原校址改为南京师范学院校址。
私立建国法商学院	1946年	萧　铮 杨幼炯	南京宁海路匡庐路	前身为1940年在重庆成立的地政研究所。1946年3月在南京扩建为私立建国法商学院。中华人民共和国成立后，该院停办。
私立重辉商业专科学校	1944年	金祖懋	南京朱雀路（今太平南路）	1944年成立于重庆。1946年迁南京。1948年底成立杭州分校。1950年南京本校停办，杭州分校独立并改名为重辉商业专科学校。
私立南京工业专科学校	1947年	费同泽	南京门东膺福街	1947年成立于南京。1949年初迁上海成立沪校，本部学生后转入南京大学工学院。1951年，沪校与光华大学公路专修科合并成立华东交通专科学校。

国立中央大学旧影

国立中央政治大学门楼今貌

国立戏剧专科学校旧影

国立药学专科学校第一届开学典礼

金陵大学北大楼旧影

金陵女子大学校园旧影

最高学术研究机构——国立中央研究院

国立中央研究院成立于1928年6月，是民国最高学术研究机构，直隶于国民政府（1948年5月以后改隶于总统府）。其任务主要是：实行科学研究；指导、联络、奖励学术研究。研究院设有特任级院长1人，其下设行政、研究、评议三机构。总办事处及天文、地质、气象、历史语言、社会科学5个研究所设于南京。数学、物理、化学、动物、植物、医学、工学、心理学8个单位设于上海。首任院长是蔡元培，继任院长为朱家骅。1949年10月，中央研究院留在大陆的各机构被中华人民共和国中国科学院接收。旧址位于鸡笼山南麓的北京东路39号，现为中国科学院南京分院、江苏省科技厅所在地。

国立中央研究院旧影

民国时期南京传世名著

书　名	编撰者	书　名	编撰者
《中学修身教科书》	蔡元培（1868—1940）	《秦淮世家》	张恨水（1895—1967）
《金陵岁时记》	潘宗鼎（1870—1938）	《张恨水散文全集》	
《岁华忆语》	夏仁虎（1874—1963）	《朱自清散文全集》	朱自清（1898—1948）
《于右任诗词选》	于右任（1879—1964）	《科学与玄学》	罗家伦（1897—1969）
《中国文化史》	柳诒徵（1880—1956）	《流云》	宗白华（1897—1986）
《国史要义》		《金陵大报恩寺塔志》	张惠衣（1898—1960）
《中国教育史》		《首都志》	王焕镳（1900—1982）
《中国教育制度沿革史》	郭秉文（1880—1969）	《明孝陵志》	
《金陵四十八景全图》	徐寿卿（生卒年不详）	《中国文学批评论文集》	
《首都计划》	国都设计技术专业员办事处	《全宋词》	唐圭璋（1901—1990）
《甲骨文例》	胡小石（1888—1962）	《宋词三百首笺注》	
《古文变迁论》		《太平天国史纲》	罗尔纲（1901—1997）
《中国文学史讲稿》		《中国绘画变迁史纲》	傅抱石（1904—1965）
《中国教育改造》	陶行知（1891—1946）	《金陵古迹图考》	朱　偰（1907—1968）
《大地》	赛珍珠（1892—1973）	《金陵古迹名胜影集》	
《丹凤街》	张恨水（1895—1967）	《建康兰陵六朝陵墓图考》	

【宗教文化】

近代佛教改革家——太虚

太虚（1890—1947），近代高僧，原名吕沛林，法名唯心，号太虚，浙江崇德（今浙江桐乡）人，中国近代佛教改革运动理论家和实践家。1912年民国南京临时政府成立后，太虚在南京发起成立佛教协进会，于毗卢寺设立筹备处，第二年并入中华佛教总会。太虚提出进行“教理革命，教制革命，教产革命”的佛教“三大革命”口号，以倡导“人间佛教”而著称。

太虚

中国佛教会所在地——毗卢寺

毗卢寺位于今玄武区汉府街4号，始建于明嘉靖年间，初名毗卢庵。清咸丰年间毁于兵火，后有僧量宏创一佛殿。清光绪十一年（1885），曾国荃任两江总督，招海峰法师至南京扩建，毗卢寺成为南京寺院中的第一大刹。民国年间，太虚在寺内筹办佛教协进会，此处也曾为中国佛教会、中国宗教徒联谊会、首都中医院、毗卢佛学院所在地。

毗卢寺今貌

欧阳竟无

近代佛教学府——支那内学院

支那内学院于1922年由佛教学者欧阳竟无在南京创立。因古印度称中国为支那，佛教自称其学为内学，故名支那内学院。学院初设学、事两科：教学、研究、述译、考订等属学科；藏书、刻经、宣传等属事科。后又改设问学、研究两部和学务、事务、编校流通3处。著名学者梁启超、汤用彤、熊十力、梁漱溟都曾在这里学习过。1943年欧阳竟无病故，吕澂继任院长。支那内学院在国内外学术界和宗教界都产生了较大影响。

— 历史人物 —

教育家——蔡元培

蔡元培

蔡元培（1868—1940），现代教育思想家，字鹤卿，号孑民，浙江绍兴人。光绪十八年（1892）蔡元培中进士，授翰林院编修，光绪三十一年（1905）加入同盟会，1912年1月出任南京临时政府教育总长，改革学制，修订课程，实行男女同校，推行义务教育。他任北京大学校长时首倡“兼容并包”的学术思想，南京国民政府成立后，任国民政府大学院院长、中央研究院院长，1940年病逝于香港。其著作辑为《蔡元培全集》。

文学家——鲁迅

鲁迅

鲁迅（1881—1936），现代文学家、思想家，原名周树人，字豫才，浙江绍兴人。光绪二十四年（1898），鲁迅就读于南京江南水师学堂轮机班，同年考入江南陆师学堂附设的矿物铁路学堂，毕业后赴日留学。辛亥革命后，至南京任教育部部员，“五四”运动前后，成为“五四”新文化运动主将，后参加中国自由运动大联盟、左联等团体，1936年病逝于上海。其著述250余万字，后人辑有《鲁迅全集》。

平民教育家——陶行知

陶行知

陶行知（1891—1946），现代教育家，原名文濬，后改知行，又改行知，安徽歙县人。宣统二年（1910），陶行知考入金陵大学文学系，1914年留学美国，1917年回国就职于南京高等师范学校、东南大学等，1923年，发起成立南京平民教育促进会，1927年创办南京试验乡村师范学校（后改名晓庄师范学校），抗战期间从事抗日救亡运动，1946年，病逝于上海，葬南京晓庄劳山之麓，著有《陶行知全集》。

艺术大师——徐悲鸿

徐悲鸿

徐悲鸿（1895—1953），现代画家，美术教育家，原名寿康，江苏宜兴人。他自幼习诗文书画，1917年赴日研习美术，1919年赴法国留学，精研素描与油画。1928年，徐悲鸿受聘为中央大学艺术系教授，次年5月，由上海移居南京。徐悲鸿现实主义的创作思想、教育思想和艺术革新精神，对现当代美术发展影响巨大。

章回小说大家——张恨水

张恨水

张恨水（1895—1967），现代文学史上的“章回小说大家”，原名张心远，祖籍安徽潜山，生于江西广信。张恨水1919年开始写作生涯，1936年，举家迁至南京，出资与张友鸾共创《南京人报》。他一生共完成作品3000万字，中长篇小说110部以上。其作品上承章回小说，下启通俗小说，雅俗共赏。他对旧章回小说进行革新，促进了新文学与通俗文学的交融。

“当代草圣”——林散之

林散之

林散之（1898—1989），现代书画家、诗人，原名以霖，号三痴，后改名散之，别号左耳、江上老人等，祖籍安徽和县，生于江浦（今南京浦口区）。他早年师从南京张青甫画肖像，长期在南京工作、生活、创作，曾任江浦县副县长、南京市政协常委。其“散体”草书用笔变化多端，有很强艺术感染力。他也被誉为“当代草圣”，著有《林散之诗书画选集》《林散之书法选集》等。

“南石”——傅抱石

傅抱石

傅抱石（1904—1965），现代画家、美术教育家，原名长生，号抱石斋主人，祖籍江西新余，生于南昌。他于1933年赴日本留学。回国后被聘为中央大学艺术系教授。傅抱石擅画山水，与齐白石有“北石”“南石”之称。1949年后，历任南京师范学院美术系教授、江苏省国画院院长、中国美术家协会副主席等。代表作《江山如此多娇》挂于北京人民大会堂。著作有《中国绘画理论》《中国绘画变迁史纲》等。

— 历史遗存 —

【风貌独特的民国建筑】

民国建筑是南京独特的城市风貌。民国期间，南京作为首都，其建筑一枝独秀，无与伦比，具有独特的历史、科技和文化艺术价值，堪称民国建筑的大本营。据有关统计，南京现存民国建筑900处、1500余座，其中列入保护名录的310处，98处被列入省级以上文物保护单位名录。

列入全国重点文物保护单位名录的南京民国建筑

序号	单位名称	年代	地址
1	中山陵	1929年	玄武区中山陵园内
2	廖仲恺、何香凝墓	1935年/1972年	玄武区明孝陵西侧
3	谭延闿墓	1933年	玄武区灵谷寺东
4	中山陵附属革命历史图书馆旧址	1933年	玄武区中山陵墓西侧
5	国民革命军阵亡将士公墓	1929年	玄武区灵谷寺
6	国立紫金山天文台旧址	1931年	玄武区紫金山第三峰
7	中国共产党代表团办事处旧址	1946年	玄武区梅园新村

（续表）

序号	单位名称		年代	地址
8	原国民政府旧址	国民政府考试院旧址	1930 年	玄武区北京东路 41、43 号
9		国民政府主席官邸旧址	1934 年	玄武区中山陵 9 号
10		国民党中央监察委员会办公楼旧址	1931 年	玄武区中山东路 313 号
11		国民党中央党史史料陈列馆旧址	1936 年	玄武区中山东路 309 号
12		国民政府外交部旧址	1935 年	鼓楼区中山北路 32 号
13		国民政府最高法院旧址	1933 年	鼓楼区中山北路 101 号
14		国民政府行政院旧址	1930 年	鼓楼区中山北路 252、254 号
15		国民政府交通部旧址	1934 年	鼓楼区中山北路 303 号
16		临时政府参议院旧址	1911 年	鼓楼区湖南路 10 号
17	中央体育场旧址		1929 年	玄武区南京体育学院内
18	国民大会堂旧址		1935 年	玄武区长江路 264 号
19	中央大学旧址（含梅庵）		1930 年	玄武区四牌楼 2 号
20	金陵大学旧址（含汇文书院钟楼）		1916 年	鼓楼区汉口路 22 号
21	金陵女子大学旧址		1923 年	鼓楼区宁海路 122 号
22	孙中山临时大总统府及南京国民政府建筑遗存		1912—1949 年	玄武区长江路 292 号
23	北极阁气象台旧址		1928 年	玄武区北极阁 2 号
24	中央陆军军官学校旧址		1928 年	玄武区黄埔路 3 号
25	励志社旧址		1929—1931 年	玄武区中山东路 307 号
26	国民政府中央广播电台旧址		1932 年	鼓楼区江东门北街 33 号
27	国立中央研究院旧址		1931 年	玄武区北京东路 39 号
28	拉贝旧居		1934—1938 年	鼓楼区小粉桥 1 号
29	金陵兵工厂旧址		清至民国	秦淮区应天大街 388 号
30	浦口火车站旧址		清至民国	浦口区津浦路 30 号附近
31	美国驻华使馆旧址		1946 年	鼓楼区西康路 33 号
32	英国驻华使馆旧址		1946 年	鼓楼区虎踞北路 185 号
33	日本驻南京大使馆旧址		约 1930 年	鼓楼区北京西路 3 号
34	国立美术陈列馆旧址		1936 年	玄武区长江路 266 号
35	侵华日军南京利济巷慰安所旧址		1937 年	秦淮区利济巷 2 号
36	八路军驻南京办事处旧址（2 点）		1937 年	鼓楼区青云巷 41 号、高云岭 29 号

中山陵

国民革命军阵亡将士纪念塔

国民政府考试院旧址

国民政府主席官邸（美龄宫）旧址

国民党中央监察委员会办公楼旧址

国民政府外交部旧址

国民政府行政院旧址

中央体育场旧址

国民大会堂旧址

金陵大学旧址（北大楼）

南京总统府门楼

孙中山临时大总统府旧址

中央陆军军官学校旧址

励志社旧址

美国驻华使馆旧址

英国驻华使馆旧址

国立美术陈列馆旧址

侵华日军南京利济巷慰安所旧址

中山陵的设计者——吕彦直

吕彦直

吕彦直（1894—1929），中国近现代建筑的奠基人，著名建筑师，字仲宜，安徽滁州人，祖籍山东东平。他于宣统三年（1911）考入清华学堂留美预备部，1913年留学美国，1921年回国在上海开设彦记建筑事务所。1925年，在40多种孙中山陵墓建筑设计方案评选中，吕彦直以简朴庄重的钟形图案荣获首奖，并受聘担任陵墓建筑师及工程监理。1927年，他主持设计的广州中山纪念堂和纪念碑设计方案在众多方案中再夺魁首。因积劳成疾，吕彦直于1929年3月在上海病逝，年仅35岁。

杨廷宝

新民族建筑风格的代表——杨廷宝

杨廷宝（1901—1982），著名建筑学家、建筑教育学家，字仁辉，河南南阳人，中国近现代建筑设计开拓者之一。他于1915年考入清华学校，1921年赴美国留学，回国后创办“基泰工程司”，1940年起长期在中央大学、南京大学、南京工学院（今东南大学）建筑系任教授及系主任。杨廷宝一生主持或参加设计的建筑有100多项，其中为南京设计的民国建筑占三分之一，著名的有国民党中央监察委员会办公楼、国民党中央党史史料陈列馆、中央医院、中央体育场、金陵大学图书馆、紫金山天文台、下关火车站、中山陵音乐台等，曾任中国科学院技术科学部委员、中国建筑学会理事长、国际建筑师协会副主席，1982年在南京逝世。

中山陵音乐台

紫金山天文台旧址

国民党中央党史史料陈列馆旧址

— 人民解放军占领南京 —

1949年4月20日，国民党拒绝在和平协定上签字，国共两党谈判宣告破裂。4月21日，毛泽东主席和朱德总司令发布了《向全国进军的命令》，人民解放军第二、第三野战军的百万大军于同日凌晨发起渡江战役。1949年4月23日，南京解放，人民解放军和平占领国民党统治中国22年的首都南京，结束了国民党在中国大陆的统治。古都南京走进了一个全新的历史发展时期。

人民解放军占领总统府

解放军坦克部队在新街口受到热烈欢迎

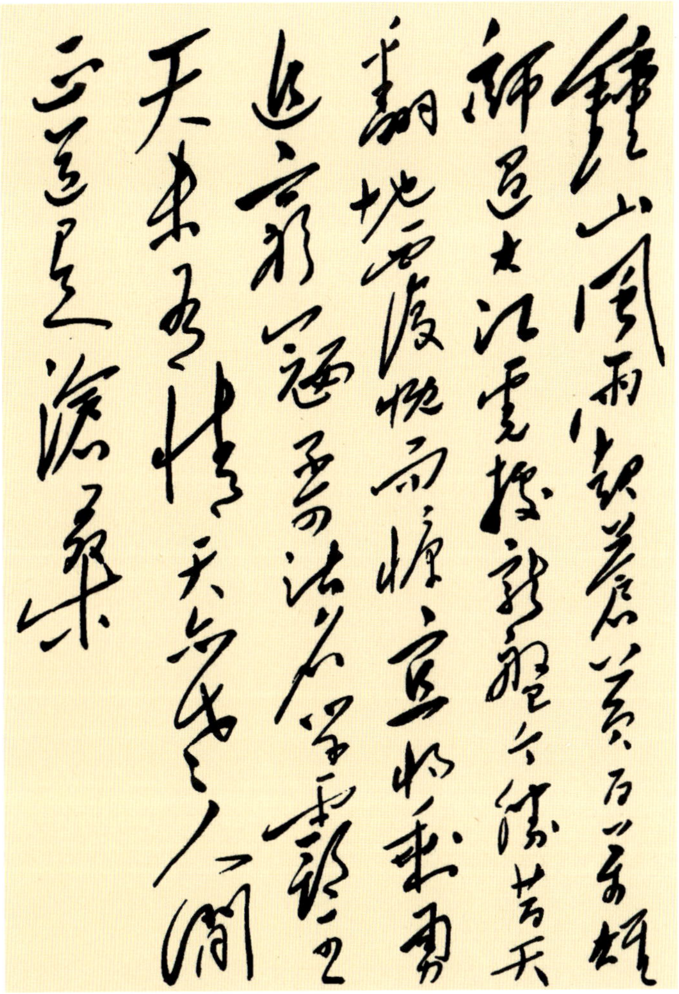

毛泽东文稿手迹《七律·人民解放军占领南京》

七律·人民解放军占领南京

一九四九年四月　　　　　　毛泽东

钟山风雨起苍黄，百万雄师过大江。虎踞龙盘今胜昔，天翻地覆慨而慷。

宜将剩勇追穷寇，不可沽名学霸王。天若有情天亦老，人间正道是沧桑。

附录

南京历代名称沿革一览表

时代	政区名称	说明
战国	金陵邑	周显王三十六年（前333），楚筑金陵邑于石头山，为城区建置之始，亦为南京得名金陵之始
秦	秣陵县	始皇帝三十七年（前210）以楚金陵邑改置秣陵县
汉	秣陵县	县级侯国
	丹阳郡	汉献帝延康二年（221），吴移郡治于建业，南京始为郡治。唐朝天宝初年，始以京口为丹阳郡治，曲阿为丹阳县
	扬州	吴黄武元年（222），孙权设扬州牧，治建业，南京始为扬州刺史治所。唐高祖武德九年（626），将扬州大都督府与扬州治所移至江都，从此以后，扬州之名专属于江都
东吴	国都建业	汉献帝建安十七年（212）改秣陵为建业县。吴黄龙元年（229）定都于此，为南京建都之始，奠定南京古都之初基
西晋	秣陵县	太康元年（280）改建业为秣陵
	临江县	太康元年（280）析秣陵置县，称临江
	江宁县	太康二年（281）改，江宁之名始于此
	建邺县	太康三年（282），将秣陵县一分为二，秦淮河北为建邺县，秦淮河南为秣陵县。建邺之名始于此
	建康县	建兴元年（313），为避愍帝司马邺讳，更名
东晋南朝	国都建康	建武元年（317），琅邪王司马睿定都建康，史称东晋
	秣陵县	
	建康县	
隋	蒋州	隋开皇九年（589）平陈，毁建康，于石头城置蒋州。开皇十一年（591）新置
	丹阳郡	大业三年（607）改蒋州置

（续表）

时　代	政区名称	说　明
唐	丹阳郡	隶属东南道行台管辖
	扬州	武德三年（620）以丹阳郡改扬州
	蒋州	武德七年（624）以扬州改，次年复为扬州
	江宁郡	至德二年（757）以江宁县置郡，而县废，乾元元年（758）复置江宁县
	升州	乾元元年（758）改郡置升州。宝应元年（762），废升州。光启三年（887）复置升州
	归化县	武德三年（620），以江宁县改归化县
	金陵县	武德八年（625）复为扬州，改归化县为金陵县
	白下县	武德九年（626）改金陵县为白下县
	江宁县	贞观七年(633)改白下县为归化县，贞观九年(635)改归化县复称江宁县
	上元县	上元二年（761）改江宁县为上元县，属润州
五代南唐	升州	乾元元年（758）改郡置升州，光启三年（887）复置升州
	金陵府	杨吴武义二年（920），改升州为金陵府
	西都	杨吴天祚二年（936），以金陵为西都，广陵为东都
	江宁府	杨吴天祚三年（937）改金陵府为江宁府
	国都金陵	升元元年（937），徐知诰代杨吴，以江宁府为都
宋	升州	开宝八年十一月（976）改置
	江宁府	天禧二年（1018），改升州为江宁府，进封寿春郡王赵祯为升王
	建康府	建炎三年(1129),高宗改江宁府为建康府，置行宫，仍为江南东路治所
元	建康府	元占建康，仍为府
	建康路	至元十四年（1277）改
	集庆路	天历二年（1329），以文宗潜邸所在，改路名集庆
明	应天府	至正十六年（1356）朱元璋以集庆路改

（续表）

时 代	政区名称	说 明
明	国都南京	洪武元年（1368）定都南京。诏以金陵、大梁为南、北两京，南京之名始于此。永乐十九年（1421）迁都，仍为两京之一，称南京，或南都
	京师	罢大梁北京，洪武十一年（1378）升南京为京师。永乐北迁，复称南京
	南都	明英宗正统年间（1436—1449），始改顺天为京师，以应天为南都
清	江宁府	顺治二年（1645）改应天府为江宁府
	江宁道	宣统二年（1910）置
太平天国	国都天京	咸丰三年（1853）3月19日，太平军攻克江宁府城后，改江宁府为天京
中华民国	国都南京	民国元年（1912）1月1日临时政府定都南京，同年4月初，孙中山辞临时大总统职，袁世凯迁都北京
	南京府	以建都之地为府；废上元、江宁两县并江宁府，其余各县属江苏省
	江宁县	民国二年（1913）撤南京府，置江宁县，为江苏省省会
	金陵道	民国三年（1914），袁世凯设立金陵道，下辖江宁、句容、溧水、高淳、江浦、六合等11县
	首都南京	民国十六年（1927）4月，国民政府定都南京
	南京市、南京特别市、首都特别市、南京（直辖）市	民国十六年（1927）4月，改江宁县为南京市，南京自此建为“市”一级行政区，6月，改南京市为南京特别市。民国十八年（1929）4月改南京市为首都特别市。民国十九年（1930）改南京市为直辖市。1938年伪维新政府成立，以南京为“维新政府特别市”。1940年汪伪国民政府称“还都南京”，以南京为伪行政院“特别直辖市”，1945年日本战败投降取消
中华人民共和国	南京直辖市	1949年4月23日南京解放，仍为市建制；1950年以中央直辖市由华东军政委员会领导
	南京市	1952年12月改省辖市，省会

南京市全国重点文物保护单位名录

<table>
<tr><th colspan="2">名称</th><th>分类</th><th>所在地</th><th>年代</th></tr>
<tr><td colspan="2">中山陵</td><td rowspan="9">革命遗址及革命纪念建筑物</td><td>玄武区中山陵园内</td><td>1929 年</td></tr>
<tr><td colspan="2">中山陵附属革命历史图书馆旧址</td><td>玄武区中山陵 7 号</td><td>1933 年</td></tr>
<tr><td colspan="2">邓演达墓</td><td>玄武区灵谷景区</td><td>1957 年迁葬</td></tr>
<tr><td colspan="2">廖仲恺、何香凝墓</td><td>玄武区明孝陵西侧</td><td>1935 / 1972 年</td></tr>
<tr><td colspan="2">谭延闿墓</td><td>玄武区灵谷景区</td><td>1933 年</td></tr>
<tr><td colspan="2">国民革命军阵亡将士公墓</td><td>玄武区灵谷景区</td><td>1929 年</td></tr>
<tr><td colspan="2">太平天国天王府遗址</td><td>玄武区长江路 292 号</td><td>1853—1864 年</td></tr>
<tr><td colspan="2">堂子街太平天国壁画</td><td>秦淮区堂子街 74 号</td><td>1853—1864 年</td></tr>
<tr><td colspan="2">雨花台烈士陵园</td><td>雨花台区中华门外</td><td>1927—1949 年</td></tr>
<tr><td colspan="2">南京人化石地点</td><td rowspan="7">古遗址</td><td>江宁区汤山街道</td><td>旧石器时代</td></tr>
<tr><td colspan="2">钟山建筑遗址</td><td>玄武区紫金山南麓</td><td>南朝</td></tr>
<tr><td colspan="2">明故宫遗址</td><td>玄武区、秦淮区</td><td rowspan="2">明</td></tr>
<tr><td colspan="2">龙江船厂遗址</td><td>鼓楼区漓江路 57 号</td></tr>
<tr><td colspan="2">薛城遗址</td><td>高淳区淳溪镇</td><td>新石器时代</td></tr>
<tr><td colspan="2">固城遗址</td><td>高淳区固城镇</td><td>春秋至汉</td></tr>
<tr><td colspan="2">大报恩寺遗址</td><td>秦淮区中华门外</td><td>东晋至清</td></tr>
<tr><td colspan="2">明孝陵</td><td rowspan="10">古墓葬</td><td>玄武区钟山风景区</td><td rowspan="10">明</td></tr>
<tr><td colspan="2">明东陵</td><td>玄武区明孝陵东侧</td></tr>
<tr><td rowspan="8">明功臣墓</td><td>徐达墓</td><td>玄武区板仓街 192 号</td></tr>
<tr><td>李文忠墓</td><td>玄武区锁金村街道蒋王庙街</td></tr>
<tr><td>吴良墓</td><td>玄武区板仓街 1 号</td></tr>
<tr><td>吴桢墓</td><td>玄武区板仓街 1 号</td></tr>
<tr><td>常遇春墓</td><td>玄武区锁金村街道</td></tr>
<tr><td>邓愈墓</td><td>雨花台区邓府山</td></tr>
<tr><td>仇成墓石刻</td><td>玄武区玄武湖街道</td></tr>
<tr><td>李杰墓</td><td>雨花台区雨花台风景区</td></tr>
</table>

（续表）

<table>
<tr><th colspan="2">名 称</th><th>分 类</th><th>所在地</th><th>年 代</th></tr>
<tr><td colspan="2">南唐二陵</td><td rowspan="5">古墓葬</td><td>江宁区祖堂山</td><td>五代·南唐</td></tr>
<tr><td colspan="2">浡泥国王墓</td><td>雨花台区雨花街道</td><td>明</td></tr>
<tr><td colspan="2">象山王氏家族墓地</td><td>鼓楼区幕府西路</td><td>晋</td></tr>
<tr><td colspan="2">上坊孙吴墓</td><td>江宁区东山街道</td><td>三国</td></tr>
<tr><td colspan="2">仙鹤观六朝墓地</td><td>栖霞区仙林街道</td><td>三国、晋、南朝</td></tr>
<tr><td colspan="2">南京城墙</td><td rowspan="9">古建筑</td><td>玄武区、秦淮区、鼓楼区</td><td>明</td></tr>
<tr><td colspan="2">栖霞寺舍利塔</td><td>栖霞区栖霞寺</td><td>五代·南唐</td></tr>
<tr><td colspan="2">瞻园</td><td>秦淮区瞻园路 128 号</td><td>明至清</td></tr>
<tr><td colspan="2">甘熙宅第</td><td>秦淮区南捕厅 15、17、19 号</td><td>清</td></tr>
<tr><td colspan="2">七桥瓮</td><td>秦淮区红花街道</td><td rowspan="2">明</td></tr>
<tr><td colspan="2">蒲塘桥</td><td>溧水区洪蓝镇</td></tr>
<tr><td colspan="2">南京鼓楼</td><td>鼓楼区北京西路 1-2 号</td><td>明至清</td></tr>
<tr><td colspan="2">朝天宫</td><td>秦淮区朝天宫街道</td><td rowspan="2">清</td></tr>
<tr><td colspan="2">杨柳村古建筑群</td><td>江宁区湖熟街道</td></tr>
<tr><td colspan="2">千佛崖石窟及明征君碑</td><td rowspan="2">石窟寺及石刻</td><td>栖霞区栖霞寺</td><td>六朝、唐</td></tr>
<tr><td colspan="2">阳山碑材</td><td>江宁区汤山街道</td><td>明</td></tr>
<tr><td rowspan="9">南朝陵墓石刻</td><td>宋武帝刘裕初宁陵石刻</td><td rowspan="9">石刻及其他</td><td>江宁区麒麟街道</td><td>422 年</td></tr>
<tr><td>梁桂阳简王萧融墓石刻</td><td>栖霞区栖霞街道</td><td>502 年</td></tr>
<tr><td>梁建安敏侯萧正立墓石刻</td><td>江宁区淳化街道</td><td>511 年</td></tr>
<tr><td>梁安成康王萧秀墓石刻</td><td>栖霞区栖霞街道</td><td>518 年</td></tr>
<tr><td>梁始兴忠武王萧憺墓石刻</td><td>栖霞区栖霞街道</td><td>522 年</td></tr>
<tr><td>梁吴平忠侯萧景墓石刻</td><td>栖霞区栖霞街道</td><td>523 年</td></tr>
<tr><td>梁鄱阳忠烈王萧恢墓石刻</td><td>栖霞区栖霞街道</td><td>526 年</td></tr>
<tr><td>梁临川靖惠王萧宏墓石刻</td><td>栖霞区仙林街道</td><td>526 年</td></tr>
<tr><td>梁新渝宽侯萧映墓石刻</td><td>栖霞区栖霞街道</td><td>544 年</td></tr>
</table>

（续表）

名称		分类	所在地	年代
南朝陵墓石刻	陈武帝陈霸先万安陵石刻	石刻及其他	江宁区东山街道	559年
	陈文帝陈蒨永宁陵石刻		栖霞区栖霞街道	566年
	徐家村失考墓石刻		栖霞区燕子矶街道	南朝
	北家边失考墓石刻		栖霞区尧化街道	
	宋墅失考墓石刻		江宁区淳化街道	
	侯村失考墓石刻		江宁区东山街道	
	方旗庙失考墓石刻		江宁区江宁街道	
	耿岗失考墓石刻		江宁区淳化街道	
原国民政府旧址	国民政府外交部旧址	近现代重要史迹及代表性建筑	鼓楼区中山北路32号	1933年
	国民政府考试院旧址		玄武区北京东路41号	1931年
	国民政府最高法院旧址		鼓楼区中山北路101号	1933年
	国民政府行政院旧址		鼓楼区中山北路252号	1933年
	国民政府交通部旧址		鼓楼区中山北路303号	
	国民政府主席官邸旧址		玄武区中山陵9号	1931年
	国民党中央监察委员会旧址		玄武区中山东路311号	1936年
	国民党中央党史史料陈列馆旧址		玄武区中山东路309号	1935年
	临时政府参议院旧址		鼓楼区湖南路10号	1912年
国立紫金山天文台旧址			玄武区钟山风景区	1931年
中国共产党代表团办事处旧址			玄武区梅园新村	1946—1947年
中央体育场旧址			玄武区钟山风景区	民国
国民大会堂旧址			玄武区长江路264号	
中央大学旧址			玄武区四牌楼2号	
金陵大学旧址（含汇文书院钟楼）			鼓楼区汉口路22号	
金陵女子大学旧址			鼓楼区宁海路122号	

（续表）

名　称	分　类	所在地	年　代
侵华日军南京大屠杀死难同胞丛葬地（17处）	近现代重要史迹及代表性建筑	玄武区　秦淮区　建邺区 鼓楼区　栖霞区　雨花台区	1937年
金陵刻经处		秦淮区淮海路35号	清
金陵兵工厂旧址		秦淮区晨光大道	清至民国
浦口火车站旧址		浦口区南京北站	
孙中山临时大总统府及南京国民政府建筑遗存		玄武区长江路292号	1912—1949年
北极阁气象台旧址		玄武区北极阁2号	1928年
中央陆军军官学校旧址		玄武区黄埔路1号	
励志社旧址		玄武区中山东路307号	1929—1931年
国民政府中央广播电台旧址		鼓楼区江东门北街33号	1932年
国立中央研究院旧址		玄武区北京东路39号	1933—1935年
拉贝旧居		鼓楼区小粉桥1号	1934—1938年
美国驻华使馆旧址		鼓楼区西康路33号	1946年
英国驻华使馆旧址		鼓楼区虎踞北路185号	
马林医院旧址		鼓楼区中山路321号	1892年
日本驻南京大使馆旧址		鼓楼区北京西路3号	民国
国立美术陈列馆旧址		玄武区长江路266号	
侵华日军南京利济巷慰安所旧址		秦淮区利济巷2号	
八路军驻南京办事处旧址（2点）		鼓楼区青云巷41号、高云岭29号	1937年

（表内信息截至2020年12月）

南京市非物质文化遗产项目名录

<table>
<tr><th>序号</th><th>名　称</th><th>类　别</th><th>级　别</th><th>所属区域</th></tr>
<tr><td>1</td><td>南京云锦织造技艺</td><td rowspan="2">传统技艺</td><td rowspan="4">人类非遗</td><td>建邺区　玄武区　秦淮区</td></tr>
<tr><td>2</td><td>雕版印刷（金陵刻经印刷技艺）</td><td rowspan="2">秦淮区</td></tr>
<tr><td>3</td><td>古琴艺术（金陵琴派）</td><td>传统音乐</td></tr>
<tr><td>4</td><td>剪纸（南京剪纸）</td><td>传统美术</td><td>玄武区　秦淮区　溧水区</td></tr>
<tr><td>5</td><td>秦淮灯会</td><td>民俗</td><td rowspan="7">国家级</td><td>秦淮区</td></tr>
<tr><td>6</td><td>龙舞（骆山大龙）</td><td rowspan="2">传统舞蹈</td><td>溧水区</td></tr>
<tr><td>7</td><td>竹马（东坝大马灯）</td><td>高淳区</td></tr>
<tr><td>8</td><td>南京白局</td><td>曲艺</td><td rowspan="2">秦淮区</td></tr>
<tr><td>9</td><td>金银细工制作技艺</td><td rowspan="2">传统技艺</td></tr>
<tr><td>10</td><td>南京金箔锻制技艺</td><td>栖霞区　江宁区</td></tr>
<tr><td>11</td><td>丁氏痔科医术</td><td>传统医药</td><td>秦淮区</td></tr>
<tr><td>12</td><td>项羽故事</td><td rowspan="7">民间文学</td><td rowspan="16">省级</td><td>浦口区</td></tr>
<tr><td>13</td><td>达摩传说</td><td>六合区</td></tr>
<tr><td>14</td><td>卞和献玉传说</td><td rowspan="3">高淳区</td></tr>
<tr><td>15</td><td>伍子胥故事</td></tr>
<tr><td>16</td><td>崔致远与双女坟的故事</td></tr>
<tr><td>17</td><td>秦淮传说故事</td><td>秦淮区</td></tr>
<tr><td>18</td><td>梁祝传说</td><td>高淳区</td></tr>
<tr><td>19</td><td>留左吹打乐</td><td rowspan="3">传统音乐</td><td>六合区</td></tr>
<tr><td>20</td><td>高淳民歌</td><td>高淳区</td></tr>
<tr><td>21</td><td>六合民歌</td><td>六合区</td></tr>
<tr><td>22</td><td>江浦手狮</td><td rowspan="6">传统舞蹈</td><td>浦口区</td></tr>
<tr><td>23</td><td>麻雀蹦</td><td>江宁区</td></tr>
<tr><td>24</td><td>跳五猖</td><td rowspan="4">高淳区</td></tr>
<tr><td>25</td><td>长芦抬龙</td></tr>
<tr><td>26</td><td>龙吟车</td></tr>
<tr><td>27</td><td>沛桥高跷</td></tr>
</table>

（续表）

序号	名　称	类　别	级　别	所属区域
28	竹镇高跷	传统舞蹈	省级	六合区
29	跳当当			溧水区
30	柘塘打社火			
31	栖霞龙舞			栖霞区
32	铜山高台狮子舞			江宁区
33	湾北小马灯舞			六合区
34	打罗汉			高淳区
35	阳腔目连戏	传统戏剧		
36	越剧（竺派艺术）			南京市
37	皮影戏			秦淮区
38	南京评话	曲艺		
39	灯彩	传统美术		
40	十竹斋饾彩拱花技艺			南京市
41	仿古牙雕			玄武区　秦淮区　江宁区
42	金陵竹刻			玄武区
43	戏剧脸谱			秦淮区
44	仿古木雕			玄武区
45	六合农民画			六合区
46	南京瓷刻			玄武区　秦淮区
47	南京泥人			玄武区
48	传统金银饰品工艺	传统技艺		秦淮区
49	天鹅绒织造技艺			南京市
50	绒花制作技艺			
51	南京板鸭、盐水鸭制作技艺			南京市　江宁区
52	真金线制作技艺			栖霞区
53	金陵折扇制作技艺			

（续表）

序号	名　称	类　别	级　别	所属区域
54	高淳羽毛扇制作技艺	传统技艺	省级	高淳区
55	绿柳居素食烹制技艺	传统技艺	省级	秦淮区
56	雨花茶制作技艺	传统技艺	省级	玄武区　江宁区
57	马祥兴清真菜烹制技艺	传统技艺	省级	鼓楼区
58	刘长兴面点制作技艺	传统技艺	省级	秦淮区
59	秦淮（夫子庙）传统风味小吃制作技艺	传统技艺	省级	秦淮区
60	古籍修复技艺	传统技艺	省级	秦淮区
61	皮毛制作技艺	传统技艺	省级	江宁区
62	京苏大菜烹制技艺	传统技艺	省级	鼓楼区
63	永和园面点制作技艺	传统技艺	省级	秦淮区
64	安乐园清真小吃制作技艺	传统技艺	省级	秦淮区
65	徐氏毛笔制作技艺	传统技艺	省级	浦口区
66	鸡鸣寺素食制作技艺	传统技艺	省级	玄武区
67	张简斋中医温病医术	传统医药	省级	秦淮区
68	金陵洪氏眼科	传统医药	省级	秦淮区
69	金陵中医推拿术	传统医药	省级	秦淮区
70	金陵杨氏中药炮制技艺	传统医药	省级	秦淮区
71	张氏接骨	传统医药	省级	浦口区
72	殷巷石锁赛力	传统体育	省级	江宁区
73	妈祖庙会	民俗	省级	鼓楼区
74	薛城花台会	民俗	省级	高淳区
75	祠山庙会	民俗	省级	溧水区
76	抖空竹	民俗	省级	秦淮区
77	雨花石鉴赏习俗	民俗	省级	南京市　六合区
78	方巷走北习俗	民俗	省级	六合区

（续表）

序号	名称	类别	级别	所属区域
79	项羽与浦口的历史传说	民间文学	市级	浦口区
80	长芦民间传说			六合区
81	伍子胥和浣溪沙的故事			高淳区
82	董永传说			江宁区
83	脱尾龙的传说			高淳区
84	白鹿遗踪的传说			
85	太子山的传说			六合区
86	黄天荡的故事			
87	龙袍玉带的传说			
88	栖霞寺石匠成佛的传说			栖霞区
89	大报恩寺的传说			秦淮区
90	江南贡院的故事			
91	乌衣巷的故事			
92	桃叶渡的传说			
93	沈万三的传说			
94	胭脂井的传说			玄武区
95	东山再起的传说			江宁区
96	汤山温泉的故事			
97	牛头宗的故事			
98	韩门三进士的故事			高淳区
99	铜锣井牛郎织女的传说			
100	雨花台的传说			雨花台区
101	杨邦乂的传说			
102	新亭对泣故事			
103	马铺锣鼓	传统音乐		江宁区
104	固城十番锣鼓			高淳区

（续表）

序号	名称	类别	级别	所属区域
105	西善民歌	传统音乐		雨花台区
106	江南丝竹			秦淮区
107	工尺谱拍曲技法			玄武区
108	骨牌灯	传统舞蹈		六合区
109	茶山会			浦口区
110	砖墙打罗汉			高淳区
111	阳江打水浒			
112	小马灯			
113	中马灯			
114	葛塘三花舞			六合区
115	竹镇手狮舞			
116	万安脸子会			江宁区
117	丹阳龙灯			
118	皮老虎			
119	古柏跳八恺			高淳区
120	解表			六合区
121	桠溪狮子灯			高淳区
122	西宋马灯			溧水区
123	洪山戏	传统戏剧		六合区
124	南京提线木偶			秦淮区
125	昆曲			玄武区
126	杖头木偶			南京市
127	送春	曲艺		高淳区
128	南京白话			秦淮区
129	打五件			溧水区
130	送麒麟			六合区

（续表）

序号	名称	类别	级别	所属区域
131	相声（张派艺术）	曲艺	市级	秦淮区
132	六月六龙舟竞渡	传统体育		高淳区
133	史氏八卦掌			秦淮区
134	金陵甘凤池武术			
135	飞镗			六合区
136	周岗红木雕刻	传统美术		江宁区
137	南京微雕			雨花台区
138	六合民间画			六合区
139	烙画			秦淮区
140	根雕			
141	石桥门笺			浦口区
142	葫芦画			
143	南京风筝			秦淮区
144	南京画石			
145	南京料器			
146	金陵篆刻			
147	南京绢人			
148	南京玉雕			
149	南京刺绣			高淳区　秦淮区
150	民间木艺			秦淮区
151	民间布艺			南京市　秦淮区　高淳区
152	南京内画			秦淮区
153	南京面塑			南京市
154	高淳木雕			高淳区
155	方山裱画技艺	传统技艺		江宁区
156	窦村石刻技艺			

（续表）

序号	名称	类别	级别	所属区域
157	南京钟制造工艺	传统技艺	市级	鼓楼区
158	龙袍蟹黄汤包加工制作技艺			六合区
159	明觉铁画锻制技艺			溧水区
160	南京铜雕			六合区
161	洪蓝玉带糕传统制作技艺			溧水区
162	南京香肚制作技艺			鼓楼区
163	苏作小家具制作技艺			玄武区
164	六合牛脯制作技艺			六合区
165	绳结			秦淮区
166	星甸清真（烤鸭、五香牛肉）制作技艺			浦口区
167	铁器锻制技艺			高淳区
168	青铜铸造技艺（泥范青铜）			秦淮区
169	高淳陶瓷制作技艺			高淳区
170	端午彩粽制作技艺			鼓楼区
171	古陶瓷修复技艺			南京市　秦淮区
172	书画装裱技艺			
173	青铜器修复技艺			南京市
174	麦芽糖制作技艺			高淳区
175	清真小吃制作技艺			秦淮区
176	面点制作工艺（四鹤春、包顺兴）			
177	东坝萝卜干制作技艺			高淳区
178	高淳梁氏接骨	传统医药		
179	灵芝传统知识及应用			玄武区
180	金陵瘰疬诊疗术			六合区
181	火罐疗法			

（续表）

序号	名称	类别	级别	所属区域
182	张氏喉科	传统医药	市级	溧水区
183	毛氏中医医术			浦口区
184	庞氏正骨法			建邺区
185	金陵陶崑灸疗术			秦淮区
186	俞跗医术			
187	金陵王氏接骨术			
188	南京赏梅习俗	民俗		玄武区
189	蒋王庙庙会			
190	夫子庙花鸟鱼虫市			秦淮区
191	牛首山踏春习俗			江宁区
192	泰山庙会			浦口区
193	狮子岭庙会			
194	上梁仪式			高淳区
195	水八鲜饮食习俗			建邺区
196	南京老地名			南京市
197	幕府登高习俗			鼓楼区
198	南京吆喝			秦淮区　鼓楼区
199	神医“南京先生”信俗			雨花台区
200	花神庙花神信俗			
201	招贤寺庙会			六合区
202	玄武湖菊花会			玄武区

（表内信息截至2020年12月）

南京市文化遗产及主要景区分布图

浦口区

全国重点文物保护单位 1处

- 浦口火车站旧址

省级以上非物质文化遗产项目 4项

- 项羽故事
- 江浦手狮
- 徐氏毛笔制作技艺
- 张氏接骨

鼓楼区

全国重点文物保护单位 29处/点

- 象山王氏家族墓地
- 南京城墙
- 龙江船厂遗址
- 南京鼓楼
- 马林医院旧址
- 国民政府外交部旧址
- 国民政府最高法院旧址
- 国民政府行政院旧址
- 国民政府交通部旧址
- 临时政府参议院旧址
- 金陵大学旧址(含汇文书院钟楼)
- 金陵女子大学旧址
- 侵华日军南京大屠杀死难同胞丛葬地（9处）
- 国民政府中央广播电台旧址
- 拉贝旧居
- 美国驻华使馆旧址
- 英国驻华使馆旧址
- 日本驻南京大使馆旧址
- 八路军驻京办事处旧址（2点）

省级以上非物质文化遗产项目 4项

- 马祥兴清真菜烹制技艺
- 古籍修复技艺
- 京苏大菜烹制技艺
- 妈祖庙会

建邺区

全国重点文物保护单位 2处

- 侵华日军南京大屠杀死难同胞丛葬地(2处)

六合区

省级文物保护单位 3处

- 六合文庙
- 六合万寿宫
- 六合县竹镇抗日民主政府旧址

省级以上非物质文化遗产项目 8项

- 达摩传说
- 留左吹打乐
- 六合民歌
- 竹镇高跷
- 湾北小马灯舞
- 六合农民画
- 雨花石鉴赏习俗
- 方巷走北习俗

栖霞区

全国重点文物保护单位 15处/点

- 仙鹤观六朝墓地
- 千佛崖石窟及明征君碑
- 徐家村失考墓石刻
- 梁桂阳简王萧融墓石刻
- 梁安成康王萧秀墓石刻
- 梁始兴忠武王萧憺墓石刻
- 梁吴平忠侯萧景墓石刻
- 梁鄱阳忠烈王萧恢墓石刻
- 梁临川靖惠王萧宏墓石刻
- 梁新渝宽侯萧暎墓石刻
- 陈文帝陈蒨永宁陵石刻
- 北家边失考墓石刻
- 栖霞寺舍利塔
- 侵华日军南京大屠杀死难同胞丛葬地（1处）

省级以上非物质文化遗产项目 4项

- 南京金箔锻制技艺
- 栖霞龙舞
- 真金线制作技艺
- 金陵折扇制作技艺

侵华日军南京大屠杀死难同胞丛葬地（2处）

市级非物质文化遗产项目（7项）

西善民歌　南京微雕
神医"南京先生"信俗
花神庙花神信俗　雨花台的传说
杨邦义的传说　新亭对泣故事

江宁区

全国重点文物保护单位（12处/点）

南京人化石地点
上坊孙吴墓
梁建安敏侯萧正立墓石刻
陈武帝陈霸先万安陵石刻
宋武帝刘裕初宁陵石刻
宋墅失考墓石刻
侯村失考墓石刻
方旗庙失考墓石刻
耿岗失考墓石刻
南唐二陵
阳山碑材
杨柳村古建筑群

省级以上非物质文化遗产项目（8项）

南京金箔锻制技艺　麻雀蹦
铜山高台狮子舞　仿古牙雕
雨花茶制作技艺
南京板鸭、盐水鸭制作技艺
皮毛制作技艺　股巷石锁赛力

高淳区

全国重点文物保护单位（2处）

薛城遗址
固城遗址

省级以上非物质文化遗产项目（13项）

竹马（东坝大马灯）　伍子胥故事
卞和献玉传说　梁祝传说
崔致远与双女坟的故事
高淳民歌　跳五猖
长芦抬龙　龙吟车
沛桥高跷　打罗汉
阳腔目连戏
高淳羽毛扇制作技艺　薛城花台会

溧水区

全国重点文物保护单位（1处）

蒲塘桥

省级以上非物质文化遗产项目（5项）

剪纸（南京剪纸）龙舞（骆山大龙）跳当当
柘塘打社火　祠山庙会

国民革命军阵亡将士公墓
中国共产党代表团办事处旧址
国立紫金山天文台旧址
国民政府考试院旧址
国民政府主席官邸旧址
国民党中央监察委员会办公楼旧址
国民党中央党史史料陈列馆旧址
中央体育场旧址
国民大会堂旧址
中央大学旧址（含梅庵）
侵华日军南京大屠杀死难同胞丛葬地（2处）
孙中山临时大总统府及南京国民政府建筑遗存
北极阁气象台旧址
中央陆军军官学校旧址　励志社旧址
国立中央研究院旧址
国立美术陈列馆旧址

省级以上非物质文化遗产项目（9项）

南京云锦织造技艺
南京剪纸　仿古牙雕　金陵竹刻
仿古木雕　南京瓷刻　南京泥人
雨花茶制作技艺
鸡鸣寺素食制作技艺

秦淮区

全国重点文物保护单位（12处）

明故宫遗址　南京城墙　瞻园
七桥瓮　甘熙宅第　朝天宫
大报恩寺遗址（含大报恩碑）　金陵刻经处
金陵兵工厂旧址
堂子街太平天国壁画
侵华日军南京大屠杀死难同胞丛葬地（1处）
侵华日军南京利济巷慰安所旧址

省级以上非物质文化遗产项目（30项）

南京云锦织造技艺　剪纸（南京剪纸）
金陵刻经印刷技艺　古琴艺术（金陵琴派）
秦淮灯会　丁氏痔科医术
南京白局　南京评话　皮影戏
灯彩　戏剧脸谱　仿古牙雕
金银细工制作技艺　秦淮传说故事
绒花制作技艺　抖空竹
十竹斋饾彩拱花技艺　南京瓷刻
天鹅绒织造技艺　传统金银饰品工艺
绿柳居素食烹制技艺
刘长兴面点加工制作技艺
秦淮（夫子庙）传统风味小吃制作技艺
永和园面点制作技艺
安乐园清真小吃制作技艺　古籍修复技艺
张简斋中医温病医术
金陵洪氏眼科
金陵中医推拿术
金陵杨氏中药炮制技艺

明清时期金陵四十八景分布示意

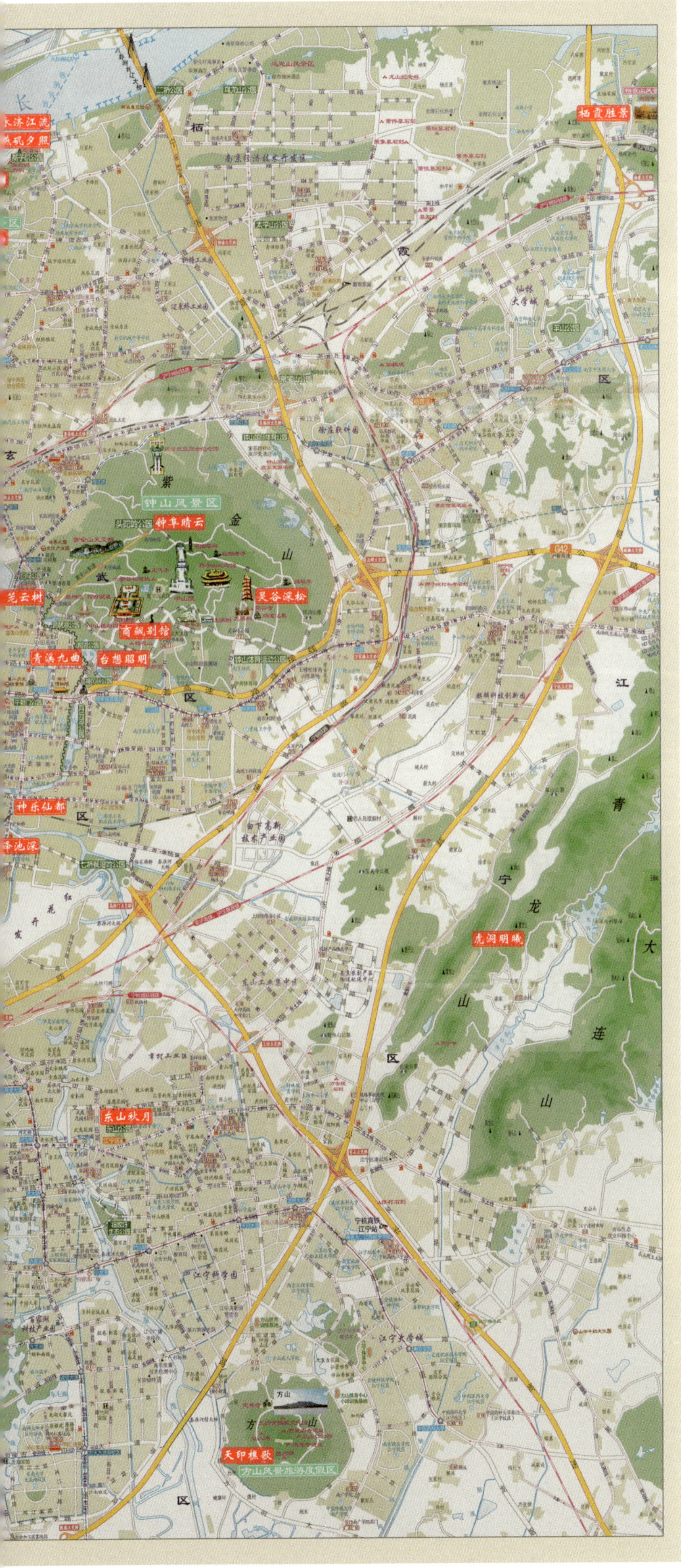

栖霞胜景
栖 霞 区
南京经济技术开发区
仙林大学城
徐庄软件园
紫 金 山
钟山风景区
钟阜晴云
灵谷深松
商飙别馆
青溪九曲
台想昭明
玄 武 区
神乐仙都
麒麟科技创新园
白下高新技术产业园
江 宁 区
青 龙 山
大 连 山
虎洞明曦
东山秋月
G42
宁杭高铁江宁站
江宁科学园
江宁大学城
方 山
天印樵歌
方山风景旅游度假区

主要参考资料

［1］〔晋〕陈寿（撰）；〔宋〕裴松之（注）：《三国志》，中华书局，2006年版。

［2］〔梁〕释慧皎：《高僧传》，陕西人民出版社，2013年版。

［3］〔唐〕许嵩：《建康实录》，中华书局，1986年版。

［4］〔宋〕周应合：《景定建康志》，南京出版社，2009年版。

［5］〔明〕礼部（纂修）；〔明〕陈沂（撰）；欧阳摩一（点校）：《洪武京城图志·金陵古今图考》，南京出版社，2006年版。

［6］〔明〕葛寅亮：《金陵梵刹志》，南京出版社，2011年版。

［7］〔明〕洪应明：《仙佛奇踪》，中华书局，2016年版。

［8］〔清〕顾炎武：《建康古今记》，南京出版社，2012年版。

［9］〔民国〕国都设计技术专员办事处：《首都计划》，南京出版社，2018年版。

［10］〔民国〕朱偰：《金陵古迹图考》，南京出版社，2019年版。

［11］〔民国〕朱偰：《金陵古迹名胜影集》，南京出版社，2019年版。

［12］〔民国〕罗尔纲：《太平天国史纲》，岳麓书社，2013年版。

［13］谭其骧：《中国历史地图集》，中国地图出版社，1982年版。

［14］谭其骧：《简明中国历史地图集》，中国地图出版社，1991年版。

［15］南京市地方志编纂委员会：《南京建置志》，海天出版社，1994年版。

［16］蒋赞初：《南京史话》，南京出版社，1995年版。

［17］卢海鸣，杨新华：《南京民国建筑》，南京大学出版社，2001年版。

［18］徐辉，李天石：《六朝文化概论》，南京出版社，2003年版。

［19］中共南京市委党史工作办公室，中共南京市委宣传部：《南京历代风华》，南京出版社，2004年版。

［20］《南京辞典》编纂委员会：《南京辞典》，方志出版社，2005年版。
［21］杨国庆，王志高：《南京城墙志》，凤凰出版社，2008年版。
［22］叶皓：《金陵成语故事》，南京出版社，2008年版。
［23］叶皓：《佛都金陵》，南京出版社，2010年版。
［24］叶皓：《重读南京》，南京出版社，2011年版。
［25］南京十朝历史文化园：《图说南京十朝历史文化》，南京出版社，2012年版。
［26］叶兆言，卢海鸣，韩文宁：《老照片 南京旧影》，南京出版社，2012年版。
［27］薛冰：《南京城市史》，东南大学出版社，2015年版。
［28］周振鹤：《中国行政区划通史》，复旦大学出版社，2017年第二版。
［29］卢海鸣：《老风景画 南京旧影》，南京出版社，2017年版。
［30］卢海鸣：《南京民国建筑》，江苏凤凰美术出版社，2017年版。
［31］卢海鸣：《南京历代名号》，南京出版社，2018年第二版。
［32］朱明娥：《南京明外郭》，南京出版社，2018年版。
［33］北斗历史考试研究室：《透过地图看中国历史》，山东省地图出版社，2018年版。

后记

继2020年5月《文采风流甲天下——“文学之都”南京的历史文脉与传承》出版后，《图说古都南京》将在新年度推出。

本书是南京十朝历史文化陈列馆的图书版。因此，关于本书的编写，应从坐落在钟山风景区四方城1号十朝文化园内的南京十朝历史文化陈列馆（以下简称十朝陈列馆）说起。

十朝陈列馆是由南京钟山文化发展有限公司在中共南京市委宣传部的指导下创办的系统展示南京城市发展史和历史文化成就的公益性场馆，始建于2010年9月，初名南京十朝历史文化展览馆，2011年5月建成开馆，免费向公众开放。十朝陈列馆是南京十朝历史文化园（简称十朝文化园）项目的核心场馆，建筑面积2000平方米。该馆以定都南京的十朝历史为主线，汇集图片文献、实物展品、场景模型及多媒体等体验化设施，全面展示南京近2500年建城史和历史文化成就，讲述历史变革与发展中的人和事，传承中华优秀传统文化，彰显古都南京在中国历史进程中的重要地位。其功能定位是：展示南京的窗口，品读南京的读本，普及中华历史文化的园地，文化传播与交流的平台。

十朝陈列馆和十朝文化园的筹建工作，在市委宣传部的指导下，得到了多方面的关心支持。时任南京市委常委、宣传部部长的叶皓先生在其中倾注了大量心血，实为总策划人。

十朝陈列馆的创办是南京城市文化建设方面的一次创新。其一，作为展现城市历史文化的综合性场馆，十朝陈列馆力求系统而完整地介绍古都南京城市文化发展史，在功能定位方面有别于专题场馆，此类场馆在国内尚属首家。其二，十朝陈列馆在展陈内容和展示手段方面有别于传统的博物馆，侧重的不是藏品文物，而是人物、事件和历史成就。其三，十朝陈列馆由企业投资举办，融公益与产业为一体，在运营模式方面，体现了民办文化场馆的特色。其四，主办者通过对老厂区旧厂房资源的整合，使南京手表厂变身十朝文化园及十朝陈列馆，成为南京工业遗产保护与开发的成功范例。

十朝陈列馆开馆十年来，始终坚守宣传南京与传播文化两大使命，不断收集、挖掘和梳理南京历史文化史籍资料，及时更新和充实馆内展陈内容，付出了艰辛的努力。在办好主题场馆的同时，陈列馆先后举办了“第二次世界大战日本投降始末”“南京24部传世名著”“南京手表厂55年光辉历程”“中国图书史与南京”“文采风流甲天下——‘文学之都’南京的历史文脉与传承”等专题展；创办新型阅读空间“十朝大讲堂”和“十朝书吧”；配合“共读南京”全民阅读活动，承办南京历史文化高校巡展；接待观众总计80多万人次，在彰显南京城市历史文化魅力、宣传普及中华历史文化知识、推进文化交流、建设书香南京等方面发挥了积极的作用，成为宣传南京、品读南京的重要窗口与平台，受到观众和市民的广泛好评。

一座南京城，半部中华史。南京为六朝古都、十朝都会，加上陪都的历史，总计拥有约825年的都城史。自公元229年东吴建都建业至1949年国民党政权在南京的终结，跨度1721年，为中国都城之最。古都南京的特殊地位对中国历史的进程和中华传统文化的形成发展产生了极其深远的影响，正如历史学家朱偰先生所说：“文学之昌盛，人物之俊彦，山川之灵秀，气象之宏伟，以及与民族患难相共，休戚相关之密切，尤以金陵为最。”历代以南京为中心形成的灿烂文化是中华文化的重要组成部分。展现南京历史文化的魅力，彰显的是中华传统文化的精华，实质上是对中华优秀传统文化的传承与弘扬。

悠久的都城历史，厚重的文化底蕴，辉煌的历史成就，众多的历史名人，丰富的历史遗存，构成了南京独特的历史文化风貌和特征，为我们书写南京、展示南京提供了广阔的空间。我们热爱南京，深感办好十朝陈列馆的价值所系和意义所在。这也正是我们编写本书所追求的目标。

作为十朝陈列馆的衍生与拓展，本书的编写保持了十朝陈列馆现有的主题与定位，在总体框架结构不变的基础上，对内容的编排进行了较大的调整充实。新增了南京历代行政建置、传世名著、诗文名作等板块；编辑充实了历史事件、历史人物、历史遗存板块，尤以历史遗存板块改动幅度最大，增加和更新了约二分之一的配图。全书配图600余幅，介绍了南京历代名人100余位、历史事件20余例、诗文名作50余篇、金陵成语100余条、传世名著200余部、书画名作80余幅、历史遗存130余处，力求使南京城市历史发展的脉络更加明晰完整，从而更加充分地展现南京历史文化的深厚底蕴和魅力。

从本书的策划定位来说，我们希望这是一部系统介绍南京历史文化的简明读本，能为读者提供一个了解古都南京历史的窗口；同时，又是一部中华优秀传统文化的普及读物；最后，也是一部行走南京的旅游指南。

本书的编写出版，得到了多方面的关心支持。在此，我们要感谢总策划人、老部长叶皓先生。叶皓先生调外交部任职后一直关心着十朝陈列馆的建设和运营情况，多次来馆考察，给予鼓励和指导。本书以叶皓先生《重读南京》一文为序，十分贴切。感谢多年来关心支持十朝陈列馆的各位领导、专家、学者和朋友们。在十朝陈列馆筹建过程中，参与策划、撰稿的专家、学者及有关部门的负责同志主要有张俊、蔡龙、叶南客、卢海鸣、李程骅、王国平、孔利、诸敏、赵德兴、付启元、杨永泉、杨国庆、许建春、吴国治等。卢海鸣、邓攀、王志高、刘晓宁等为陈列馆提供了大量的精美图片。本书的编写，参考了大量南京文献资料和当代学者的研究成果。南京出版传媒集团总经理、党委副书记、南京出版社社长卢海鸣先生对本书的出版给予了大力支持，并对书稿提出了修改意见。蒲小南先生对书稿进行了审读和修改。编辑谢微、翟聪睿、舒之仪和美编张淼的工作十分出色。在此一并表示诚挚的谢意！

南京的历史波澜壮阔，文化积淀厚重博大。编写本书，分量极重，责任极大。本书的策划始于2019年初，编撰工作于2019年7月正式启动，因编写《文采风流甲天下》一书而中断半年。2020年9月文稿基本形成后又全力投入配图的绘制、拍摄和筛选。时间紧迫，不敢有丝毫的懈怠。限于水平与篇幅，书中的缺憾在所难免，敬请专家学者和读者朋友们批评指正。南京十朝历史文化陈列馆欢迎朋友们的光临！

王国平

2021年1月于南京十朝历史文化陈列馆